丝路百城传

特立,不独行

特别致谢——

哈萨克斯坦共和国总统　卡瑟姆若马尔特·克梅列维奇·托卡耶夫

哈萨克斯坦共和国外交部
哈萨克斯坦共和国作家协会
哈萨克斯坦共和国文化和体育部
哈萨克斯坦共和国驻中华人民共和国大使馆
哈萨克斯坦共和国国家图书馆

哈萨克斯坦共和国驻华大使　沙赫拉特·努雷舍夫
哈萨克斯坦共和国前驻华大使　哈比特·柯依舍巴耶夫
哈萨克斯坦共和国驻华使馆公使衔参赞　罗光明
哈萨克斯坦共和国驻华大使馆原翻译　阿斯卡尔

"丝路百城传"丛书编委会和编辑部

编委会

主　任：杜占元

常务副主任：陆彩荣

副主任：刘传铭

委　员：（按姓氏笔画排序）

丁　方　　万俊人　　马汝军　　王卫民　　王子今

王邦维　　王守常　　吕章申　　邬书林　　刘文飞

齐东方　　李敬泽　　连　辑　　邱运华　　辛　峰

张　帆　　张　炜　　陈德海　　胡开敏　　徐天进

徐贵祥　　诺罗夫（乌）　　黄　卫　　龚鹏程

阎晓宏　　彭明哲　　葛剑雄　　谢　刚

编辑部

主　任：马汝军　　胡开敏

副主任：邹懿男　　文　芳

委　员：简以宁　　蔡莉莉　　陈丝纶

出版说明

2013年，中国国家主席习近平向世界提出共建"一带一路"的倡议。自提出以来，"一带一路"倡议深刻影响世界，逐渐从理念转化为行动，从愿景转变为现实，建设成果丰硕，得到国际社会热烈响应。

古丝绸之路打开了各国各民族交往的窗口，书写了人类文明进步的历史篇章。新时代共建"一带一路"的实践，为沿线国家和地区相向而行、互学互鉴提供了平台，促进了不同国家和地区、不同民族、不同文化、不同文明的深入交流。

城市是人类文明的结晶。"一带一路"沿线的城市中，蕴藏着人类千年的历史、多元的文化和无尽的动人故事。我们希望通过出版"丝路百城传"，展现每座城市独一无二的历史和性格，汇聚出丰富多彩、生动可感的"一带一路"大格局，增进文化交流和文明互鉴。

这是一次前所未有的出版探索，我们虽竭尽全力，也深知有诸多不足。期待这套丛书能够得到读者的喜欢，也期待更多的读者、作者、专家、学者等各界朋友对我们的出版工作给予指正。

"丝路百城传"丛书编辑部

哈中两国合作的典范之举

自古以来，伟大的丝绸之路就是连接东西方文明的大动脉，是人类交流交往的大通道。这条始自中国的生命之路是世界文明令人惊叹的杰出成果，它穿越了自阿尔泰至萨莱楚克一带，即现在的哈萨克斯坦的广袤疆域。据考证，沿着丝绸之路行进的商贸驿队都会来到坐落于这片辽阔疆域内的古城。这对他们了解异域文化，发展相互之间的商贸、经济及文化交流关系产生了非常积极的影响。这种自古就有的历史关系和相互之间的影响无疑为今天的国际关系奠定了坚实的基础。

早在2008年，哈萨克斯坦首任总统努尔苏丹·纳扎尔巴耶夫就提出了建设"西欧－中国西部"国际公路运输走廊的计划，这是复兴伟大的丝绸之路的现代之举。同时，总统先生也深信自己提出的哈萨克斯坦"光明之路"国家规划与中华人民共和国主席习近平所提出的"一带一路"倡议高度契合，相辅相成。

截至目前，已经有一百多个国家与国际组织积极支持"一带一路"倡议，并签署了合作协议。2017年，中华人民共和国主席习近平在"一带一路"国际合作高峰论坛开幕式主旨演讲中指出，古丝绸之路打开了各国人民友好交往的新窗口，书写了人类发展进步的新篇章，积淀了以和平合作、开放包容、互学互鉴为核心的丝路精神。并指出，即便在21世纪，它也没有遗失本身延续了两千多年的重要意义与主旨。

中国伟大的思想家孔子、希腊伟大的思想家亚里士多德、哈萨克著名学者阿布·纳斯尔·阿里·法拉比、哈萨克民族著名诗人阿拜·库南拜等圣贤，都提倡善良、正义、公平、理性的人类精神。毋庸置疑，复兴丝绸之路的思想也与这种全人类共有的精神密切相关，一脉相承。

深情讲述丝绸之路沿线一百座古代历史名城的故事是一种高雅的风范，

也是一种良好的开端。这些历史悠久、文化丰沛、已经成为世界文明发祥地的古城不仅仅是某个民族的，更是整个人类的神圣故乡。作为丝绸之路一座座古城的文学传记，"丝路百城传"系列丛书收录了反映哈萨克斯坦闻名遐迩的三座古城历史的《阿拉木图传》《图尔克斯坦传》《塔拉兹传》，我们为此感到由衷的骄傲。

珍视漫长历史中那些价值连城的历史遗迹，并将它们的故事和人文精神传承给后代，其意义是非凡的。"丝路百城传"的编辑出版与哈萨克斯坦《面向未来：精神文明的复兴》计划遥相呼应，紧密契合。所以，我们大力支持中国政府的这一创举，也相信这将非常有利于加强两国之间的战略合作关系，促进两国间的人文交流。

2019年，哈萨克斯坦作家协会与中国外文局新星出版社签署了关于进一步扩大两国之间人文交流的合作协议。双方商定汉译出版哈萨克斯坦当代作家撰写的以古代丝绸之路沿线古城为主题的传记作品。所以，哈萨克斯坦作家卡德尔别克·赛戈兹拜、玛尔哈巴提·巴依胡特、涅斯甫别克·达吾泰分别撰写了《阿拉木图传》《图尔克斯坦传》《塔拉兹传》，奉献给广大读者。

研究、宣传哈萨克斯坦的历史文化是一项非常重要的任务。这样做，首先能进一步加强哈中之间的交往合作；其次，有利于进一步加深两国之间基于相互理解基础之上的友好关系。对我们国家来说，这具有非常重要的意义。完全可以说，这次基于复兴两国之间始自两千多年前的文化交流传统的创举是哈中两国合作的典范之举。

我深信这三部传记会成为所有读者的精神财富。

哈萨克斯坦总统

卡瑟姆若马尔特·克梅列维奇·托卡耶夫

推动中哈关系在继往开来中实现更大发展

2013年9月,习近平主席访问哈萨克斯坦期间在纳扎尔巴耶夫大学发表了重要演讲。"站在这里,回首历史,我仿佛听到了山间回荡的声声驼铃,看到了大漠飘飞的袅袅孤烟。"在演讲中,习近平主席深情回忆丝绸之路的历史,并首次提出共建"丝绸之路经济带"倡议。

自习近平主席2013年提出"一带一路"倡议9年来,参与"一带一路"的国家越来越多,至今已有一百多个国家加入该倡议。从理念到行动,从畅想到落实,这一伟大倡议正成为造福沿线国家人民的和平之路、繁荣之路、开放之路、绿色之路、创新之路、文明之路。

2022年是中国与哈萨克斯坦建交三十周年。9月13日,应托卡耶夫总统邀请对哈萨克斯坦共和国进行国事访问前夕,习近平主席在《哈萨克斯坦真理报》发表题为《推动中哈关系在继往开来中实现更大发展》的署名文章。在本文中,他表示:

"今年是中哈建交30周年。三十载风雨兼程,三十载携手同行。两国交往日益密切,合作驰而不息,共同走出了一条不平凡的发展道路。""两国人民有着数千年的友好交往史共同谱写了古丝绸之路贯通东西的壮美诗篇。中国唐代高僧玄奘、明代外交家陈诚等都曾经到访哈萨克斯坦,'东方亚里士多德'阿里·法拉比、'诗圣'阿拜·库南巴耶夫等哈萨克斯坦历史文化名人在中国也为众人知晓,他们的故事至今在两国民间广为传颂。""30年来,中哈友好深入人心。哈萨克斯坦建有5所孔子学院,中国4所高校设立了哈萨克斯坦研究中心、2所院校开设了哈萨克语专业,中国音乐家冼星海同哈萨克斯坦音乐家拜卡达莫夫的感人故事被搬上荧幕,哈萨克斯坦眼科专家卡培拉别科夫24年如一日在中国黑龙江大庆眼科医院接诊近 20 万名中国眼疾患者。中哈即将实现互设文化中心，哈萨克斯坦将建成传统医学中心和鲁班工坊，两国人文合作步子越迈越大，人民友好基础越来越牢。"

诚如习近平主席所言，在两国共同努力下，中哈关系会在继往开来中实现更大发展。

THE
BIOGRAPHY
Of
TARAZ

根脉深沉的丝路古城

塔拉兹传

[哈] 涅斯普别克·达吾太 ——— 著

[哈] 叶尔克西·斯尔哈孜　哈依夏·塔巴热克 ——— 译

CIPG　中国国际出版集团　　新星出版社　NEW STAR PRESS

江布尔州政府大楼

塔拉兹市中央广场

塔拉兹市中央清真寺

蒙布拉克（千泉）

塔拉兹市沙赫里斯坦民族文化综合体

塔拉兹市萨赫纳广场

塔拉兹市图书广场

霍尔岱地域英雄纪念碑

铁克图尔马斯民族文化综合体

艾吾里耶阿塔郁金香

总　序

刘传铭

如果说丝绸之路研究让我们洞见了一部全新的世界史，一定会有人表示惊讶与质疑；

如果说城市的创造是迄今为止人类文明进程中最伟大的事情，则一定会得到人们普遍的支持与认同。

"丝路百城传记系列丛书"的策划正是发轫于这样一个历史观的文化叙述：

丝绸之路是一条无路之路；

丝绸之路是一条既古老又年轻，"不知其始为始，不知其终为终"的漫漫长路；

丝绸之路是一条历史时空里时隐时现，变动不居，连点成线，连线成网的超级公路；

丝绸之路是点实线虚，点变线变，点之兴衰即线之存亡的交通形态，那些关山阻隔、望洋兴叹的城市，便如一颗颗璀璨的明珠镶嵌在路；

丝绸之路是一个文化概念，叠加其上的影像曾被不同国家不同民族的人们呼作铜铁之路、纸张之路、皮毛之路、黄金之路、朝贡之路、宗教之路；

丝绸之路是中西文明交流与传播、邦国拓展、民族融合之路，也是西方探秘中国、解码东方之路，更是我们反躬自问"我是谁？我从哪里来？我向何处去？"的寻根之路、回家之路；

丝绸之路是今日中国走向世界的新起点、新思路，是"一带一路"中国倡议走向人类命运共同体的未来之路……

无可否认，一个世纪以来，丝路研究之话语为李希霍芬、斯文·赫定、斯坦因、伯希和、大谷光瑞、于格、橘瑞超、芮乐伟·韩森、彼得·弗兰科潘等东西方人所主导。然而近半个世纪以来的大国崛起，正在使"夫唯不争"之中国快速走向文化振兴。我们要将《大唐西域记》《真腊风土记》的传统正经补史、继绝往圣、启迪民智、传播正信，同时也将丝绸之路城市传文学以实为说、以城为据、芳菲想象、拒绝平庸的创作视为新使命、新挑战。让"城市传"这样一个文学体裁开出新时代的鲜花。

凭谁问：昆仑巍峨、河源滔滔、玉山储秀、戍堡寂寞；

凭谁问：旌节刻恨、驼铃悠远、琵琶起舞、古调胡旋；

凭谁问：秦汉何在、唐宋可甄、东西接引、前路正新；

凭谁问：八剌沙衮今何在？罗马的钟声谁敲响；

凭谁问：撒马尔罕的金桃今何在？帕米尔上的通天塔何时建成、何时倾倒？

凭谁问：伊斯兰世界的科学造诣何时传到了巴黎和伦敦；

凭谁问：鉴真大师眼中奈良和京都的樱花几谢几开；

凭谁问：乌拉尔河上何时传来了伏尔加河的纤夫号子；

凭谁问：杭州湾的帆樯何时穿越马六甲风云……

诗人说：这条路是唐诗和宋词的吟唱，是太阳和月亮的战争；

军人说：这条路是旌旗卷翻的沙漠，是铁骑踏破的血原；

商人说：这条路是关涉洞开的集市，是金盏银樽的盛宴；

僧侣说：这条路是信仰鲜花盛开的祭坛，是生命涅槃的乡路……

一个个城市的前世今生，一个个城市的天际线风景，一个个城市的盛衰之变，一个个城市的躁动与激情，一个个城市的风物淳美与人文精彩，一个个城市的悲欢离合，一个个城市的内动力发掘与外开拓展望，一个个城市的往事与沉思，一个个城市的魅惑和绝世风华……

从长安到罗马（大陆卷）和从杭州湾到地中海（海洋卷）是卷帙浩繁的"丝路百城传记系列丛书"的框架结构。也是所有参与写作的中外作家和编辑们共同绘制的新丝路蓝图。《尚书·舜典》有"浚咨文明"之句，孔疏曰："经纬天地曰文，照临四方曰明。"《论语·雍也》曰："质胜文则野，文胜质则史，文质彬彬，然后君子。"又《易经·贲卦·彖辞》曰："刚柔交错，天文也；文明以止，人文也。观乎天文，以察时变；观乎人文，以化成天下。"故文化乃"人文化成"而以文教化"圣人之教也"。"周虽旧邦，其命维新"，丛书编纂与出版岂非正当其事，正当其时也！

读者朋友们，没有踏上丝路，你的家就是世界；踏上丝路，世界才是你的世界、你的家园……唯祈丛书阅读能助君踏上这样一个个奇妙无比的旅程。

丝绸之路从远古走向未来，我们的努力也将永无休止。

戊戌谷雨前五日于松江放思楼

第一章　导言：塔拉兹的历史和命运 / 1

第二章　历史悠久的印记 / 21

第三章　世事更迭的时代 / 35

第四章　传奇与真相 / 51

第五章　古老历史的见证 / 65

第六章　民族永恒的愿景 / 79

第七章　哈萨克汗国 / 89

第八章　高贵的灵魂 / 127

第九章　阿勒普统阿 / 141

第十章　出生于塔拉兹的伟大艺术家 / 153

第十一章　塔拉兹巨人阵 / 161

第十二章　令人惊叹的大自然 / 213

第十三章　古代美术和金属加工工艺 / 243

第十四章　日新月异的塔拉兹 / 257

译后记　心底的话：请用心去感受哈萨克斯坦 / 269

The
Biography
of
Taraz

塔拉兹传

第一章　导言：塔拉兹的历史和命运

为获得解放而进行的战争

塔拉兹是一座拥有2000多年历史的古城，它艰苦卓绝闻名遐迩的历史引领我们融入其充满矛盾冲突、携带各个历史时期鲜明的特色、胜利和失败交替、勇敢与懦弱并行的社会根脉之中，而那些曾经震撼欧亚大陆的历史事件会一一浮现在我们的眼前，久久挥之不去。我们一路都在寻找，寻找什么呢？寻找的是我们自己。我们究竟是在什么时候，在什么样的条件下，凭借什么进入了人类历史？我们的先祖是谁？我们这个民族的正殿又在哪里？我们在问自己。关于这个问题，国内外有许多学术著作及论文。但现在看来，这一切还不足以把塔拉兹的历史讲述清楚，即便把相关的研究资料都交到我们手里，但人们的需求依旧很多。

截至前2世纪到1世纪，我们究竟处在中亚历史舞台的中国、匈奴、乌孙、康居等国家的哪个位置？这个主要问题大多数时候都会将我们引向古城塔拉兹。塔拉兹先后被称为"怛罗斯""塔剌思""奥利耶阿塔""塔拉兹""米尔卓扬""江布尔""新城"。2000年9月25日，经过联合国教科文组织的重新审核批复，终于恢复了"塔拉兹"这个称谓。

历史告诉我们塔拉兹的历史要远于2000年。塔拉兹最初建于前40—前30年。俄罗斯著名历史学家列夫·尼古拉耶维奇·古米廖夫在自己的学术著作《古突厥人》中说突厥与突骑施这两个部族出现在546年。这个汗国由室点密可汗统治。他是突厥汗国大汗（553年）阿史那·土门之弟。在中国古代文献中被称作"土门"。根据历史学家谢尔盖·格里戈里耶维奇·克利亚什托尼的考证，阿史那土门奠定了突厥汗国的基础，将突厥诸族会聚在突厥汗国的麾下。中国与土门的汗国和睦相处，所以土门可汗于551年夏天，与中国西魏长乐公主成婚。

室点密可汗（500—576）在兄长土门可汗执政期间担任过仅次于可汗的叶护。室点密称汗时期，突厥汗国的地域直抵锡尔河那一侧的塔什干。在一年半的时间里，突厥人征服了中部哈萨克斯坦、七河地区和花剌子模地区。突厥汗国最强盛时期，曾经北服坚昆，东败契丹。588年，室点密可汗的军队摧毁了咸海北部沿岸的匈奴、阿瓦尔、乌古尔等部族，并向伏尔加河一带开拔。556年，室点密可汗的军队攻克高加索。

室点密可汗的军队征服了如此广袤的地区，当然也不会绕过塔拉兹。室点密可汗派使臣送信给东罗马帝国皇帝查士丁二世，说突厥汗国由五个汗国组成，最近被征服的一些部族也属于这个汗国，这是一个既有乡村也有城市的国家。历史学家瓦西里·弗拉基米洛维奇·巴托尔德在他的学术著作中称当时的葛逻禄部族有25座城市。历史学家伊德里希则说这一带由北向东分布着乌古斯汗国的许多城市。在大多数历史学家记载的文献中，这些城市的中心地带坐落着塔拉兹城。查士丁二世的使臣在给室点密可汗的回信中也有所记载。他们的使臣扎玛库斯曾在室点密可汗抗击波斯军队的征战中随他同行，还在塔拉兹城与波斯使臣会面。[1]

距此一个世纪之后，唐朝贞观元年，西行取经的玄奘曾经途经怛罗斯城，即塔拉兹城，游历了那一带的一些部族，还去过著名的千泉，即位于塔拉兹城西部70千米的蒙布拉克。

在哈萨克民族抗击准噶尔入侵的斗争中，曾经有过一场扭转局势的关键战役——昂纳海战役。哈萨克斯坦独立初期，国家决定修建昂纳海战役纪念碑，并成立了专门的筹备小组，由我等几个人组成。其中有著名作

---

[1] 文献与记载中的哈萨克斯坦往事。

家、国务秘书艾布西·柯克勒巴依。为了给纪念碑选址，我们在那逗留了三天。我与艾布西躲开喧闹，独处一隅，畅谈国家与民族的历史。艾布西是一位博学多才、见多识广的学者，他的学识简直令人惊愕。他谈起历史来可谓天南地北，古今内外，滔滔不绝。总之，他是一位世界级的学者，是属于全人类的哲学家。他认为宗教经典《妥拉》《圣经》《古兰经》都宣扬人类始祖父母为亚当与夏娃这样的教义。所以说，历史学家们推测人类渐渐分散世界各地的秩序必须符合自然规律。迫于生计，世界各地都留下了人类考古学、古生物学意义上的足迹。当然，塔拉兹也不例外。例如，我们提过的卡拉套山峦会告诉我们许多秘密。在卡拉套山峦的许多地方，考古学家们都挖掘出了很多旧石器时期的石器和兽骨，这很能说明问题。仅在卡拉套山峦5千米到10千米范围中，就找到多达12处旧石器时期狩猎聚落遗址，还找到了多达5000个石器。说明这一带曾经有人类栖息生存。这些石器大多是阿舍利文化时期的文物。考古学家 В.И.阿烈瑟夫、А.И.波尔欣的学术著作《最初的人类族群》认为，这些石器的打磨技术与东南亚及非洲找到的新石器时期的石器、兽骨，以及在中国北京周口店山顶洞找到的兽骨打磨技术一模一样。与北亚猿人、非洲爪哇猿人和周口店山顶洞人相似的猿人早在一百多万年前就曾经涉足这一带。著名学者 В.Д.金斯伯格、塔蒂亚娜·亚历山德罗夫娜·特罗菲莫娃也说在塔拉兹西部的博拉尔代河流域能找到许多旧石器时代的文物。

根据这些学者的论述，在卡拉套山峦，不仅能找到旧石器时代的石器，也能找到中石器时代、新石器时代的石器文物。以上提到的两位学者说从塔拉兹西北部的哈拉山洞找到的陶器又与中亚著名克利捷米纳尔文化相似。再看看这个有趣的问题：在欧亚大陆北部的塔拉兹一带也找到了一百万年前亚洲北部已经开始使用的石器，这说明早在30万年至50万年前人类已经开始使用这种石器了。我们之所以谈到这一点，是因为从各地找到的旧石器时代的石器在卡拉套山峦一带更早时期就已经存在了，而且其中还有属于地中海与非洲文化的石锛。在卡拉套山峦阿热斯坦、博拉尔代文物遗址不仅有属于莫斯特文化的石器，还发现了旧石器时代从南亚、东亚流传来的属于打制石器文化的石器。金斯伯格认为从卡拉套山峦北部发现的文物与在西伯利亚、阿尔泰，以及现在的蒙古发现的文物很相似，这样的文物在葱岭东部也被发现。卡拉套山峦北部也发现了200多处新石器时代的狩猎和采集聚落遗址。

这一切说明人类不是凭空出现的。栖息于欧亚大陆北部的先祖们以不断改变的姿态进入了人类历史舞台，他们以不同的精神面貌适应千变万化、动荡不安的环境，延续生命，发展繁荣。他们用石锄耕种土地，使栖息地变成了文明地域。在此基础上才有了进入新时代的机遇，草原文化不断发展，并交替传播到东方与西方，形成了双方之间的互补促进关系，使人类生活有了活力，不断创新进步。在此期间，古代塔拉兹所在的中亚西部已经在旧石器时代走上了农耕业和畜牧业并举发展的道路，前6世纪出现了被称为"哲通文化"的定居中心。农耕、畜牧、器皿制作并加以装饰的文化与美索不达米亚文化是一脉相承的。那里的人们早在六七千年之前就开始冶炼金属，从事畜牧业。这一时期，人类最大的贡献在于他们为了开辟发展之路，在欧亚北部最辽阔的区域——中亚修建城市。根据著名的考古学家瓦迪姆·米哈伊洛维奇·马松的论述，修建城市的主要原因和条件是经济的发展，特别是手工业的快速发展。四千年前，中亚与哈萨克斯坦地域处于城市文明形成阶段，有了城市的雏形。学者瓦迪姆·米哈伊洛维奇·马松在自己的学术著作《万城之国》中论述那个时期的塔拉兹城所在的塔拉斯河沿岸已经转变到了农耕灌溉时期。

现在，我们面前有一个问题：什么人栖息于塔拉兹城？就像瓦迪姆·米哈伊洛维奇·马松说的那样，古代游牧社会虽然为城市的产生创造了条件，但由于游牧生活生产方式占据了优势，所以不允许定居文明继续向前发展。而定居人类族群凭借铁器使农耕生产有了更好的发展，不断扩大城市面积，创造财富。人们都想各自为政、发展进步，每个人都觉得为了自己的利益，有的是力气。在这种情况下，国家的统一则被放置在了一边。这么一来，农耕业与畜牧业分为两个方向，相斥而非相济。这一时期，是波斯阿赫门王朝最为辉煌的时期。但是，征服了北亚和中亚的定居民族，缔造了世界帝国的波斯阿赫门王朝却无法轻松地征服游牧民族，反而被他们所摧毁。在此时期，大流士一世灰飞烟灭。塞人抵抗联军首领斯皮塔梅内斯还曾率军击退了马其顿这个进犯强敌，这个强敌曾经摧毁阿赫门王朝，一直向前抵达了锡尔河中部地区。

以希罗多德、斯特拉波为首的古代希腊、罗马历史学家都将亚洲北方的游牧民族称为"斯基泰人"，而波斯人则将他们称为"图尔人"。在古希腊的历史文献中只有被称为"马萨盖特"的部族才算图尔人。波斯人的楔形文字与岩画所表达的游牧民族都被叫作"萨迦人"。

哈萨克是什么人？源自哪个部族？哈萨克斯坦270多万平方千米的广袤土地上从古至今曾经有许多部族栖息生存，这些部族都有各自的族谱。根据历史文献与考古发掘考证，在哈萨克斯坦的土地上，先后有前4世纪的塞人、前3世纪至2世纪的乌孙汗国、前4世纪至2世纪的康居汗国、5世纪至8世纪的西突厥、9世纪至10世纪的葛逻禄汗国、10世纪至11世纪的乌古斯汗国、11世纪至13世纪的克普恰克汗国、13世纪至14世纪的蒙古帝国等栖息生活。东方与欧洲及中亚地域具有不同信仰的人们来到这里进行贸易交流，他们使用自己的语言进行文化交流。根据学者们的推断，虽然这样的交流会对本地人的语言产生影响，但对人名地名的影响不大。在此期间，根据词源词根分析，有相当一批词汇属于古代，还有一批词汇属于中世纪。古代及后来的10世纪至14世纪的情况就是如此。在这些词汇中,有相当一批古老的词汇没有变化。它们大多是大江、大河、湖泊、山峦、大海等的称谓。其中之一就是卡拉套山。在一般情况下,山峦称谓多以反映当地民众生活的原始词汇来命名,这是不容置疑的。现在,有一些专家认为在没有"哈萨克"这个族名的时代,卡拉套山就是哈萨克先民们栖息居住的地方。

是啊,哈萨克人来自哪里?有人认为哈萨克人源自圣使诺亚的儿子雅弗。我们是使用突厥语言的一个民族,突厥民族又繁衍出了哈萨克、吉尔吉斯、克普恰克、康居、乃蛮、克烈、杜拉特、乌孙等部族。在这些部族中,乌孙部族自古就居住在卡拉套山峦的阳坡和阴坡地带。根据历史学家、科学院院士瓦西里·弗拉基米洛维奇·巴托尔德的观点,中国历史古籍在前2世纪就曾记载我们民族的事迹,其中记载我们的先祖在天山西北一带游牧。他们的可汗在与匈奴单于打仗的时候死去,匈奴单于收养并培育了他们的遗孤。后来这个孩子长大成人,在战争中崭露头角。匈奴单于让他担任了乌孙国的国王。那个时候,乌孙地域的东部还有大月氏及其他一些部族栖息。匈奴人与乌孙人摧毁大月氏人,把他们赶往西边,挤走塞人,抢到他们的土地,并且定居于七河地域就发生在这个时期。后来,乌孙昆弥不再屈服于匈奴人。中国东汉时期的历史学家班固在《汉书》中说真正的乌孙人长着蓝眼睛、黄胡须。有人将他们归入突厥人,也有人将他们归入雅利安人,他们总计12万户人口63万。

7世纪初,西突厥王朝的百姓在楚河岸边一分为二,咄陆人留在了河西。咄陆属于乌孙部族人口最多、势力最强的杜拉特族。而乌孙人先于杜拉特人两个世纪就已有声名了。

古代,有一些部族起初很受世人关注,后来因为遭受到了各种各样的打击,渐渐衰落,声名全无。乌孙人与杜拉特人栖息于楚河流域之后,起先没有什么声名。但在1253年,从与旭烈兀汗一同迁至波斯的蒙古人口中记录下各种史料并撰写出《史集》的拉施德丁（1247—1318）在这部著作中提到了已经臣服于察哈台汗国的乌孙人。1253年至1254年，旭烈兀军队曾经到过七河流域。这个时候，乌孙人居住在楚河沿岸。站在楚河一带的汗套山上，可以看到烟雨朦胧的卡拉套山峦。而且因为当时还没有"哈萨克"这个族名，所以，在当时，乌孙部族都以各个家族、各个部落的称谓来生活和交往。他们栖息于神圣的卡拉套山峦绿色的草原，沿河岸而居，冬季在山里避风，夏季则在适宜于人畜生存的山麓游牧。最重要的是他们可以站在高处看到任何方向的入侵之敌。遗憾的是，这些手中都持有长矛的战士在这种时候大多各自为政，向东南西北四散迁离。卡拉套山峦只剩下了乌孙部族最重要的一个部落——杜拉特。根据古代历史学家们的研究，当时还有与杜拉特齐名的楚宛。如果是这样，可以说楚宛就是杜拉特的同胞，他们就是后来的素宛部落。

乌孙人统一获得"哈萨克"这个族名是在察哈台家族赛义德汗去世后才有的事情，这是在1527年至1545年。这个时期，杜拉特部族也像乌孙部族的其他部落一样融入了哈萨克人中。栖息于天山西北部，始自塔拉兹城附近，直抵克孜勒奥尔达州齐叶勒一带的铁勒阔勒洼地。绵延420千米海拔高达2176米的神山卡拉套山峦，自古以来生活着我们的先辈——马萨盖特人与塞人。在前570—前520年，塞人首领厄细帕海的后代、玛迪的曾孙，颇具声名的斯波拉汗的孙女托密丽司将征服了米帝王国的波斯首领居鲁士大帝及其军队诱引到茫茫戈壁加以摧毁，并在卡拉套山峦一处狭窄的山谷里割下居鲁士的头颅，并将之浸入了满是鲜血的革囊里。

当年，自诩为亚洲之君主的居鲁士大帝向茫茫草原进发。那时，这里由塞王的遗孀托密丽司统治。古代著名的历史学家希罗多德将波斯人和塞人之间的战争称为"血腥而残酷的战争"。托密丽司密切监视着入侵的波斯人在这里的一举一动。居鲁士的军队要想抵达塞人的地域，就必须在锡尔河上架一座桥。托密丽司派使者前去告诉居鲁士："不要忙着干你打算干的这件事吧，因为你不知道这件事对你是否有益。请满足于和平治理自己的王国，并宽容我们治理自己的国家吧。可是我知道，你不会听从这个忠告，因为你是最不喜欢安静无事地待着的人。那么，如果你非要与马萨盖特人兵戎相见，那你现在就不要再费工夫去架桥了，请容许我们从锡尔河向后退三天的路程，然后你再率领军队渡河到我们国家来。否则，如果你愿意在你的河岸那边与我们作战的话，那你们也请同样后退三天路程吧。"居鲁士召集手下商议了托密丽司女王的建议。那时，吕底亚王国原来的国王克罗伊斯被居鲁士关押。居鲁士根据老国王的建议，在塞人一侧发动了战争。

　　托密丽司女王最初想将居鲁士的军队引入没有水源，没有人烟的茫茫戈壁，而自己留在水草丰茂的地方，背靠卡拉套山峦迎战，但没有做到。居鲁士的军队听从了克罗伊斯的计谋，诱俘了许多塞人士兵，并全部杀害，其中就有托密丽司女王的儿子斯帕尔伽彼塞斯。为此女王大怒："嗜血如命的居鲁士啊！不要因为你做了这样一件事而得意起来。葡萄做的酒这种东西你们喝了就会失去理智，这种酒到了你们的肚子里，又会使恶言恶语涌出你们的口；你们正是用这种毒汁陷害了他，而不是在公开的战争中击败他的。这样看来，这对你不是什么有利的事情。所以现在请听我的忠告，并相信这是苦口良言，把儿子还给我，就可不受惩罚地离开这块国土。你已经屠杀了马萨盖特军队三分之一的士兵了，这已差不多了。如果你不这样做的话，那我凭着马萨盖特人的主人——太阳起誓，既然你那么嗜血如命，那我就让你饱饮鲜血！"托密丽司女王很信任自己的男性将士，但波斯人没有想到塞人的妇女们也同仇敌忾，浴血奋战。据历史学家希罗多德说，波斯人受到了严厉打击，在茫茫戈壁四散逃亡，最终被赶到卡拉套山峦的一条山谷里，居鲁士与手下将士全部被歼灭。托密丽司女王用革囊盛满人血，然后在波斯阵亡的士兵尸体中寻找居鲁士的尸体。她找到他的尸体，并把他的首级割下来放到了那只盛满鲜血的革囊里去，而且在鞭挞居鲁士的尸体时说："我虽然现在还活着，而且在战斗中打败了你，但由于你设奸计俘虏了我的儿子，则战败的毋宁说是我了。我一言九鼎，把你的头颅塞进满是鲜血的革囊，让你喝个痛快！"在这里，我认为不得不提及前558年塞人的国王莫尔摩之妻——女王扎琳娜。作为军队首领，扎琳娜手下有美女士兵部队。按照塞人的规矩，女孩子年满十三岁，就必须让她习练射箭、挥矛、舞剑。她们若不能在战场上显示自己的勇敢与技艺，就不得成婚。[1]

关于扎琳娜，历史文献中有这么一段精彩的故事，充分显示了美女士兵的魅力：有一天，扎琳娜带着十位美女士兵，进入深山老林狩猎。她们碰到了奔跑的野兽，便一路追猎，不料在途中碰到了敌人。扎琳娜因为腿部中箭，落在了后边。米底人的快马追上了她，波斯王子想砍下她的首级。这时，扎琳娜的头盔掉在了地上，露出了瀑布一般的秀发。波斯王子斯特里安格伊看到她是一个姑娘，立即产生了恻隐之心，并对她一见钟情，原来王子也是出来狩猎的。扎琳娜也对王子产生了爱意。他俩商量以后继续相会。扎琳娜与斯特里安格伊之间纯洁的情意与深厚的友谊引领两个国家走向了和睦。但是，塞人首领莫尔摩觉察到了波斯王子与自己妻子扎琳娜之间的暧昧关系，便偷偷地监视他。波斯王子信守自己对扎琳娜的誓言，没有带士兵一起出来。莫尔摩终于将他俘获，带到了洛克桑纳基这个地方。听到这个消息的扎琳娜为了不让两个国家反目成仇，便恳求丈夫放了斯特里安格伊，并警告他若不这样做，两国之间会发生战争。但丈夫不听她的话。这时，扎琳娜不仅作为一个妻子，还作为一个国家的女王下达命令，告诉人民自己绝不同意因为一个人的原因而让两国人民流血，但

[1] 摘自哈萨克斯坦发展研究院主编的学术著作《历史伟人》第2卷。

国王莫尔摩依然不听她的话。他向波斯王子挥动刀剑时,不幸自己也受了伤,并因流血过多而去世了。这时,扎琳娜对人民说:"对我来说,比起一个无法自持的首领,还是成千上万百姓的生命可贵!莫尔摩是我的丈夫,可是对我来说,我的国家更重要,请你们放了米底王国的年轻王子!"

波斯王子离开时,恳请扎琳娜嫁给自己。扎琳娜深知如果自己嫁给了王子,那么两国将会合二为一。但是,她对王子说国家的独立胜于一切,并婉拒了王子。她为了恋人失去了丈夫,又为了国家失去了恋人。她大义凛然的风范在过去、现在、将来都是塞人后代的楷模,我们会将这样的故事世世代代讲下去。这是留在卡拉套山峦岩壁上的神奇故事,还有,整个大自然也是这片热土的伟大作品。

人民将卡拉套山峦奉为神山,奉为古老塔拉兹城的天堂,是一个民族永远不朽的精神象征。当年,我们的先辈们曾在卡拉套山峦迎击敌人,然后像猛狮一样咆哮、拼杀,最后将他们赶出了卡拉套山峦。世纪更迭,先辈逝去,但卡拉套山峦依然巍然而立,成了人类历史最具价值的一个篇章。这座高山像一位慈祥的老人始终凝视着人类世界。

"卡拉套山"这个地名由两个单词组成,即"卡拉"与"套","卡拉"是宏大、雄伟的意思,而"套"是山的意思。卡拉套山峦是天山西部的延伸部分,始自塔拉兹市附近,从齐叶勒一带直抵铁勒阔勒洼地那里,全长420千米,海拔高度2176米。莫尔哈勒木山谷、肯套山、阿西塞山谷都蕴藏着大量的有色金属矿。像这一带的其他山峦一样,卡拉套山峦很少有积雪。1963年,卡拉套市在江布尔州建立。

古老的卡拉套山峦最初被人们称为"吉祥的绿色山梁"。古代有这样的传说:在某个时期,锡尔河、塔拉斯河、阿萨河连成了一片大海。那时,卡拉套山峦将大海分成了两半。渐渐地,海水退去,卡拉套山峦变成了绿草茵茵的地方,所以被人们称为"吉祥的绿色山梁"。栖息生存在这座山峦北部的塞人与突厥人都使用这个称谓。俄罗斯的学者们在游历卡拉套山峦时，走进山里，制作了各种植物、动物、树木、鱼类和飞禽的标本送到圣彼得堡的帝国公园里，并描绘了里海虎的形象。沙俄自然学家尼古拉·阿列克谢耶维奇·谢维尔佐夫调查确定卡拉套山峦有近3000种植物、50种鱼类和双栖生物、3536种飞禽、145种野兽，其中有45种是稀有物种。而居鲁士大帝，以及他之后甚至现在的大帝们之所以一直盯着东方，不仅是为了自己的安全，也是为了侵占这里丰富的宝藏。我们那些栖息于此地的先辈们用生命与鲜血保卫了它。为什么说是我们的先辈呢？根据阿布都玛纳普·奥拉兹巴耶夫、艾·阿铁诺夫等学者的研究，前2世纪，曾与中国相邻而居的匈奴人开始西迁，走到半路上他们分成了两个部分，其中翻越阿尔泰山峦的突厥人定居在了塔拉兹一带。而学者们得出了这样的结论，可以从这一带找到5世纪的塔拉斯遗址。他们说阿尔泰群山、楚河与塔拉兹之间有绵延雄伟、难以逾越的重重关山。后来，通过塔拉兹一带翻过阿尔泰群山的部落甚至抵达了鄂尔浑一带。那时，突厥文字已经相当成熟了。

著名学者列夫·尼古拉耶维奇·古米廖夫在自己的学术著作《匈奴史》中写道：匈奴人后来分成了四个部分，第一部分独自成为一个群体，第二部分定居在了七河流域，第三部分迁往欧洲一带，第四部分融入中国境内被同化，剩下的一些人迁居塔拉兹一带。中世纪的阿尔泰文献记载说乌孙国的西部与楚河、塔拉斯河及卡拉套山峦相连。

追根溯源，哈萨克民族源自匈奴人、塞人，尤其是其中的马萨盖特人，并有了550多年的历史。这是根据哈萨克汗国建立550周年历史而形成的观点。在此之前，当然还有各种观点存在。在世界历史上，截至14世纪，在一些历史文献中多提到"哈萨克"这个民族称谓，只是读法不同，例如："奄蔡""曷萨""可萨""阿萨"。例如：《新唐书·波斯传》称

"东与吐火罗、康接，北邻突厥可萨部"。洪钧《元史译文证补》也称："突厥盛时……极西部曰可萨，亦曰曷萨，西国古籍，载此部名，即曷萨转音。里海、黑海之北皆起种落屯聚。"可见从7世纪起"哈萨克"这个称谓已见于中国史书。苏联历史学家特勒霍加·占乌扎阔夫则说："早在6世纪初，哈萨克这个族名在高加索突厥部落就出现了。"波斯历史学家菲尔多西在《列王纪》中则把咸海北部和西部的民族称为哈萨克："咸海北部居住的哈萨克人建有哈萨克汗国，他们是强悍的民族，人口众多。"综上所述，"哈萨克"这个族名不是15世纪才有的，而是古已有之。阿拉伯政治家马赫穆德·阿尔·奥芬1228年写于印度的著作《精选故事传说集》说居住在阿尔泰地区的葛逻禄部族有九部，其中三个都是哈萨克部落。766年，葛逻禄人在七河地区建立了葛逻禄汗国。

982年，用波斯语撰写的学术著作《世界境域志》关于阿兰国及城市部分记载说："在阿兰国有被称为'可萨'的部落。"拜占庭帝国的紫衣贵族波拉菲尔诺德（905—959）在自己的学术著作中说："我们将栖息于库班河向东一带的部族称为'哈萨克亚'"。历史文献已经证明了在库班河以东地区居住着构成哈萨克民族最强大、人口众多的部族之一克普恰克。但问题来了，如果当时克普恰克人没有称自己为'哈萨克'，紫衣贵族波拉菲尔诺德怎么会将他们称为'哈萨克亚'呢？这个时期，在俄罗斯、乌克兰等国的历史文献中没有关于哈萨克的记载。从10世纪开始，俄罗斯文献中出现了关于哈萨克民族的记载。"哈萨克"这个称谓在《唐书》中被写作"曷萨""阿萨"，这是非常可信的。而在《新唐书·波斯传》中"哈萨克"这个称谓被写作"可萨"。在西方一些国家的历史文献中，这个部族被称为"哈萨克"。但在许多文献中，"哈萨克"或"可萨"等称谓还没有成为民族的称谓，只是部族或部落的称谓。之前，我们曾经提到在绵延420千米的卡拉套山峦居住着一个部族，但他们还没有形成统一的称谓——哈萨克。民族称谓是后来开展关于民族命运安全研究时才出现的。但是，我们究竟是哪个部族的后代？这个问题一直困扰着我们。从逻辑角度来说，我们源自塞人。根据希腊历史学家们留下的文献，在哈萨克斯坦地域，先后与希腊、波斯、蒙古、俄罗斯等入侵者进行对抗的部族是塞人。

根据历史文献记载，前5世纪到4世纪，在中亚和哈萨克斯坦地域栖息着被称为"塞人"的由众多部落构成的一个部族。

著名学者埃维勒别克·弘吉剌惕巴耶夫一直从事塔拉兹城一带古代哈萨克部落的历史、文化、语言、信仰、各个社会阶段等的研究工作，并颇有成就。他高度关注古代历史学家希罗多德的学术著作《历史》中的相关记载："居住在咸海沿岸的马萨盖特人的脸型呈圆形，小眼睛，身材较矮。他们以游牧为生，信仰上苍。"

13—14世纪，臣服于金帐汗国的哈萨克部族说自己是以克普恰克部族九十二个分支的称谓融入这个国家的。这句话的意思就是——哈萨克斯坦的原住民是塞人。而在古代，哈萨克人也被称为"克普恰克人"。1504年，乌古斯部族分离出去的时候，跟随克烈和贾尼别克等苏丹另立汗国的许多部落为了将自己与前者加以区别，便说"我们是自古就栖息于哈萨克地域的马萨盖特和乌孙等部族的人，我们称自己为'乌古斯'塞人"。

学者埃维勒别克·弘吉剌惕巴耶夫列举了大量历史文献记载，证明塞种马萨盖特追根究底就是哈萨克人。希罗多德也提到塞人的国王会由女性担任。例如，约前6世纪的托密丽司、奇拉克、扎琳娜，她们是英名永存塞人历史的巾帼英雄。

在阿赫门王朝争霸世界的征战中，他们征服了一个又一个中亚定居民族，在很短的时间里，建立起了帝国。而割下了居鲁士头颅的则是塞人女王托密丽司。摧毁了阿赫门帝国的亚历山大·马其顿虽然不慌不忙地进入了中亚各国，但还不敢贸然入侵塞人这样的游牧部族，因为希腊人知道作为中亚游牧民族主体的塞人是十分彪悍勇猛的。著名作家艾布西·柯克勒拜在自己的学术著作《古代塔拉兹》中这样写道："塞人的军队在马拉松战役中沉重打击了雅典部队，又在普拉提亚和温泉关战役中屠杀了他们，以强悍勇猛而著称。而人们都清楚当时居住在巴比伦地方的尼普尔也在其他的城市组建了强大的军队。在中亚，塞人的军队首领斯皮塔曼令所向披靡的马其顿军队闻风丧胆，仓皇撤退。"

但是，学者们至今也没有确定当时究竟是哪些部族栖息于哈萨克斯坦哪个地域。对此，他们各有各的说法，没有统一的观点。尤其是他们无法确定当时有哪些部族栖息于塔拉兹古城。但是，根据哈萨克斯坦国内考古学家们所挖掘古代文物的情况来看，这是居住着在波斯楔形文字文献中被称为"萨哈""尖顶帽塞人"的部族。比较可信的是，在卡拉套山峦的西北部就有这样的聚落遗址。

居住在绵延至卡拉套山峦一带，并频频受到打击摧毁的历史时期，不知有多少部族、部落分崩离析，他们什么时候去了什么地方？这是一个冗长的故事。中国文献记载，乌孙部族居住在楚河和塔拉斯河沿岸。那个时期，那一带有众多的部族、部落，但他们不一定在某个地域永久居住。在这些部族、部落中，古代文献中频频提到当时栖息于卡拉套山峦西北部的阿拉木图州和克孜勒奥尔达州一带的就是杜拉特部族。在哈萨克民族的古代传说中，奠定了杜拉特部族之基础的或是乌孙昆弥的兄长，或是他几个儿子中的某一个，或者是他们的后代。在学术著作《哈萨克斯坦发展研究》中，与乌孙部族、康居部族一样，杜拉特部族也曾建立过独立的汗国。值得一提的是，著名东方学专家尼古拉·费多罗维奇·卡塔诺夫在自己的学术著作《杜拉特汗国》中说杜拉特汗国存在于前8世纪至4世纪的塔尔巴哈台山和南部蒙古，其首府位于阿尔泰山脚下。他还认为楔形文字和阿尔泰岩画都是杜拉特部族留下来的。但一些学者对他的观点提出质疑，他们多以历史学家尼古拉·阿里斯托夫的学术著作为依据。根据他们所参考的文献，咄陆部族生活于公元前，其中的一部分人于前2世纪越过中国西部蒙古地区，与匈奴人一起迁居到了坚昆人的地域。阿提拉王朝分崩离析之后，咄陆部族的首领们奠定了在多瑙河一侧建立保加尔王国的基础。前6世纪，在中国历史文献中，将留在西部蒙古以及天山和蒙古、阿尔泰之间的咄陆部族的一部分看作名叫"咄陆"的高车后代。根据尼古拉·阿里斯托夫的推测，由于7世纪臣服于西突厥王朝的这些地域属于五姓咄陆，所以他们在当地就有很高的地位，而且在早期突厥王朝所属悦般部族也有相当大的影响。根据中国历史文献，悦般政权是在匈奴西迁时奠定了自己的基础，直到5世纪都与中国有交往的一个政权。

在以上所说的各个时期，游牧各部族之间除了部落联盟之外，不可能存在国家机构。他们占据土地资源，各自为王，自己选举可汗。他们认为与其向其他国家的可汗低头，不如与他作对。这个时期，西突厥王朝有两个部族之间产生了冲突。他们是居住在七河地域地区西部的杜拉特部落与居住在天山及伊塞克湖的弩失毕部落。据《唐书》记载，"咄陆"在5世纪的咄陆部族所属12个支部中是以"吐鲁"这个称谓出现的。根据科学院院士库妮娜的观点，在4世纪的一些部落中，咄陆这个部落一般在哥德人和格庇德人之间被提到。而拜占庭历史学家们最早于482年提到了保加尔王国。

在距离塔拉兹市120千米的地方，有一个叫作"阿斯帕拉"的集镇与同名河流。当地的民众，还有一些学者认为这里还有过一位叫"阿斯帕拉"的英雄。关于这一点有许多传说。让我们听听科学院院士库妮娜怎么说："根据历史文献，635年，匈奴人与保加尔人在一个叫作库布拉特汗的首领率领下开始反抗阿瓦尔人。库布拉特汗去世后，他的五个儿子将保

17

加尔王国分成了五个部分来管辖。其中的一支列波热吐赫于639年越过了多瑙河，征服了巴尔干半岛的五部斯拉夫人，并建立了保加尔—斯拉夫王朝。咄陆部族的大公贵族们甚至掌控了孜沃克勒部落的地盘，后来保加尔人的首领阿斯巴鲁赫越过了多玛瑙河。也就是说，2世纪，咄陆部族登上了历史舞台。通过伏尔加河与乌拉尔河向西迁徙的北方匈奴带着臣服于自己的部落，以及杜拉特部落一起离开了。在建立保加利亚的过程中，与他们的首领阿西纳交战的是咄陆部族的首领库勃拉特。他于7世纪40年代去世，其部落也随之分崩离析，其中有两大部分由列波热吐赫和巴特拜兄弟俩掌控。其间，有这么一段趣闻，这就是在北方和高加索一带找到了泽连丘克文字。耶稣在凡界的代言人之一——著名神职人员尼古拉在石头上凿刻了关于牛年巴哈得尔别克独自一个人将杜拉特、博特拜、阿勒班、素宛四个部落召集在一起离开故乡，来到草原和群山栖息定居的事件。"[1]在这里，必须提到的是：居住在锡尔河沿岸的杜拉特、博特拜、阿勒班、素宛等部落都是同父同母的兄弟。

　　自古以来，杜拉特这个部族人才辈出。根据科学院院士的学术著作《七河历史》，以及学者豪吾孜恩的研究成果，历史著作《拉失德史》的作者米尔咱·穆罕默德·海答儿就是杜拉特人。他的父亲是马黑麻·忽辛·古列干，祖父是马黑麻·海答儿·古列干，曾祖父是赛亦德·阿里·古列干，高祖父是异密·赛亦德·阿黑麻，再上一代是异密·忽歹达。他的家族历代都与察合台的王室有密切联系，或被任命为大异密，或与汗族联姻。如作家的父亲马黑麻·忽辛曾事臣于羽奴思汗的长子苏丹·马哈木汗。苏丹·马哈木汗将自己年长一岁的姐姐忽布·尼格尔·汗尼木嫁给了他。他们于伊斯兰教历899年在塔什干成亲，遂成为察合台后王羽奴思汗的女婿。同年，苏丹·马哈木汗委任马黑麻·忽辛·吉列

---

[1] 摘自伊斯玛依勒·穆萨耶维奇·米兹耶夫《高加索民族史起源入门》第110—116页，1986年。

干为塔什干的监治官。羽奴思汗还有一个女婿是巴布尔大帝之父乌马尔·沙黑·米尔咱·海答儿，这个人与巴布尔为嫡亲姨表兄弟。作者的第六辈先祖布拉齐·杜拉特将秃黑鲁·帖木儿汗从伊犁带到了杜拉特人居住的热海一带，并拥立他为可汗。这位历史学家还写到秃黑鲁·帖木儿汗和布拉齐·杜拉特汗去世后，由布拉齐·杜拉特汗的弟弟哈玛热依丁汗继位执政。之后又由哈玛热依丁汗的堂弟胡达依达提，以及其子米尔咱·马合木提、其孙赛义德·艾勒（1440年）等出自杜拉特部落的可汗执政。曾经统治费尔干纳与印度的穆罕默德·海答儿·巴布尔和属于察合台家族的赛义德是姨表兄弟。赛义德去世后，穆罕默德·海答儿与杜拉特部族的人一起投奔了住在拉合尔的巴布尔。后来，他们征服了克什米尔，在这里建立了独立政权。赛义德被赶出七河地区后，杜拉特部族就与乌孙部族一样加入哈萨克人之中了。

米尔咱·穆罕默德·海答儿雕像

现在，在塔拉兹大学门前，耸立着穆罕默德·海答儿的塑像。具有学识的后代们将他奉为德高望重、博学多才的圣贤。他熟知蒙兀儿斯坦、中亚和哈萨克斯坦的历史。《拉失德史》写于 1544—1546 年的克什米尔。[1]这是一部关于杜拉特部族的世代相传的历史著作。作者根据蒙兀儿人的传说故事、蒙兀儿可汗宫殿收藏的机密文件、目击人的讲述,以及他自己的观察,用波斯语写成了这部著作。穆罕默德·海答儿给我们留下了许多关于哈萨克人的珍贵记载,以及 15—16 世纪南哈和东哈地区的社会经济状况、中世纪哈萨克斯坦历史、地理、城市、农耕文明的许多文献。

  本章从栖息于卡拉套山峦的塞人讲起,叙述这个地域众多的部族、部落中最为强大直到今天依然在发展延续的杜拉特部族的历史,下面让我为您详细讲述古老的塔拉兹市。

---

[1] 摘自哈萨克斯坦发展研究院主编的丛书《哈萨克人》第 1 卷"历史人物"一章。

The
Biography
of
Taraz

塔拉兹 传

历史悠久的印记

第二章

塔拉兹市中央清真寺

根据著名考古学家瓦迪姆·米哈伊洛维奇·马松的研究成果，四千年前，中亚和哈萨克斯坦地域处于城市文明崛起的历史阶段。当时，塔拉兹所在的中亚西部地区已经进入了新石器时代，成为农耕与游牧生产的中心，这为城市文明的崛起创造了条件。阿姆河定居文明的出现也对此产生了相当大的影响，阿姆河人用大量的时间去冶炼铜等有色金属，放牧各类大畜。改变了中亚人类的发展思维，指引他们走向城市文明的正是阿姆河文明。这对自古以来就在广袤无垠的草原上自由自在地牧放牲畜的众多部族来说，只是一段短暂的插曲。众多因素促进了塔拉兹城的建立。在广袤土地上自由生活的时代，他们甚至去过遥远的中国，而且这种探索远方的行动越来越频繁，即便在亚历山大征战之后，也没有停止过。那个时期，游牧部族与半定居部族一样，不服从希腊军队，但他们认可希腊文明，并有所接受，直到阿拉伯人入侵。

人类只盯着自己发起的或者其他人发起的各种文明活动，并铭记于心。众多部族迁徙到了位于亚洲西南部和北部的塞琉古王朝地域附近之后，他们将希腊人摧毁的城市又用希腊建筑风格建造起来了。我们试着通过讲述这些情况来接近塔拉兹城。我们曾经于2002年举办了古老的塔拉兹城建城2000年庆典活动。当时，有许多不同意见，有人认为塔拉兹建城历史更早，也有人认为更晚，但没有一个人能准确地说出建城时间。那时，哈萨克人已经了解了关于郅支单于及部族的情况。郅支单于（？—

前36年）名呼屠吾斯，是虚闾权渠单于之长子。匈奴分为南北两部之后，他是北匈奴第一代单于，也是南匈奴呼韩邪单于之兄，曾击败大宛、乌孙等国，强迫各个部族进贡，威震西域。

著名作家艾布什·柯克勒巴耶夫曾经详细地描写了郅支单于以及他所建造的塔拉兹城。我们尽可能忠实于他的原文来讲述。郅支单于于前49年率领自己的军队向西部开拔。这一地域曾被冒顿单于征服。据德·戈罗特说，冒顿单于去哪里做过什么，郅支单于就去哪里做同样的事情。他是一个极为敏感而且易怒的人，因此，他很早就开始提防来自汉朝和亲汉的南单于的联合进攻，开始在西部寻找落脚之地。又据 Б.奥葛勒说，他首先征服了西部的匈奴驿站，然后派人去拜见乌孙部族的小昆弥乌就屠。而乌就屠昆弥则杀掉了郅支单于派来的使臣，割下他的首级。作为报复，郅支单于将护送自己44年来一直作为人质在中国的儿子回来的中国使臣谷吉杀掉了。之后，他就搬到前49年征战西部时在坚昆地域修建的宫殿居住。那个时期，坚昆人居住在阿拉套山峦的阳坡地带和天山的北部一带。此时，康居使臣来到他们那里。康居部族占据着别特帕克大草原上游与从塔尔巴哈台直到咸海一带的区域。他们的首都是撒马尔罕，他们与东部的乌孙人向来不合，而匈奴人也是如此。所以，他们这两个部族都邀请郅支单于到自己的地盘来。郅支单于杀了汉朝使臣谷吉之后，自知有罪，又听说呼韩邪单于已逐渐强大起来了，恐怕遭到袭击，就打算远走中亚。这时，一直受困于乌孙的康居可汗想与郅支单于联合，合兵以制乌孙，于是就派遣使臣到坚昆与郅支单于联系。惶惶不可终日的郅支单于对此喜出望外，欣然派兵西进，康居方面派人带着骆驼等牲畜迎接了他。康居可汗以女嫁郅支单于，郅支单于也以女嫁康居可汗，互相依靠。他们合力攻击乌孙，并大获全胜。但他们后来反目成仇，康居可汗的女儿、达官贵人、平民数百人被郅支单于杀死、肢解，并投弃于塔拉斯河。据历史学家们推测，正是这些因素促成了塔拉兹城的修建。据说当时有500人日夜不停地修建这座城，郅支单于每年还派人到奄蔡、大宛等国去催他们交纳贡赋。据中国文献资料记载，郅支单于企图建立包括伊朗、突厥、阿富汗，甚至北部印度在内的庞大帝国。中国史书《汉书》中说康居冬居乐越匿地，夏居蕃内，即位于北方的奥利耶阿塔这个地方，或塔拉斯河岸。根据艾布什·柯克勒巴耶夫的学术著作，郅支单于的防御城堡离康居人的夏居地不远，位于塔拉斯河上游地带。那里不是荒漠，而是一片肥沃的土地。据汉朝将领所写的信件，郅支单于此时已经让自己麾下的臣民仇视汉朝军队。

但对西伯利亚的匈奴人和中亚人民来说，修建一座城市当然是新鲜事儿，这可能成为郅支单于企图建立大帝国的一个象征。从外部看起来，不难看出这座城市建筑受欧洲哥特建筑艺术和克里姆林宫建筑艺术的影响。这座城市外部是用很高的木栅栏、高高的塔楼围起来的。正中间用泥巴筑起了城堡，这些城堡顶上还建有高塔。北部匈奴人不会这样建造城市，泥巴城堡及其顶上的高塔虽然会让人想起中亚城堡，但其外边的木栅栏是没有人想得出来的。这是为什么？在生活中，许多历史事件会相互影响和促进，这是规律。列夫·尼古拉耶维奇·古米廖夫在自己的学术著作《匈奴历史》中推测说，郅支单于可能是从帕提亚人那里学会这种建筑风格的。在这里，我们需要回顾一下。亚历山大远征，密切了游牧部族与定居部族之间的联系。他去世之后，西南部、北部中亚落入了塞琉古王朝的手中，他们按照希腊建筑风格恢复了被希腊人摧毁的城市原貌，并在中国修建长城的那个时期，与他们建立了睦邻友好的关系。古代的巴赫特里亚、粟特、帕提亚、马尔吉亚纳又恢复了原貌。塞琉古王朝之后，帕提亚宣布独立。但是，前247年游牧部族又侵占了他们的地域。鲜卑拓跋氏建立了政权并自立为王。在最初时期，他们只统治着与帕提亚相邻的希尔卡尼亚[1]。

---

1 希尔卡尼亚：米底王国、阿契美尼德帝国、塞琉古帝国、安息帝国及萨珊王朝的行省。

后来，在安息国帝王米特里达梯一世统治期间（前171—前138年），他们又征服了伊朗和幼发拉底河、底格里斯河流域，成了世界强国。之后，他们与罗马之间有了长期交战的历史。根据德国著名学者特奥多尔·蒙森的学术著作所述，企图利用国内各部落之间内讧的罗马使臣马库斯·李锡尼·克拉苏来到了叙利亚。这是帕提亚战争已经开始后的一段时期。马库斯·李锡尼·克拉苏一直觉得自己指挥战役的能力更胜盖乌斯·尤利乌斯·恺撒一筹，而且认为机会来了。他通过美索不达米亚河急急地扑向了帕提亚。但是，在临近加里城的地方发生的第一场战役中，希腊人就遭遇惨败。在前线指挥战争的马库斯·李锡尼·克拉苏之子与身边的将士们打了起来。他无法忍受儿子的惨死与自己的惨败，便盲目而又气急败坏地冲向战场，结果意外身亡。4万罗马士兵有一半被骑在马背上边战边躲的东方士兵射出的乱箭射死，还有1万人被帕提亚人俘虏。德国历史学家特奥多尔·蒙森这样评价这场战役："这场战役是在阿契美尼斯之后的一段时期内，东方首次压倒西方的事件。"[1] 被俘虏的1万名罗马士兵被流放到了遥远的马尔吉亚纳。奥古斯都时期的著名诗人贺拉斯还为此专门写了诗，他没有对这些罗马士兵在大戈壁的艰难生存给予怜悯，反而说他们在异域结婚娶妻，屈膝低头，丧失尊严。

历史文献记载说帕提亚人将俘获的罗马战俘送往巴赫特里亚和马尔吉亚纳，郅支单于可能将其中的1万名俘虏买了下来，让他们去修建塔拉兹城。这个推测并不是空穴来风。企图在中亚建立新帝国的郅支单于要在塔拉斯河岸修建东西长710千米，南北宽430千米的一座都城。这一点已由古代著名历史学家希罗多德证实。对这个问题，历史学家们有两种不同的观点。历史学家A.格尔曼认为郅支单于修建的塔拉兹城在楚河岸边，另一些学者认为这座古城位于塔拉斯河上游，也有学者质疑塔拉兹就是郅支

---

[1] 特奥多尔·蒙森，《罗马史》，1997年，第318页。

单于的城堡这种说法。《汉书》则写道：塔拉兹城位于塔拉斯河的上游而不是下游，那里不是戈壁荒漠，而是水草丰盛的地方。也就是说塔拉兹城位于游牧部族与定居部族的分界处，位于伟大的丝绸之路沿线地带。这不是正好与郅支单于那种"不要局限于西匈奴国，而要建立始自鄂尔浑直抵伊朗以及伏尔加沿岸等地的匈奴帝国"的企图相吻合吗？在塔拉斯河沿岸，在修建塔拉兹城之前，并没有其他的都城。

郅支单于的目的之一是控制伟大的丝绸之路。据学者德尔布斯推测，郅支单于的兵力有限，所以需要雇佣兵。这时，他想起了18年以来一直被流放外地、受雇于他人、曾参与军事行动的1万名罗马战俘，并知道他们都是出色的步兵。所以，他很容易就在鄂尔浑的手下那里找到了这些战俘。这一次，德尔布斯也高度关注了一件事情，即绕着城堡所建的四周栅栏。这样的城墙在希腊地域里很少见到。如果河面上有桥，那么，大桥的西侧也会有这样的木栅栏。而始终游牧于各地的匈奴人肯定想不出这样构建城市的办法，所以可以毫不怀疑地说，修建塔拉兹城、打造栅栏城墙的人就是来自克拉苏军队的那些罗马战俘。

郅支单于最初与汉朝是死对头，汉军始终盯着他的军队。郅支单于在草原上修建城市要塞，并意图独霸丝绸之路的野心令汉朝大为不快。汉朝驻扎在西部的将军们上呈皇帝的信函中写明了郅支单于号召臣民与汉朝作对这样的内容。前36年，汉朝派西域都护、骑都尉甘延寿与副校尉陈汤前往西域。后来，陈汤挟持甘延寿，独自矫诏征集西域联军以及车师国戊已校尉手下的屯田官兵，共4万多人，前往讨伐郅支单于。他们前进到距离郅支单于都城塔拉兹大约60里的地方扎营。汉军又捕得康居贵人贝色之子开牟做向导，了解到郅支单于的情况之后，继续进至距城30里的地方。血战开始了，郅支单于的鼻子中箭。康居人也加入了汉军的行列，要塞被攻克了。汉军将郅支单于的尸体踩在了脚下。《汉书》记载他们有

1518人阵亡，145人被俘。根据史书记载，郅支单于在这个地方只存在六七年。郅支单于的失败也是整个匈奴部族的失败。之后的政权落在了汉朝手中。

匈奴王朝的崩溃使中亚诸族成了许多城邦国家。179—220年，争霸政权的斗争再次变得尖锐起来。1—4世纪，汉朝重振雄风。这个时期，通向天山一带的道路有所改变。居住在西天山一带的匈奴人地域也包括塔拉兹城。据历史学家列夫·尼古拉耶维奇·古米廖夫的推断，亦兵亦民一致行动的匈奴人在前200—前57年处于强势发展期间，始终没有屈服于汉朝。之后的纷争使他们失去了和睦，从前1世纪到2世纪中叶，匈奴人又分为北匈奴与南匈奴两个部分，塔拉斯河沿岸的命运不再与匈奴人有任何关联了。他们之后的命运由被他们原来丢弃在南西伯利亚、蒙古一带的族人所左右。

据历史学家康斯坦丁·亚历山德罗维奇·伊诺斯特兰采夫说：从汉地向西迁移的匈奴人之后臣服于强大起来的突厥部落。在已经臣服的部落结构中，蒙古人、通古斯人和藏人等部落的人口占绝大多数。有人说"突厥"这个词是"强大""稳固"的意思。列夫·尼古拉耶维奇·古米廖夫说突厥语言是很古老的语言，他们的国家是546年建立的。

在塔拉兹古城的历史中，有许多关于突厥诸族的记载。在塔拉兹古城遗迹挖掘中，已证实土层之下有整整五个文化层有待挖掘研究，即第一层是现代层，第二层是13世纪至15世纪层，第三层是11世纪至12世纪层，第四层是突骑施与葛逻禄层，第五层是4世纪至6世纪层。塔拉兹古城的总面积达90公顷，其中，古城遗址占地面积为7.5公顷。

546年，突厥人彻底摆脱了柔然人的控制。这不仅仅是突厥王朝，也是"突厥世界"的崭新开始。553年秋天，突厥人给予柔然人毁灭性打击之后，554年室点密率兵西征。在短短的一年半时间里，突厥人就征服了哈萨克斯坦中部、七河地区和花剌子模地区。588年，室点密军队就摧毁了咸海北岸的匈奴、瓦尔等部族的防线，直抵伏尔加河一带。

摧毁了嚈哒和北汉军队的入侵之后，突厥人将丝绸之路的控制权牢牢地掌握在手中，这使中亚成了新王朝的组成部分，也为拜占庭与伊朗之间的相互来往创造了可能性。这么一来，一直从事丝绸贸易的粟特人、波斯人都开始进口丝绸了。但希腊使臣却不允许室点密可汗让粟特人和突厥人来操纵中国与中亚的丝绸驿队。丝绸之路穿越位于塔拉斯河岸的塔拉兹城，这个地方第一次由拜占庭使臣扎马库斯提到。又过了几十年之后，630年，唐代高僧、旅行家玄奘再次提到了这个地方，他说塔拉兹城是丝绸之路上重要的商贸中心。这座城市的称谓始终没有消失，只是不同时期有不同的叫法而已。8世纪时，这里叫作"阿尔古—塔拉兹""金—阿尔古""塔拉兹部族"，手工业相当发达。10世纪，阿拉伯地理学家阿里·玛戈迪西则这样写道："塔拉兹是一座有住人城堡的要塞城市，城内有四个大门，有很多花园，人口密集。城中有一条河，城市在河的两边，两部分之间有大桥可以通过。城中央有一座清真寺。"

而历史家们经研究后得出的结论是："城内建筑设施与繁华街道融为一体。比起公共建筑来说，塔拉兹城内的民宅区范围较小，是沿一条直线方向为了永久居住而建的。城内铺设的人行道之多以及完善的圆锥形陶瓷管道供水系统充分说明塔拉兹古城当时的综合情况处于比较高的水平。"

于11世纪至12世纪建造，以独特的建筑风格拔地而起的公共浴室使塔拉兹声名远扬。公共浴室里还配备了可以供应热水的管道，浴室内墙则用带有花纹浮雕的图案进行了装饰。

在考古发掘中，人们还发现了属于拜火教的墓葬群。在塔拉兹至今还存留着像卡拉汗陵墓（10世纪至12世纪）一样，于中世纪建造的众多陵墓。在距离塔拉兹西南方向18千米处，还留存有阿依莎比比（10世纪至

12世纪）与巴巴扎可顿（10世纪至11世纪）等陵墓遗址。除此之外，还有像在民间口口相传的蒙布拉克这样的圣地。这些历史遗址之所以历经多年屹立不倒，至今还被世人所铭记，也有其自身原因，即因为它们是某个历史时期某个历史事件的见证。关于这一点，首先必须要讲清一段历史。早在566年至567年，索格底亚那使臣曼纳赫作为突厥汗国的代表前往伊朗。这时，无论是伊朗还是拜占庭各自都有生产丝绸的原料。霍斯劳一世对这个为了出售自己库存的丝绸前来签订协议的曼纳赫心生不满。他不愿看到外国丝绸流入并占据伊朗各大巴扎，便随即买下了曼纳赫带来的丝绸布料并付之一炬。在曼纳赫看来，剩下的协商对象就只有拜占庭了。567年，曼纳赫受命率领突厥汗国的使节团前往拜占庭。此时的拜占庭也像当年的伊朗那样并不是特别需要索格底亚那的丝绸布料，但为了抗击波斯人，与突厥人建立联盟关系就成了拜占庭至关重要的利益。

拜占庭宫廷盛情款待了突厥汗国派来的使节团，不仅如此，突厥汗国与拜占庭之间也签署了共同抗击伊朗的军事协议。随后，拜占庭帝国的使臣蔡马库斯与曼纳赫（即粟特商人、使臣马尼亚克）一同回访了室点密可汗所在的大本营。

当时，西突厥汗国的首府在碎叶城，这里就是他们的夏季营盘，也就是上文中提到的蒙布拉克。蒙布拉克坐落于距离塔拉兹60千米的地方，这里被群山环绕、森林茂密。这里有各种飞禽走兽，可以说是野生动物赖以栖息生存的天堂。那里的东方狍被人类驯服，脖颈处戴上了铜质铃铛发出清脆悦耳的响声，这样的景色着实夺人眼目。室点密可汗就是在这处名为蒙布拉克的地方会见并热情款待了拜占庭帝国的使臣蔡马库斯，这一点早已记载入史册。568年，室点密可汗派遣的使者拜见了罗马帝国的皇帝查士丁二世。直到今天还留存有当时前来拜见的使者向查士丁二世告知了派遣自己前来的国家是一个汗国，拥有自己的可汗，他们最近征服了白匈奴人（嘛哒人），目前生活在城市等信息的文献记载。

然而这也只是瓦西里·弗拉基米洛维奇·巴托尔德于1930年再版的《世界境域志》中提到的葛逻禄国所属的25座城市。在阿布·阿布德·阿拉·马赫穆德·伊德里西·库尔图比·哈萨尼撰写的学术著作《云游者的娱乐》（又名《罗吉尔之书》）中提到了彼此之间相连、从北部一直向东延伸的乌古斯诸城，以及基马克·扎纳赫·伊本·哈坎提到的沿湖泊与河流而建的16座基马克古城的大部分，还有当今学者们已经查明隶属于金帐汗国的110座古城遗址和未查明的30座古城遗址，以及总计140座古城的大部分都曾坐落于哈萨克广袤原野。这一切使得上述描述更接近历史真相。仅仅在一个乌斯秋尔特高原，从坐落于萨格兹河的铁斯克术至花剌子模之间就有15座丝路驿站。[1]

在诸多古城中，塔拉兹城所占地位更加重要。这已经被上述考古学家、历史学家们所证实。塔拉兹是囊括了众多古代城市的中心地区。许多世纪以来，塔拉兹遭受了无数次毁灭。1207—1210年被花剌子模沙阿摩诃末攻陷，1219—1220年被蒙古人攻陷，1307年被察合台人攻陷。帖木儿时期，塔拉兹城曾被称为新塔剌思城，直到15世纪一直遭受着战争的困扰。在15—17世纪，这座城市只留下了少量的房屋建筑。到了19世纪，才在这座古城的基础之上兴建了奥利耶阿塔城。后来这座城市被称为米尔佐扬、江布尔市，直到1997年才恢复了原始地名。

许多世纪以来，塔拉兹城总是处在战争的旋涡之中。740年，唐朝军队攻入塔拉兹城。748年，突厥汗国的首都碎叶城也被攻陷。749年，轮到石国入侵。这样的态势不得不让呼罗珊阿拔斯王朝的开国元勋、军事将领阿布·穆斯林·呼罗珊尼前去迎战，他为了支援塔拉兹而跃上马背。当时，共有3万多费尔干纳、喀什噶尔士兵倒向了唐朝军队。双方军队于

---

[1]《十三至十四世纪间金帐汗国的历史地理概况》，瓦迪姆·列昂尼多维奇·叶戈罗夫著，1985年。

751年7月在塔拉斯河附近一处叫阿特拉赫的地方交战，战役延续了整整五天。作家、历史学家赛热克·詹波拉托夫这样写道："塔拉兹在阿特拉赫战役中起到了决定性的作用。这是一场由阿拉伯、突厥、唐朝参与，突然间爆发的战争。"阿拉伯历史学家阿尔-马克迪西于955年这样记载："阿特拉赫是一座大城市，从面积上来看接近于一座中心城市。其周围被高耸的城墙所包围，其中有许多花园，尤其是葡萄长势非常好。城内的清真寺坐落于中心地带，集市则坐落在城中的边缘地带。"而马赫穆德·喀什噶尔则这样记载："阿特拉赫是塔拉兹附近一座城市的称谓。"苏联历史学家亚历山大·纳桑诺维奇·伯恩斯坦根据自己的研究这样写道："阿特拉赫遗址位于临近塔拉兹城的朱万托别，丘陵状古城遗址占据着40米×280米的面积。"

许多国家的历史文献都将这场战役称为"世界上东方与西方的两大帝国之间的较量"。事实上，这场战争并不仅仅是两大帝国之间的战争，还涉及三方，即唐朝、阿拔斯王朝以及突厥汗国。

关于塔拉斯河有这样的一些文字记载。塔拉斯河自吉尔吉斯斯坦塔拉兹州向西北延伸，并流入哈萨克斯坦，总长661千米。这条河流从吉尔吉斯斯坦共和国境内的山峰流下，流经塔拉兹草原最后在莫英胡木沙漠渗入地底。在许多古老的文字记载中，塔拉斯河在5世纪时就被世人所熟知，人们在这条河流沿岸建立了许多城市。自6世纪起，在许多历史文献记载中塔拉兹城已经闻名遐迩了。学者们通过研究证明了塔拉兹这一称谓是根据塔拉斯河的称谓之变音而形成的。

葛逻禄人的突然哗变决定了怛罗斯战役的输赢。葛逻禄人突然哗变后，大量阿拉伯军队随即乘胜追击。在当时，唐朝军队的兵力数量很多，但他们最终没有抵挡住葛逻禄军队与阿拉伯军队势如破竹的进攻，节节败退。苏联历史学家奥列格·格奥尔基耶维奇·博尔沙科夫记载："被逮捕的唐朝商人被送往撒马尔罕与伊朗,他们开始从事制造纸张与丝绸布料。"[1] 关于这场战争,列夫·尼古拉耶维奇·古米廖夫这样写道:"战败让唐朝政府心生恐惧,以至于对征服西部感到绝望。"然而,并不是大多数学者都一致认为在中亚的这场战役意味着穆斯林文化的影响要远远高于中国文化的影响。这场战役并不是文化之间的战争,而是两国政治利益之间的战争,这才是比较接近历史事实的观点。当时,唐朝处于衰败前期,而阿拉伯哈里发则逐渐变强。除此之外,这场战役后获胜者在上述提到的地区大范围推广伊斯兰教,扩大了当地土著的势力范围。然而这一切并不是一天之内就完成的,仅仅这一点就花费了很长的时间。决定怛罗斯战役输赢的葛逻禄人直到960年才接受伊斯兰教,而怛罗斯战役又让葛逻禄汗国平步青云,他们甚至产生了直接统治突厥部族的念头。因此他们认为站在唐朝军队一边,或许可以借助他们的力量来统治突厥诸族。在752年的一场战役中,葛逻禄军队甚至想借此灭掉突厥人。753年,葛逻禄人俘获了突厥叛将阿布思,并由程千里于次年解送京师长安。

1　752年怛罗斯战役史,《东方人民的国家》,1980年。

The
Biography
of
Taraz

塔拉兹传

世事更迭的时代

第三章

阿依莎比比与巴巴扎可顿陵墓

756年，利用黄突骑施与黑突骑施相互仇杀之机，葛逻禄人突然发起进攻，并于766年全面占据了七河、塔拉兹、楚河等地域。这也使得塔拉兹与碎叶城的发展进入了一段鼎盛时期。这一时期，摩尼教在丝绸之路沿途中的许多城市广泛传播，而贸易也由这些人所掌控。但是这些人也臣服于葛逻禄部族。在这一段时期，葛逻禄人削弱了费尔干纳的阿拉伯势力，使得葛逻禄君主在突厥诸部享有更高的威望。导致这一现象的原因之一便是在那段时期统治突厥汗国的阿史那氏。他们放弃了七河流域最早的称谓，于10世纪起以阿夫拉西亚伯与阿菲纳氏族的"可汗中的可汗"来取代。之后，中亚及喀什噶尔突厥人的国家——喀喇汗国诞生。"出自喀喇汗国的君主之称谓都是得益于诗人们的功劳才留存至今的。"[1]在学术界，关于喀喇汗国的渊源有着7种推测。首先，咱们先来看看瓦西里·弗拉基米洛维奇·巴尔托力德的观点：喀喇汗起源于葛逻禄部族中的炽俟、样磨部落。喀什噶尔人扎米·喀拉希德称喀喇汗国的第一任君主于840年与萨曼王朝的一位名叫努·伊本·阿萨德的将军及其部下开战。现在看来占领塞兰的就是葛逻禄的叶护毗伽阙·卡迪尔汗。毗伽阙·卡迪尔汗逝世后，其大汗巴兹尔—阿尔斯兰喀喇可汗，驻八剌沙衮，副汗称布格拉喀喇可汗，驻怛罗斯（今哈萨克斯坦塔拉兹），开始了统治。9世纪成为葛逻禄

---

1 《波斯—塔什干文学史》。

部落联盟核心部分的炽俟部与样磨部分别想瓜分政权，自立门户。炽俟部的喀什噶尔与八剌沙衮的炽俟部汗帐划归大汗，西部地区的塔拉兹，之后在撒马尔罕驻扎的样磨汗帐划归副汗。在草原游牧帝国的"双汗制"传统影响下，大汗之侧有副汗。大汗称阿尔斯兰喀喇可汗，副汗称布格拉喀喇可汗，驻怛罗斯（今哈萨克斯坦塔拉兹）。而这一传统一直流传至11世纪中叶。但是，893年，喀喇汗王朝的副都怛罗斯被萨曼王朝攻陷，喀喇汗王朝在中亚河中地区的势力大减，驻守怛罗斯的副汗奥古尔恰克被迫迁往喀什噶尔。904年，奥古尔恰克从喀什噶尔发兵，向仇敌萨曼王朝进行了一次大规模复仇战争，并获得了成功。[1]这场战役持续了一个多世纪，最终的结果是萨曼王朝节节败退。喀喇汗王朝的势力一直延伸到了阿姆河地区。根据瓦西里·弗拉基米洛维奇·巴托尔德的说法，那时的突厥人还不完全是穆斯林。10世纪，根据阿拉伯旅行家伊本·豪卡尔的记载，在塞兰与石国之间流转迁徙的一千户人家皈依了伊斯兰教。而在七河流域，960年也恰好有两千户人家皈依了伊斯兰教。这一现象发生在阿尔斯兰喀喇可汗统治时期（915年至955年）。他皈依伊斯兰教之后，借助萨曼王朝之力，向奥古尔恰克发动了战争，占领了塔拉兹与喀什噶尔。又于942年推翻了八剌沙衮当时的统治者，自封为可汗。也就是从那一时期开始，喀喇汗的国家地位基本形成。萨图克逝世后，其子穆萨成了喀喇汗国的第五任君主。在他统治时期，于965年宣告伊斯兰教为这个国家的国教，又将喀什噶尔定为国都。后来，阿里阿尔斯兰汗成了穆萨的继任者。虽然他已经夺占了喀什噶尔，但还在塔拉兹与八剌沙衮行使自己的权力。

1032年，优素福·卡迪尔汗死后，苏来曼·卡迪尔汗继位，而塔拉兹、塞兰由优素福·卡迪尔汗的次子马赫穆德·博格达汗占领并在此行使权力。

---

1 《瓦西里·弗拉基米洛维奇·巴托尔德作品集》，第一卷。

1102年，塔拉兹与八剌沙衮的统治者卡迪尔汗·基博拉伊尔为抵抗塞尔柱王朝开始征伐，最终却在铁尔米兹战败后被处以绞刑。塞尔柱王朝的苏丹桑加尔于1130年征服了西喀喇汗首都撒马尔罕。也就是说，从这一刻起喀喇汗王朝的命运开始进入了倒计时。

在喀喇汗王朝鼎盛时期，其政治影响、民族文化都有过一段较为强盛的时期。而玉素甫·哈斯·哈吉甫所撰写的《福乐智慧》与马赫穆德·喀什噶尔撰写的《突厥语大辞典》中包罗万象的精彩内容便是最好的证明。当然，这两部极具哲学意义的伟大著作只能由那些具有高尚精神的先贤执笔才有可能问世。由85章13288行诗歌，以及124首附箴诫诗组成的《福乐智慧》在世界文化典籍中占据着非常重要的地位。这部于11世纪在哈萨克大地的塔拉兹地区八剌沙衮撰写的巨著，早年间被古代伊朗人称为《图兰沙赫纳玛》[1]、被秦人称为《帝王礼范》《社稷知己》。东方人对它十分推崇，把它称作"君王美饰""生命之精髓"，从而将这部巨著传播到世界各地。而使其成为文化瑰宝的突厥人却将它称为《福乐智慧》，体现了其真正的伟大与价值。这部将先贤思想与智慧以文化遗产的方式留给后世的巨著内容涉及了大量有关教书育人、传播知识、安邦治国等政治、经济、军事、文化、哲学、宗教、伦理方面的诸多问题。

1989年，中国北京的民族出版社以哈萨克文编辑再版了这部典籍。而这部巨著的作者玉素甫·哈斯·哈吉甫以自己过人的智慧与优美的文字以及独特的文学形式描绘了同时代的先贤、君主、人民生活等内容。

苏联历史学博士、教授、东方学家谢尔盖·格里戈里耶维奇·克利亚什托尼与哈萨克斯坦历史学博士、教授图尔森·伊克冉姆·苏丹诺夫证明了曾经栖息生活在塔拉兹地区的人民早已形成的世界观与较高的知识水平。11世纪中叶，在突厥世界的东部地区，已经定居，甚至已经步入

---

[1] 伊朗人称它为《诸王之书》。

城市生活的基本人口为突厥人。就连马赫穆德·喀什噶尔也曾指出，七河流域与喀什噶尔诸城的人民也使用突厥语进行交流。再后来，考古发掘科研工作也证实了马赫穆德·喀什噶尔文字记载的种种内容。在喀喇汗王朝统治时期，古城塔拉兹正巧由"可汗之殿"直系后代们管控，在当时已获得了较大的政治经济影响力。而在吐鲁番地区获得的以古老回鹘文记录的相关文献内容也证实了这座古城的兴起与形成要早于喀喇汗王朝的统治时期，也证实了当时的塔拉兹摩尼教教徒均以突厥文撰写宗教书籍或者学术研究论著等作品。塔拉兹的摩尼教、基督教、景教、雅各教派首领们的追随者自6—9世纪就曾是规模庞大的群体。基督徒于7世纪用叙利亚文字记载称，摩尼教徒为了唤醒信仰而在西突厥汗国撰写的《沙卜拉干的两个伟大原理》中就提及了拥有寺庙的阿尔胡（Arγu/Arghu）怛罗斯（Talas）的黄金城市，即塔拉兹以及其他14座城市的名称。哈萨克斯坦的考古学家们在对城市范围内进行的考古发掘工作中获得的古老祆教出土文物进行研究后，发现了当时的塔拉兹居民中有不少人并没有忘却祆教这一事实。验证这一事实的另一个证据正是由当时的人们以粟特文所使用的各种工具与物品，这些出土文物目前保存在塔拉兹博物馆。在塔拉兹市附近，考古学家们还找到了雕刻有粟特文的古币、木板及其他生活用品。而在塔拉斯河沿岸的铁列克塞、库兰赛等峡谷中人们还找到了凿刻在岩壁上的古老岩刻文字。人们推测这些岩刻是于10—11世纪凿刻完成的，这些岩刻中就出现了曾在这里生活居住的突厥贵族们的姓名。

随着时间的推移，在这片土地之上游牧驰骋的各个部族、部落、汗国政权的兴起与衰落、战乱与纷争也为哈萨克民族的形成提供了巨大的契机，也成了催化剂。在哈萨克草原北部钦察人处于鼎盛的时期更是这样，他们于9世纪末来到了塔拉兹附近，后来建立了森格尔城[1]。那时，有很多

---

1 马赫穆德·喀什噶尔，《突厥语大词典》，塔什干，1960年。

部族、部落加入了钦察联盟，他们占据了伊塞克湖与怛罗斯等地，开始栖息生活。

达史提·钦察时期是古突厥部族鼎盛之后的衰落时期。10—12世纪，突厥部族在没有完全放弃农牧业的情况下轻而易举地就适应了城市定居的生活，而城市与集市为百姓带来了可观的财富收入。人们在伊犁河流域10座城市的基础之上又兴建了56座城市。不仅如此，楚河、塔拉斯河、锡尔河流域也兴建了一些城市。原有的城市得到了空前的发展，经济发达，文化百花齐放。而此时的塔拉兹地区也迎来了鼎盛、繁荣时期。塔拉兹附近的库兰、梅尔克、阿史不来、八剌沙衮等城市之间相互有了关联，经贸往来陡然增加。由于当时的城市文明快速发展，以至于在后来的考古发掘工作中，人们发现了于11—12世纪间制造的宽20厘米、长25—80厘米、以陶制管道组合而成的水管道。占地面积达152平方米、用烧制的陶砖建造的浴室，可以游泳的水池，以及桑拿设施等都可以说明一座城市的文明程度。坐落于塔拉斯河下游即今天的乌云镇附近，长达100千米的克尔梅克渠在当时算得上是一个高级水利设施。也就是说，该地区已经拥有较高程度的农业文明。不仅阿拉伯地理学家阿尔-马克迪西曾提到塔拉兹被花园与葡萄园所包围的情景，就连纪尧姆·德·卢布鲁克也曾提到自己在塔拉兹流域看到了满山遍野的葡萄园，口渴之时曾两度以葡萄汁解渴的情形。考古学家们从考古发掘工作中获得了描绘有准备攻击的狮子形象的陶制品等，都说明此地曾经拥有较为发达的手工艺。除此之外，这里曾经繁荣的古老集市遗址以及外国商品的残片也说明当时的塔拉兹是一座国际贸易中心。

以上提到的种种信息大部分均在谢苗·利沃维奇·沃林撰写的学术论

文《9 至 16 世纪阿拉伯文献中的塔拉斯河流域及周边地区概况》[1]中有所记载。据这位史学家说，塔拉兹的商人们在伊斯法罕，而伊斯法罕商人们则在塔拉斯河流域的切勒之城开展贸易活动。这座城市周边有一座银矿，塔拉斯河上游的城市还有多个炼银场所。不仅如此，在这片区域，还有金矿、铜矿遗址。塔拉兹市也有铸造钱币的场所，在塔拉兹铸造的迪拉姆银币在中亚各个城市以及其他地区都有出土。直到 11 世纪，塔拉兹一直在铸造自己的钱币。在今天的塔拉兹历史博物馆还能看到于 12—13 世纪铸造的迪拉姆银币。

众所周知，塔拉兹市远近闻名。中国唐朝高僧玄奘曾写道："来自各个国家的商人们在这里作短暂停留，用各式各样的商品进行贸易。"而阿拉伯的伊本·豪盖勒则写道："塔拉兹是穆斯林群众与突厥人进行贸易的地方。"

中世纪的学者们并没有确切说出塔拉兹的大致方位，每一个人都有不同于他人的推测。而今天的学者们有的说塔拉兹古城遗址就在塔拉斯河右岸的吐依篾肯特丘陵，有的则说古城遗址坐落于卡拉布拉河旁边一处名叫塔拉兹的地方。他们一会儿说塔拉兹是中世纪兴建的，一会儿又推测塔拉兹遗址坐落于中世纪的萨德尔地方。而艾布什·柯克勒巴耶夫则认为，瓦西里·弗拉基米洛维奇·巴托尔德与蒙里斯的研究，以及他们所提出的古城遗址在塔拉兹地区奥利耶阿塔所在的地方这一推断较为符合历史事实。不仅如此，米哈伊尔·叶夫根尼耶维奇·马松、亚历山大·纳桑诺维奇·伯恩斯坦、Г. И. 帕采维奇等人在奥利耶阿塔所在区域的中央，对城市遗址进行考古发掘，给出了认为自己已经找到了塔拉兹古城遗址的结论。塔拉兹城曾被常驻军队的要塞所包围，这也验证了在上文中提及的阿

---

[1] 哈萨克苏维埃社会主义共和国科学院历史、考古和民族志研究所，《哈萨克斯坦古代和中世纪历史的新资料》第 8 卷，1960 年。

布·易卜拉欣·伊斯梅尔·本·艾哈迈德·萨马尼为了夺取这个要塞费了很大的功夫这种说法。

我们之前提到了塔拉兹曾拥有一段较为发达的手工艺文明时期。面向中亚，随着布哈拉与撒马尔罕日趋强大，手工艺者们几乎同时促进了陶制技术的发展，提升了手工艺行业的美学标准。考古发掘时就曾出土了游牧民族毡房形象的陶制灯盏。

塔拉兹市附近的阿依莎比比陵墓（10—12世纪）与巴巴扎可顿陵墓（10—11世纪）等的出现说明当时的建筑艺术已经达到了巅峰。以少量保存较为完整的墙面留存至今的阿依莎比比陵墓以世界建筑与装饰艺术最为奇特之产物而闻名于世。阿依莎比比陵墓是于11—12世纪建造的古代建筑遗址。这座陵墓坐落于距塔拉兹市18千米的地方。关于当时由谁下令兴建，又是谁一砖一瓦地建造了这座陵墓的历史除了少量古老的传说故事外，并没有其他具体的历史文献记载。这座陵墓以几近损毁一半的形态被人们发现。这座建筑的基本结构是这样的：陵墓的占地面积为6.8米×6.8米，高度超5米，拥有四座直径达86厘米的柱体。陵墓的整面外墙有纹路装饰，被装饰的每一面墙的厚度约80厘米。在这座建筑遗址的每一面墙、每一个角落都能发现已经成为哈萨克民族文化遗产的种类繁多的纹路装饰。在这座陵墓墙面上的纹路形成之前更早的年代，以往的装饰纹路通常都用陶砖黏合编织完成，而这座陵墓墙面上的装饰纹路则是通过注模式的装饰方法完成的。从陵墓建筑结构中还可以看到在铁器时代建筑工艺中发挥重要作用的双柱式入口结构的门板。不仅如此，从陵墓建筑四个角上的圆柱以及尖顶拱北的外形不难看出当时建造陵墓的工匠们非常熟悉古伊朗的文化以及建筑技艺。除此之外，哈萨克斯坦建筑特点繁多，其中之一便是四边相同，多见于矩形样式，从这座陵墓的结构中也可以发现这一特点。阿依莎比比陵墓建筑与众不同的一点是其墙内贴满了陶砖，外部则覆盖着用石灰泥黏合的煅烧铸石，并且用松柏进行了固定。这些木结构的作用就是在遇到地震的时候防止墙面坍塌。在陵墓的四个角放置圆柱形砥柱起到了稳住尖顶拱北压力和扶壁作用。这一切建筑艺术风格包含了早于哥特式建筑风格的种种经验。而这些经验自斯基泰时期起就融入了哈萨克民族的手工艺当中，并成了一直沿用到今天的文化传统。种类繁多的装饰纹路源自哈萨克民族丰富的生活艺术经验。而留存至今的装饰纹路只有20种左右，这是很遗憾的事情。陵墓墙面上凿刻的装饰纹路衬托出建筑的艺术特色，彰显着与建筑风格之间的和谐。这些装饰纹路是哈萨克民族传承已久的文化遗产。我们可以从阿依莎比比陵墓的种种细节看到11—12世纪建筑艺术的鼎盛时期以及古代建筑艺术风格的复兴。这些装饰纹路极大地丰富了哈萨克民族的现代建筑装饰艺术[1]。

关于阿依莎比比这个人物民间有着很多流传已久、脍炙人口的传说故事，但对于她的身世却鲜为人知。在诸多传说故事中较为接近真相的一则传说称阿依莎比比是著名的诗人、学者苏莱曼·巴克尔哈尼的女儿。苏莱曼·巴克尔哈尼是生活于12世纪的真实存在的人物。更重要的是，他还是艾哈迈德·亚萨维的爱徒。苏莱曼·巴克尔哈尼出生于图尔克斯坦市，先后在撒马尔罕、布哈拉、花剌子模、沙姆等地学习深造。在民间，哈克姆阿塔被世人所熟知，其主要代表作品有《末世论》《巴克尔哈尼之书》，美学、伦理学、人类灵魂之美成了这些作品重点探讨的内容。他的作品被俄国著名作家、传教士、突厥学家叶夫菲米·亚历山德罗维奇·马洛夫翻译成俄文后于1897年刊登在了喀山帝国大学历史、考古与人种学会学报上。

阿依莎比比是著名的英雄人物卡拉汗的未婚妻。相传阿依莎比比是在前来约见未婚夫，在此地停歇之时被毒蛇咬伤不幸去世的。苏莱曼·巴克

---

1 哈萨克斯坦发展研究院，《哈萨克人》第8卷。

尔哈尼有三个儿子，三个儿子都追随了父亲。在关于阿依莎比比传说故事中，人们称苏莱曼·巴克尔哈尼就是卡拉汗的岳父。值得注意的是，在中亚以及哈萨克斯坦，最早让自己的臣民成为穆斯林的统治王朝与最早传播伊斯兰教的王朝之间存在着价值意义。而苏莱曼·巴克尔哈尼受师长之托西征传教便是一个明证。

在阿依莎比比陵墓旁边还坐落着另一座陵墓，这座陵墓被世人称为巴巴扎可顿陵墓。这是一座于10—11世纪建造的建筑遗址，整座陵墓由红砖建造而成。陵墓的墙面呈立方矩形结构，占地面积约6.80米×6.78米，高超5米，墙壁厚度约1.23米，陵墓顶端有一座高达3.8米，带有16个折面的菱柱式穹顶。这种样式的陵墓在哈萨克斯坦古老建筑遗址中比较常见。这座陵墓有双层穹顶，而双层叠加穹顶就是使陵墓历经多年依然保存完好的原因。这座陵墓正面上端有一段依然能辨识可读的文字，即"巴巴扎可顿"。保留了哈萨克民族建筑艺术常用的装饰纹路的所有种类，以两层穹顶这种建筑结构夺人眼目的巴巴扎可顿陵墓在哈萨克建筑艺术史上有着非凡的意义。

1982年，卡拉汗陵墓被列入了国家保护文物名录。俄罗斯著名历史学家鲍里斯·彼得罗维奇·德尼克成了第一个研究卡拉汗陵墓的学者，他在自己撰写的学术著作《中亚建筑装饰纹路》中指出卡拉汗陵墓是11世纪的产物。这座陵墓坐落于古代塔拉兹历史遗址博览园区范围内。这座陵墓建在了喀喇汗王朝某个人物的坟墓之上，陵墓的建造者至今不明。喀喇汗王朝某个人物的坟墓相传属于一个名叫马苏德沙阿的人，这座坟墓是一座带有穹顶以及入口的矩形建筑，内有中央大厅以及三个侧房，另一个角落有一个可以通往建筑外顶的楼梯。陵墓外墙贴有陶砖，而窗户内壁以及穹顶和陵墓后侧的壁龛则采用了喀喇汗时期的陶砖。陵墓的正面朝南，顶端矗立着酷似宣礼塔的尖塔。陵墓入口处设在正面的中央，入口处的两侧

卡拉汗陵墓故景

卡拉汗陵墓现景

各有三个矩形壁龛，陵墓墙面上的几何纹路图案尤为夺人眼目。1906年，人们重新修缮了这座陵墓，但多少失去了原有建筑装饰纹路的完整性。值得一提的是，这种用松木建造的，呈三角形与菱形的古老建筑遗址可以说在中亚几乎没有。

卡拉汗陵墓里边还存有阶梯式墓碑。在1961年的一场考古发掘工作中，人们为了装饰陵墓使用了30种不同类型的赤陶砖块。在1836年至1936年，为了纪念卡拉汗，塔拉兹市被改称作"奥利耶阿塔"。

在动荡不定的时代修建于塔拉斯河右岸的铁克图尔马斯陵墓很少有人提及。这座陵墓是14世纪的产物，其历史称谓是"苏丹毛穆德汗"。"铁克图尔马斯"这个词在土耳其语中有"繁忙之地"的含义。这座陵墓被认为是塔拉兹市最古老的宗教场所之一。

铁克图尔马斯陵墓所在的丘陵上至今还留存有按照袄教、基督教、伊斯兰教礼仪殡葬的坟墓。在这座丘陵脚下曾有过一段地下通道和塔拉斯河石桥。20世纪30年代，这座陵墓在无神论治国方针的影响下遭到破坏。2002年这座陵墓被恢复修缮。

许多世纪以来都保守着塔拉兹之秘密的地方就是阿克尔塔斯城堡。现在已经证实它与埃及的金字塔、雅典的卫城、罗马的斗兽场、秘鲁的玛雅

铁克图尔马斯陵墓故景　　　　铁克图尔马斯陵墓现景

文化一样，具有很高的文化价值。

这座城堡位于塔拉兹城西部210千米的地方，它的秘密还没有得到全面的揭示，但研究工作一直在进行。它占地2.5公顷，总计有70个房间，15根圆柱，中间还有露天天井。北部有道路和大门，南部还有三隔大门。外壁直径5米，地基深2米，都是用巨石砌成的。

下面我们展开来细说详情，回到前117年—前104年说起。在一些历史文献中，专家们认为阿克尔塔斯城堡是乌孙国首任昆弥猎骄修建的。猎骄很小就失去了父亲，大月氏人杀害了他的父亲。大月氏人最初臣服于匈奴。父亲被杀后，还在襁褓中的猎骄被匈奴单于冒顿收养。直到他长大成人，可以治理自己的国家时，冒顿单于才让他成了乌孙国的昆弥。前3—前2世纪，昆弥终于独立执政。

他们最初的都城是虎思翰耳朵。猎骄作为乌孙国的奠基人获得了大昆弥称号。他们游牧于广袤中国的长城一侧，后来慢慢迁徙到天山山脉以及伊犁河上游地带。他们在东部与匈奴、西北部与康居、西南部与大宛、南部与城市国家相邻。随着时间的推移，他们在冒顿之子老上单于的帮助下，征服了大月氏的一部分地盘。

乌孙国由昆弥掌管，他有两位大臣、左右贤王、三位苏丹和两位侍长，共有12万户人家，主要从事游牧畜牧业。他们为匈奴人冶炼金属，住在毡房里。乌孙国的第二座都城叫赤谷城，猎骄在那里修建了自己的宫殿。乌孙人有成群的马匹，有些人家甚至拥有四五千匹马。那里还有成片的阔叶林。乌孙国最强盛的时候，有18.8万兵力。猎骄最大的功绩就是将乌孙人民团结在了一起，建立了具有政治、军事势力的乌孙国。

前2世纪伟大的丝绸之路产生了，这是连接中国与欧亚各国的商贸驿队的总称。始自中国长安的丝绸之路，通过兰州直达敦煌。在这里，丝绸之路再分为南北两道，南道是出阳关（今甘肃敦煌西南）西行，经鄯善

（今罗布淖尔附近），沿昆仑山的北麓，经过于阗（今和田）、莎东、蒲犁（今塔什库尔干），逾葱岭，至大月氏，再西行到安息和地中海的大秦（今罗马共和国），或由大月氏向南入身毒（印度）；北道是自玉门关（今敦煌西北）西行，经车师前国（今吐鲁番附近），沿天山南麓西行，经焉耆、疏勒，逾葱岭，至大宛，再往南北方向到康居、奄蔡，向西南方向到大月氏、安息。这条横贯欧亚的大路交通线上运输最多的商品是丝绸，因此被称为"丝路"或"丝绸之路"。

有些历史文献记载，今天的阿克尔塔斯就是阿拉伯历史文献中常说的位于丝绸之路沿线的卡斯里拔斯。8世纪下半叶，即751年，发生了葛逻禄与阿拉伯埃米尔联手打击唐朝军队大获全胜的著名战争——怛罗斯战役。之后，葛逻禄和阿拉伯之间建立了和睦关系，他们就开始动手修建城市。但是，我们心中始终有一个疑问：为什么这座已经开始修建的建筑没有完成？投入大量钱财，做了非凡建筑规划，采用无可比拟的建筑手法修建起来的城堡究竟是在什么样的情况下停下来的？直到今天，学者们也无法找到确切的答案。

这座面积为255米×185米的建筑是按照几何方程规划建造的。地基及墙壁上的每一块石头都重一吨左右，有些石头甚至重达十吨，而且每一块石头都经过了凿刻打磨。这些巨石都是从卡拉托别山运来的。要想把巨石分成两半，就必须在每块石头上每隔15厘米的地方凿出一个直径为六七厘米，深约8厘米的小洞，然后用坚硬的柏枝和骨头削制楔子，将它们固定起来。因为钉子钉不进去，斧头也无法砍动，建筑师们的镶嵌技术是很特别的。

俄罗斯学者格·帕切维奇对科学院的学者发言人说：从建筑规划与所使用石材等方面来看，截至目前，中亚和哈萨克斯坦境内的任何建筑都无法与这座建筑相媲美。根据一些学者的研究，这座城堡是由前来中亚传播伊斯兰教的阿布·穆斯林·库拜图带人修建的。他后来遭到诬陷,说他有分裂的思想,并被召回巴格达,被判处死刑。所以,这座宫殿的建设就停了下来。还有一些学者作过各种推测,其中之一就是彼得·伊万诺维奇·勒奇,他认为阿克尔塔斯是没有修建完的佛教寺庙。而瓦西里·弗拉基米洛维奇·巴托尔德则认为这是聂斯脱里教[1]的教堂。考古学家特·拜山诺夫则说阿克尔塔斯是未竣工的可汗城堡。学者们也注意到它的建筑风格与伊朗、叙利亚的建筑风格相近。

---

1 聂斯脱里主义(Nestorianism)是一种基督教神学的基督论,强调区分耶稣神圣位格的人性与神性。由428—431年担任君士坦丁牧首的聂斯脱里(386—450年)提出,受到他过去在安提阿学派(School of Antioch)时师从摩普绥提亚的狄奥多若(Theodore of Mopsuestia)的影响。——译者注。

The
Biography
of
Taraz

塔拉兹传

传奇与真相

第四章

阿克尔塔斯遗址

有一个问题一直困扰着我们：阿克尔塔斯城堡为什么没有竣工？学者们对此有各种各样的推测。那个时期，开始修建城堡时，为了城中百姓的安全，采取了建筑创新规划。关于这座建筑的始末，我们需要再次退回去加以审视，因为直到今天，依然有许多秘密没有被揭开。开工之前，这座建筑所需的石材是从霍恩尔托别山的地底下找到的。但当时的工匠们是采取什么样的勘测手段探明埋在那座神奇山梁下足够修建这座城堡的不知名建筑石材的呢？没有专业知识无法完成这样的勘测任务。按照规划，城堡建筑工地在霍恩尔托别山东侧300米的地方。现在叫作"乌宗布拉克河"的河流在当时河床较宽，水流量大，河水流到20千米之外的沙漠地带就渗入了地底。这座建筑是按照水平较高的几何方法验算设计建造的，土地承重密度、地底的水流量、建筑对地基的压力都计算得非常精准，而且地基是埋在地底下的。

也有学者认为，这座城堡的供水设施不是通过管道从乌宗布拉克河引过来的，而是工匠们在地底修建了一处秘密水道引过来的。当时的工匠们设想乌宗布拉克河从城边儿流过，万一有了战争，敌人就会包围城市，切断城市供水。而且地面上的乌宗布拉克河水到了冬天还会结冰。考虑到这些问题后，他们通过地下管道接上了水源，解决了城市供水问题。他们浇筑的每条输水管长1米，头部细，尾部粗，这样相连的输水管结实耐用。

为了观察敌情，城堡顶部还修有瞭望塔。据当地的老人们说，这个瞭

阿克尔塔斯遗址

望塔高2米。用来砌墙的巨石是在霍恩尔托别山凿刻打制出来的。这些最起码有半吨重的巨石是怎么从霍恩尔托别山那儿运来的不得而知。人们在霍恩尔托别山上找到了大型赭色石材资源。1965年至1966年，学者B.鲁甫波尔特率领工作人员对这个地方进行了考古勘察研究，进行了一系列测量，并进行了爆破，这样才找到了大型石材资源。当时，工匠们将六块巨石搬到了地面上。看起来，当时施工时，工匠们先将建筑地基下边挖出来的几千立方土运到外壁堆成山，然后采用埃及金字塔修建期间所采用的撬板圆木棍运法，将打制好的巨石运到了施工地点。

阿克尔塔斯城堡与埃及金字塔之间的建筑风格相似，这对哈萨克历史学家们来说并不新鲜。1967年7月22日，《列宁接班人报》就发表过这样的文章。文中说学者B.鲁甫波尔特曾经推测在阿克尔塔斯城堡的地底200米深处，存在着对我们来说还不太明了的古代文明。

关于阿克尔塔斯城堡的传说故事越来越多。按照科学院院士塔拉兹·奥马尔别克的推测，第一，阿克尔塔斯城堡可能是信仰萨满教的游牧部族葛逻禄居住在莫英胡木一带，并摧毁了阿拉伯军队与唐朝军队（葛逻禄定居七河一带，以及葛逻禄建国时期为746—940年），同时，不断出兵讨伐塔拉兹一带的穆斯林之时，由喀喇汗王朝的最后一位可汗苏莱曼·伊本·玉素甫·阿热斯拉汗主政时期修建的。第二，与杜拉特部落的印记相似的这处建筑不是由粟特人、萨曼尼人和阿拉伯人修建的，而是喀喇汗王朝的可汗带领本地百姓修建的。就像之前提到过的那样，11世纪40年代中期，葛逻禄人开始普遍信仰伊斯兰教，在这一地区的百姓四散迁离之时，之前因为军事防御而修建的城堡变得一无所用，所以建筑未竣工就被遗弃了。

民间有一种说法：任何未被揭示的真相背后肯定留有传说。而阿克尔塔斯城堡没有被揭示的秘密正好说明了这一点。众多学者的研究观点有时相同，有时相左，甚至矛盾重重。在这种情况下，这样的观点会在民间父传子，子传孙，口口相传，一直传到今天。关于阿克尔塔斯城堡的传说也是如此。在其中的一则传说中，父子俩用巨石修建这座城堡。儿子从山上采来巨石，父亲则凿刻打制巨石，然后用来砌墙。在此期间，儿子频频打量四周，有些分心，父亲警告他不要三心二意。儿子突然看到了可汗如花似玉的女儿吐依篾。至此，儿子不再干活儿，干脆去追可汗的女儿了。

吐依篾带着六个女伴跑开了，她们七个人用石头打追赶而来的小伙子。七个姑娘扔过来的石块儿落在地上后，变成了七座山岗，但小伙子依然紧追不舍。一路奔跑，精疲力竭的吐依篾跑到塔拉斯河东岸的一处山岗之后就死去了。后来，姑娘的父亲在这儿修建了一座城堡，这座城堡后来被称作"吐侬篾肯特"，即吐侬篾村。

再看看另一则传说吧。阿克尔塔斯是英雄玛纳斯的儿子。玛纳斯父子一起修建了一座城堡。儿子站在山顶往下扔石头，父亲接住石头砌墙。父亲死后，儿子扔下没有竣工的阿克尔塔斯，搬到城里去了。那里的游牧人杀死了他，人们用这位英雄的腿骨在塔拉斯河上架起了一座桥。

与阿克尔塔斯有关的另一则传说是这样的：在一个叫作吐侬篾肯特的地方，某个时期住着一位叫阔克切的可汗。他有个女儿叫吐侬篾，花容月貌，俊俏无比。阔克切汗手下有一个叫作阿拉昂哈萨尔的侍从。他真心爱慕吐侬篾，并请求可汗将女儿嫁给自己。可汗答应了他。阿拉昂哈萨尔忠心耿耿地为可汗工作了好几年，但是可汗仍旧没有将女儿嫁给他的意思。他知道自己受骗了，就与体魄异常高大壮实的儿子阿热斯坦来到了塔拉斯河上游一个叫作"克孜勒海纳尔"的地方开始修建一处关隘，他们想将河水引向别处，让阔克切可汗的百姓喝不到水。也想通过这个办法让阔克切可汗有求于自己，从而迎娶他的女儿为妻。在此期间，父亲叮嘱儿子阿热斯坦站在山上往下扔石头，并叮嘱他干活时不要东张西望，尤其不要看塔拉兹一带。儿子照做，不停地扔石头，父亲则接住石头用来砌墙。在关隘快修好的时候，阿拉昂哈萨尔来到了阔克切汗家中，向他禀告说我们父子俩在塔拉斯河上游修建了关隘，准备将河水引向别处。可汗的女儿不知此话是真是假，便走出宫殿想看个究竟。这时，站在山顶上扔石头的阿热斯坦一眼瞥见了站在塔拉斯河岸上的美人吐侬篾，顿时一见钟情，干起活儿也开始马虎起来，扔下来的石头都落在了半道上。为此而恼怒的阿拉昂哈萨尔大声问儿子怎么啦，儿子告诉父亲说美人吐侬篾出现在了河岸边，他一见钟情，扔不动石头了。阿拉昂哈萨尔为儿子不听自己的话，没有让自己如愿以偿而恼怒。他准备惩罚儿子，察觉父亲意图的阿热斯坦逃离此地。

阿热斯坦生性偏执，他爱慕吐依箎姑娘，茶饭不思，日渐消瘦，走起路来摇摇晃晃，步履艰难。有一天，他站在城市和塔拉斯河之间，摇摆不定。如果他倒向城市一边，便会压垮几栋民宅。城里的居民们见状就开始动脑子了，他们知道阿热斯坦生性偏执，就嚷嚷说阿热斯坦不会倒向塔拉斯河，一定会倒向城市。而阿热斯坦则说："你们说的不算数，我说的才算数。"说完就倒向了塔拉斯河，他巨大的腿骨则架在了河上，变成了一座桥。

另一则传说要从亚当一个名叫阿娜克的女儿开始讲起。阿娜克曾生下一个名叫艾芝的巨人，他的体魄非常高大健壮。当世界被海水吞没之时，正是这个叫艾芝的巨人牵引着先知诺亚的方舟一路前行。因为体魄高大，以至于吞没世界的海水也没有淹过他的膝盖，天空的云朵也只在他的腰间漂浮。

在巨人艾芝的时代，塔拉斯河沿岸一座叫吐依箎肯特的城里居住着一个名叫阔盖尔申的可汗。可汗有一个举世无双、貌美如花、名叫吐依箎的女儿。每一个目睹她容颜的人都会失去意识倒在地上。听说吐依箎有着倾国倾城的容颜，艾芝巨人便派人前去提亲，想娶她为妻。看到前来提亲的人，可汗自然以崇高的敬意热情款待对方，不仅要将女儿许配给艾芝巨人，还婉拒彩礼，但提出让艾芝巨人用巨石修建城堡，顺便让塔拉斯河流经城堡中心的要求。艾芝巨人答应了阔盖尔申可汗提出的条件，随后便开始了建设城堡的工作。有一天，艾芝巨人正忙着修建城堡，意外看到恰好路经此地的可汗女儿吐依箎。被吐依箎的美貌所吸引的艾芝巨人此时却变得六神无主，愣在原地，浑身发颤，无法继续工作，最终失去意识轰然倒地。过了好一会儿，回过神来的艾芝巨人懊悔不已，原本想娶她为妻的巨人之后再也没有了面对她的勇气，他羞愧不已，立即站起身逃离了此地。

就这样，巨石城堡的工程停了下来，最终没有竣工。

诸多传说的最后一个版本是这样的：在很久很久以前的某一天，阿克尔塔斯城的居民们正面临着突如其来的危险。由于外敌入侵，人民饱受压迫。无法无天、心狠手辣的敌人欺辱他们的女儿，奴役他们的儿子，无恶不作。无法忍受这种屈辱的百姓摊开双手向上苍祈求："啊！造物主，与其让我们臣服于这群失去理智的人，倒不如你来将我们带走，让我们变成刀枪不入的巨石！"此时，听到祈求的上苍应允了他们，刹那间，地面上的房屋、财物，甚至一个个活物都变成了一块块巨石。

阿克尔塔斯城的居民们一瞬间消失得无影无踪的故事，就以这样的传说留存至今，但归根结底这只是一则传说而已。那么，历史真相又有谁知道呢？在阿克尔塔斯城有一处很像坟墓的丘陵群。有些人以为那里面埋葬着死人遗骸，便进行了挖掘，然而并没有出现遗骸。甚至有人猜测阿克尔塔斯与铁克图尔马斯之间有一条地下通道，这条地下通道直达铁克图尔马斯一带的奥利耶陵墓，长达48千米至50千米。或许阿克尔塔斯的居民们为了躲避危机而借助这一条地下通道逃往了别处。然而，这条地下通道在到达铁克图尔马斯之后就戛然而止，不再向前，因为被堵住了。或许是抛弃阿克尔塔斯向外逃逸的人们故意封住通道的吧。值得一提的是，这条地下通道的宽度足以让三匹马并排行走。

位于丝绸之路沿途的塔拉兹有一座于7—12世纪兴起繁荣的城市，即库兰市。关于这座古城最早的历史文献记载见于中国唐朝旅行家玄奘的著作《大唐西域记》。库兰古城的遗址高3—4米，长约300米，呈矩形。人们在对古城遗址进行地形测绘时发现这座古城曾有一排带有塔楼的城墙、要塞等。在考古发掘中，人们发现库兰古城于7—8世纪建造的要塞遗址于7—10世纪成了酿制葡萄酒的作坊。

除了中国旅行家玄奘的文献记载外，伊本·胡尔达兹比赫与库达姆于

库兰古城遗址

9世纪末至10世纪初也提到过这座古城。10世纪,阿尔-马克迪西也称这座城市是一个坐落于通往塔拉兹路途中的要塞城市。对于坐落于楚河流域的诸多城市,他曾说:"在碎叶城的西部坐落着一些城市,而且每一座城市都有一个管理着大大小小事务的长者。这些城市人人都独立生活,有自己的营生,但都臣服于突厥人。"除此之外,还有一段描述库兰古城的历史记载,即库兰古城所在位置的南部为绵延的群山,剩下的三面则是一片辽阔的平原地带。这个地方土地肥沃,森林茂密。进入春季,这里草茂花盛,五彩缤纷。突厥汗国的可汗们入夏就会前来此地建立夏季营盘。这个地方曾经是库兰人的牧放地,可能因此这座古城才有了库兰这样的称谓吧。阿拉伯地理学家伊本·胡尔达兹比赫在《道里邦国志》这部重要的史学著作中,指出库兰是一座沿着丝绸之路途经塔拉兹、楚河地区的驿道边上的城市。根据阿拉伯学者屈达玛·伊本·雅法尔在他于928年所写的《地税之书》中的说法,塔拉兹与库兰古城的北部是一片浩瀚的沙漠地带,一直延绵至对面的基马克人所设立的边境线。著名的阿拉伯地理学家阿尔-马克迪西在《世界知识大全》中,也称库兰是一个通往塔拉兹沿途的要塞城市,城中还有可供教徒礼拜的清真寺。在对库兰古城进行考古发掘中,出土了葛逻禄统治者华丽的宫殿遗址。对于库兰古城的释义,叙利亚希腊裔地理学家、历史学家雅古特·本·阿卜杜拉·哈迈维在《地理词典》中这样写道:"库兰——坐落于突厥帝国河中地区边缘的美丽而富饶的城市。"对库兰古城的考古研究工作于19世纪开始一直持续到今天。由此可见,库兰古城是一座隶属于突厥人、曾有过华丽宫殿的文化中心城市。

再来说说梅尔克古城的历史。关于这座古城最早的历史文献见于9—10世纪阿拉伯地理学家伊本·胡尔达兹比赫、阿尔-马克迪西、库达姆等人对楚河地区驿道的文字记载。属于中世纪的这座古城最早兴建于7世

梅尔克古城遗址

纪，延存至 12 世纪。古城遗址呈矩形，占地面积为 205 米 × 380 米。这座古城曾有过高耸的城墙。当时建造的塔楼、要塞遗址至今还依稀可辨。陶制物品、铁质刀器的残片、青铜饰品、瓷石等通过考古发掘出土的古文物都能说明这座古城曾经的发展程度。

梅尔克古城坐落于北天山的驿道沿途，是一个灌溉系统完整、交通便利的地区。在各个历史时期，梅尔克一直处于繁荣发展的状态。这座古城最早于 766—940 年在葛逻禄人统治时期成了定居文化与贸易中心。这里的不少居民都曾因蒙古入侵而背井离乡。他们在匈奴与乌孙人统治时期信仰伊斯兰教，在基马克与葛逻禄统治时期开始定居，侍弄耕地，建造城市。在出征西域，准备毁灭花剌子模时，成吉思汗对自己的四个儿子说道："大地母亲辽阔无垠，河湖无数。前去征服他国，各自为营。"在征服乌尔根奇时他再次这样提醒。没过多久，成吉思汗将所征服的辽阔疆土分配给了自己的子嗣，随后就有三个新的国家诞生了。在七河流域，成吉思汗将塔拉兹划分给了察合台汗国。或许梅尔克也像当时的其他城市那样遭到了无情践踏，几乎湮灭吧。

梅尔克城有着悠久的历史，也是一处自然奇特优美的地方。它的南部耸立着阿拉套山峰，源自这里的梅尔克河使得山脚下花草丰盛，河水潺潺。关于这座城市的称谓，许多历史学家、旅行家的文字记载称此地于 6 世纪起就与塔拉兹市齐名。属于中世纪的梅尔克古城坐落于卡拉苏河右岸，即今梅尔克乡的中心地带，远远就可以看到古城带有塔楼的核心部分。阿拉伯地理学家伊本·胡尔达兹比赫于 846—847 年写的学术著作中指出库兰城与梅尔克城之间的距离为 4 帕拉桑[1]，即 22 千米。而这一说法在阿拉伯学者屈达玛·伊本·雅法尔的学术著作中也得到了印证。关于梅尔克古城最有价值的文字记载要数 982—983 年由无名氏创作的伊斯

---

1 帕拉桑：古波斯的长度名，1 帕拉桑约合 5.5 千米。

梅尔克的石像

兰地理学著作，即《世界境域志》。在这部著作中，关于居住在梅尔克与库兰之间的部族这样写道："梅尔克是人类聚居地，在那里生活着葛逻禄人，商人们也会来到这里。而且在这两个聚居地之间还生活着葛逻禄人的三个部落，即谋刺、炽俟或称婆葡、踏实力。"有关楚河与塔拉兹地区的传说也提到了中世纪古城梅尔克。说是很久以前，在楚河地区有一位睿智果敢、年轻气盛的英雄建立了名为楚的汗国政权。有一天，他从来自埃及的商人口中听说了亚历山大大帝准备出征锡尔河的消息。这位年轻的可汗在楚河召集手下所有的将领命令说："你们每个人回到自己的领地和军营，在每一条从大路旁的山上流下来的河流岸边建筑塔楼和城镇。城镇的城门要非常坚固，城墙要像山一样高耸，围着城镇的壕沟要像楚河一样深邃。平日里，若城镇里的草场上满是野兽和牲畜，那么，在危急时刻，草场上的草则会变成马的饲料，野兽和牲畜则会成为军队的口粮。要在每个城镇旁边的制高点设立哨所，河流渡口设立要塞。"次日，楚汗王朝着锡尔河方向匆忙上路。两个月零七天，在目睹了新建立的40个城镇，以及在锡尔河、塔拉斯河、楚河渡口上设立的要塞后，可汗又回到了自己的城堡内。有意思的是，对梅尔克古城进行考古发掘和科学研究工作的成果与以上提到的文字记载以及传说中的内容高度吻合。古城的残垣断壁、陶制品残片均说明这座城市曾拥有高水平手工技艺，反映了当时与南哈萨克斯坦、七河流域的各个城市，石国、粟特、花剌子模及中国新疆等地的文化、经济、贸易交流情况。

而这些都说明梅尔克古城曾是古代丝绸之路上的一个重要的枢纽城市。

The
Biography
of
Taraz

塔拉兹 传

古老历史的见证

第五章

沃尔涅克古城

  沃尔涅克古城遗址坐落于图拉尔·热斯库洛夫县，距沃尔涅克乡以南7.7千米处阿勒腾苏河岸的苏鲁托尔峡谷，属于8至12世纪。古城遗址于2014年被列入联合国教科文组织世界遗产名录，后于2017年根据哈萨克斯坦文明复兴计划被列入了哈萨克斯坦圣地名录。关于古城遗址所在地与其旧称的少量信息见于中世纪历史记载。在考古学界，有学者推测阿拉伯文献中出现的"库勒舒卜城"有可能就是古城沃尔涅克。如果是这样，那么，沃尔涅克城就是古代葛逻禄部族的政治与军事战略中心。学者们对古城遗址的地形结构与内部建筑设施进行考古发掘后，古城高度发达的定居

沃尔涅克古城遗址

文明程度与手工技艺得以重见天日。除此之外，古城所具有的坚固围墙、清真寺以及陵墓群，都足以证明在过去的历史中这里曾经是一座规模宏大的中心城市。当然，在这座古城的形成与发展的过程中，丝绸之路对它的发展繁荣产生了非常重要的影响。这座坐落在丝绸之路大动脉沿途的古老城镇曾经是往返奔波的旅行家与商贾们驻足停留、洗却尘埃的场所。这座见证了无数历史事件、朝代更迭，以及残酷战争的古城遗址，当然也是我们哈萨克民族历史上不可估量的一笔财富。

留有亚萨维生活印迹的古城——塔姆德

这座古城坐落于塔拉兹县卡拉套市西郊的塔姆德河右岸。这是一座属于6—13世纪，于2010年被列入地方性国家历史文化遗址名录中的考古遗址。这座留存至今的古城遗址以一座占地面积为300米×180米的四边形丘阜式结构呈现。1941—2017年，历史学家、考古学家们曾对这座古城遗址进行过各种学科的研究工作。经过多方研究后，古城中心部分以及

塔姆德古城遗址

农业区域的地层情况得到揭示，获得了大量有关古城的形成历史以及防御系统的证据。学者们也对这座古城历史上的不同称谓进行了研究推测，例如，这座古城在历史上曾经叫作"别茹肯特"（帕拉肯特）。胡图赫钦镇与别茹肯特镇坐落于塔拉兹西北部，"别茹肯特"这个称谓从10世纪开始在民间广泛流传。13世纪，小亚美尼亚国王海屯一世就记载了自己从塔拉兹出发，途经胡图赫钦与别茹肯特镇最终抵达苏古勒汗的经过。所以，学者们就推测胡图赫钦与别茹肯特镇在当时的地址就坐落于玛依托别与塔姆德城之间。甚至有人推测这两座古城遗址实际上就是塔姆德河边的塔姆德城。阿尔-马克迪西这样形容这座古城："别茹肯特是一座大的城镇。别茹肯特与巴拉迪什在当时是为了防御土库曼人而修建的边界要塞。"在历史记载中频繁出现的"塔姆德"这个词还与常出现在这一带的神灵与山水称谓有一定关联，民间也有相关的传说故事。有一则传说故事是这样的：有一次，艾哈迈德·亚萨维来到卡拉套一带，在一个地方驻足歇息，洗去尘埃。神奇的是这个地方竟然冒出了一处泉眼。亚萨维身边的弟子们见证了这一奇特现象，并认为这是造物主的恩赐，就留守在了这里。后来，这一泉眼以及之后形成的河流就以亚萨维的弟子——塔姆德之名命名。而现在，在距离古城不远的地方，就有一处名叫塔姆德的泉和一座陵墓，当地民众时常会来到陵墓之前进行祷告和祭拜。根据古代历史文献记载和古城称谓研究结果，在9—13世纪，当地的城市建筑都是按照伊斯兰建筑风格修建的。这种研究结果、民间传说与古代文献记载内容较为接近。

建筑艺术杰作——阔斯托别古城

阔斯托别古城遗址坐落在拜扎克县萨热克箴尔乡东北部的塔拉斯河右

阔斯托别古城遗址

岸，塔拉兹市以南15千米处。这是属于6—12世纪的一处古城遗址，曾被人们称为"扎姆卡特"，是塔拉斯河流域最具规模的历史古城之一。根据历史文献记载，10世纪中亚史学家纳尔沙希认为坐落在塔拉斯河流域的扎姆卡特城是一座6世纪由一群来自布哈拉的外地人建造，并以他们的首领扎姆卡特的名字命名的城市。阿尔-马克迪西在自己的学术著作中称扎姆卡特是一座大城市，城内建有一座集市，周边还有清真寺。

俄罗斯东方学学者瓦西里·弗拉基米洛维奇·巴托尔德并没有像其他学者那样人云亦云，断定这座古城就坐落于锡尔河沿岸，而是经研究后证实了它的真正所在地，即塔拉斯河流域。然而，以具体的遗址确立古城方位的问题直到今天也没有得到彻底解决。古城的地形地貌与楚河流域的阿克贝希姆、科拉斯纳亚瑞希卡古城遗址相近。这座古城有着绵延的护城城墙、居民区、市政厅、城市中心、清真寺，近郊还有墓葬区。古城的基础农业区域由壕沟和带有塔楼的城墙所环绕。古城占地面积460米×375米，地势较高，中心地带呈四边形较小丘阜形状。从1938年起，考古学家们对古城的各个时期开展了考古科研工作，对城市的中心城堡进行了发掘工作，出土了属于6—13世纪的建筑遗迹。古城的最低一层建造于6—13世纪，其中，包括环形通道、民居和农耕遗迹。中心城堡出土的装饰纹理图案显示当时这里的手工技艺相当发达，而且频繁出现的植物与几何纹理显然受到了伊斯兰文明的影响。也多次出现了民间美术作品——雕刻，可以看出这是整个中亚地区最为精美的美术作品，也代表了塔拉斯河流域的民间美术所达到的巅峰水平。从最高的一片文化堆积层出土的古币与陶制物品足以证明古城历史一直持续至13世纪初这样的历史事实。在考古发掘时，古城遗址多处出现了芦苇与柴火的灰烬，可能这座古城因为一场大火或者一场战争而毁于一旦。阔斯托别不仅仅是坐落于丝绸之路沿途的一座古城，它还是中亚乃至中东贸易、文化交流最大的政治与经济中心。古城毗邻塔拉兹市，这对其繁荣发展产生了巨大的影响。蒙古大军入侵后，这座古城逐渐走向衰落，终至毁灭。

先祖的世居地——别克托别古城

丝绸之路从成为国际商贸发展大通道开始，就对沿途城市的兴起产生了前所未有的影响。在中世纪，被誉为塔拉兹地域最重要的政治、经济中心之一的别克托别城是一座具有重大历史意义的古城遗址。这座遗址坐落于江布尔县别克托别乡西郊。这座遗址不仅被列入塔拉兹州地方性国家历史文化遗址名录，还于2017年根据《面向未来：精神文明的复兴》计划，被列入哈萨克斯坦地方圣地名录——《哈萨克斯坦圣地地理》之中。别克托别古城遗址外形呈四边形，占地面积400米×350米，高度约6米。古城的四个角都留存有塔楼遗迹，周边还有绵延的断垣残壁。古城遗址的城墙，以及古城中央矮小丘阜形建筑的遗迹依稀可见。丘阜形建筑的东、北以及西面还留存有城门。不仅如此，其中还留存着一条条使这些城门之间相互贯通的道路遗迹。古城的中心部分坐落于西北角，矮小的丘阜形建筑现在已成了敖包。别克托别城在以往的历史文献记载中多以"朱维卡特"（Juvikat）这样的称谓出现。根据10世纪中亚历史学家纳尔沙希（Narshakhi）[1]的观点，别克托别城（Juvikat）是由一群来自布哈拉的外地人建造的。但对古城遗址进行考古科研后得出的结论是，根据这座城市的建筑特点，可以肯定这座城市是以当地建筑风格建造的。从19世纪开始，考古学家们就对古城遗址进行考古研究工作，基本确定城市的建筑轮廓，也出土了相当多的陶器等文物。对这些文物进行鉴定之后，确认这座古城修建和发展的年代为7—12世纪。詹哈拉·达迭巴耶夫曾在自己的学术著作《塔拉兹地区》中称："朱维卡特（Juvikat）是一个坐落于塔拉兹以西17千米的古老城市，现名为别克托别。893年，朱维卡特城毁于由阿布·易卜拉欣·伊斯梅尔·本·艾哈迈德·萨马尼所率领军队的入侵。"即便历经沧桑，但这座古城依然生机盎然，人们将这里当成先祖的世居地加以谒拜。

神圣殿堂阿克托别

阿克托别镇

楚河地域很早就成了定居农业与文化的金色摇篮，其证据就是这一带有着大大小小的城镇与大片农田，其中之一就是中世纪的古镇阿克托别镇。

---

[1] 10世纪生活于中亚地区的史学家，著有《布哈拉史》。——译者注。

阿克托别镇位于楚河县阿克托别乡往东南方向走3千米处的阿克苏河河岸。这座小镇被列入联合国教科文组织世界文化遗产名录。2017年，又根据哈萨克斯坦文明复兴计划被列入了哈萨克斯坦圣地名录。

占据相当大面积的阿克托别镇也与中亚的其他城市一样，由城堡、矿场与耕地构成。这座小镇被长达25千米的城墙所围。

根据历史文献记载，在中世纪，楚河与塔拉兹地域有过三座名城——八剌沙衮、碎叶、塔拉兹。这三座城市都在603年之后，先后成为西突厥王朝的都城。其中，关于八剌沙衮的地理位置和性质的问题，中世纪的学者艾里·花剌子模、艾里·比鲁尼、艾里·玛黑迪斯依、马赫穆德·喀什噶尔等人的著作多有记载和论述。

阿克托别镇的考古科研工作始自19世纪末，并一直延续到了今天。在此基础上，已经考证出这座城镇建立并存在于11—13世纪。考古学家们发掘出了城堡、塔、宫殿、城门、浴室和工艺作坊等文物遗址。

以上学者的学术著作和科研成果，已经初步证实阿克托别镇就是玉素甫·八剌沙衮诞生的地方，即八剌沙衮城。

在民间，至今广泛流传着关于这座古城神秘历史的种种传说，例如，《金冠龙》《神秘的仙鹤》《白蛇》《水管道与地道》，等等。这样的传说之一就是有关图书馆、清真寺和浴室的故事。据说在某个年代，有一个圣贤执政于阿克托别镇。这位圣贤曾经走遍了东方与西方，见多识广。在某次游历归来后，他召集许多工匠到城镇上游地带，寻找修建图书馆、清真寺和浴室的地方。七天之后，工匠们归来对他说，他们将在汗王宫东侧修建图书馆，西侧修建清真寺，将浴室修在汗王宫殿内。这位汗王组织人力修建的图书馆是那个时代藏书最丰富的图书馆，清真寺也是最具规模的清真寺。

阿克托别墓地

阿克托别墓地位于巴依扎克县阿拜乡西北部6千米和距马迪亚尔乡15千米的平原地带。阿克托别墓地被列为18世纪末19世纪初本地最具盛名的历史遗迹。从1936年开始，政府对各个历史时期墓地进行了研究、修缮和恢复等工作。

阿克托别墓地是由一间面积为6.2米×6.2米的墓室构成的，墓室的墙壁用烧砖砌成，顶部为圆形，内部是四棱柱拱顶。墓室正面有方形门，高8米。进门处的墙壁凹进去，又用砖雕出凸出来的"门"字形，呈现出雕砖工艺和灰泥雕混合装饰风格。最初，墓室内部的墙壁上可能有过狩猎、农耕、兵戈等内容的壁画，因为留有这样的痕迹。墓室上方没有设施，其地面是用土堆起来的。

在民间，这座墓地是一个神圣的地方，很有声誉。早年间，墓室拱北上方还安置有灯盏。拱北的壁上和顶部有阿拉伯文字，还有各种壁画，例如，被拴的马匹、出嫁的姑娘等。1970年，墓壁和拱北遭到了很大的破坏。到了1986年，在进行修缮、恢复工作时，墙壁上的文字都消失了。有人说墓地的地底下曾经有过地洞。离墓地北侧30米的地方曾经有一块被凿成槽形的赭色巨石。这块石头直到"二战"时期都存在，传说是一个名叫胡兰的贵族留下的遗物。后来，这块石头莫名其妙地消失不见了。

在那个时期的塔拉兹城，这位叫作胡兰的贵族，作为阿斯潘

阿克托别墓地

迪亚尔的后代，在民间以自己的贤明之举、坚定的宗教信仰执政于民，赢得了极高的声誉。后来人们常去他的墓地谒拜，使他成了这一带颇具声名的圣贤，这片墓地也成了神圣之地。

根据民间传说，阿克托别墓地埋葬着一位叫作胡兰的贵族，也有人说这里埋葬着胡兰与他的弟弟布兰两个人。胡兰是19世纪30年代管辖大玉兹所属各个部落的大苏丹，他与中国官员来往密切，中国近代史书中记载着他虽然多次受浩罕汗国的拉拢，但没有屈服的一些事迹。在民间传说中，他后来被人下了毒，骑马走到阿克托别镇这个地方时去世。

阿克托别古城遗址

楚河经历了不同时代的演进更迭，曾经陷入纷争旋涡，可谓命运多舛。它的东岸坐落着最古老的城市遗址之一——八剌沙衮。这座古城曾是西突厥汗国与葛逻禄汗国的首都，也是喀喇汗国的第一个首都。不仅如此，这座古城还是喀喇契丹的首都。历史学界普遍认为这座城市建于6—8世纪[1]。在最初将八剌沙衮变成首都的马立克沙阿统治时代，喀喇契丹人于12世纪中叶在臣服于塞尔柱帝国的葛逻禄人的国家建立了政权。丝绸之路沿途的政治形势随着时间的迁移变得愈加复杂，使中国北方的游牧部族被迫多次调整迁徙的方向。这也影响到了蒙古帝国所掌控的广袤地域，坐落于帝国西部的别失八里成了他们轻而易举就可以到达的著名大集市。这个由克烈汗率先垂范的贸易地区后来成了喀喇契丹的行政中心。后来喀喇契丹领土被女真人侵占后，别失八里成了走向衰败的王朝的隐秘首都。这对于掌控这些势力的家族代表耶律大石来说，他失去了从西伯利亚与蒙古利亚征伐入侵者的可能性，形势变得雪上加霜，从而迫使他向西撤退。

---

[1] 哈萨克斯坦发展研究院，《哈萨克人》第3卷。

阿克托别古城遗址

根据中国历史文献记载，1120年，归途无望的耶律大石不得不带着200个马弁朝着西北方向迁移。1221年，耶律大石带着一批人马来到了天山东部的高昌回鹘，紧接着又向西部一路进发，最终抵达了撒马尔罕，前来阻挡他的10万穆斯林士兵也随之战死。后来他又召回驻扎在起尔曼（今伊朗克尔曼省）的庞大军团，自封"菊儿汗"。再后来他又向东进发，行进了至少20天，最终建都于虎思翰耳朵（今吉尔吉斯斯坦托克玛克东南布拉纳）。根据13世纪伊朗史学家阿塔·马里克·志费尼的文字记载，耶律大石率领规模庞大的军队来到叶密立（今中国新疆维吾尔自治区额敏县）建立了城市。之后，当手下的户数达到21万户时，他又重新返回并一直掌控着八剌沙衮城。出自牙弗拉斯额卜王朝的君主也无法撼动这位一心想要扩张领土的首领。耶律大石随后在克什库姆至巴尔萨乌扎尔、塔拉兹至塔姆套山等地派驻自己的官吏。耶律大石的政权涵盖了从塔拉兹延伸至中国的广袤地域。

13世纪初，喀喇契丹摇摇欲坠，东部的蒙古帝国、西部的花剌子模对它也形成了威胁。花剌子模沙阿不愿向喀喇契丹纳税，但在占领布哈拉后，立即拉拢撒马尔罕的统治者奥斯曼。1209年，为了平定这场战乱而出征撒马尔罕的喀喇契丹之前派遣的大批军队突然返回。导致这一情况发生的便是屈出律之乱。屈出律是西辽乃蛮部太阳汗之子，其父太阳汗于1203年逝世后，屈出律投靠了叔父不亦鲁黑汗，这个乃蛮首领当时统治着西部地区。不亦鲁黑汗死后，屈出律又联合蔑儿乞首领脱黑脱阿对抗成吉思汗。但在1208年，屈出律和脱黑脱阿在也儿的石河（今额尔齐斯河）上游被成吉思汗击败，脱黑脱阿战死，屈出律随后投奔西辽。喀喇契丹可汗耶律直鲁古热情接待了屈出律，以仁义之道对他百般照顾，甚至将自己的女儿浑忽公主许配给屈出律。然而，老奸巨猾的屈出律却产生了邪念。屈出律欺瞒可汗耶律直鲁古，请求返回叶密立（今新疆维吾尔自治区额敏县）、海押立（今哈萨克斯坦塔尔迪库尔干）、别失八里地区召集乃蛮旧部。没过多久，狡猾的屈出律便集结了大批人马。而在当时，喀喇契丹的大批军队为了占领撒马尔罕已经踏上征程。屈出律借此机会抢劫了耶律直鲁古位于乌兹根的府库，随后又进攻西辽首都虎思斡耳朵（今吉尔吉斯斯坦托克玛克东南布拉纳）。耶律直鲁古凭借手中仅有的少量军队誓死反抗。此时，之前出征撒马尔罕的大批军队折返。巧合的是，花剌子模沙阿的军队也尾随其后跟了过来。而塔拉兹的统治者、掌控喀喇契丹军队的塔尼克也已守候多时。令人意想不到的是，喀喇契丹人却输得很惨。战败的残兵败将一路掠夺自己人最终抵达八剌沙衮。等候花剌子模军队的八剌沙衮人此时却不让军队进城，并且紧锁城门，观望不前。花剌子模军队则用武力攻破了城门。屈出律恰好在此时来了一场突击战，将菊儿汗五花大绑囚禁了起来。就这样，屈出律篡位后至少统治了5—6年。[1]

1218年，成吉思汗的猛将哲别在对方没有抵抗的情况下轻而易举地占领了这座城市。而蒙古人将八剌沙衮改称为Gobalik，意为"好城"。他

---

[1] 艾布什·科克里拜耶夫著，《历史悠久的塔拉兹》，耶勒沃尔达出版社，2002年。

们在楚河岸边建造了于1311—1312年间去世的马赫穆德·法希德·八剌沙衮尼的陵墓。这么看来，八剌沙衮在16世纪依然活跃在历史舞台。而在铁米尔兰称霸时期，八剌沙衮却并没有被提及。这意味着八剌沙衮在楚河、伊犁河、塔拉斯河之间所进行的封建战争中逐渐走向了衰败。米尔咱·穆罕默德·海答儿在自己的学术著作中说历史上有很多才华横溢的知识分子都出自八剌沙衮，其中就有在1069—1070年撰写《福乐智慧》的中亚著名突厥诗人、思想家玉素甫·哈斯·哈吉甫，即八剌沙衮尼。

我们在上文中提及耶律大石于1127年建都虎思斡耳朵这件事情。而出生于中国的著名医师沃铁波依达克·特烈乌卡布勒吾勒在哈萨克民间古代医学名著《医药志》中就曾提及阿里—虎思斡耳朵就是八剌沙衮城，在其他历史文献记载中也可以找到这样的观点。其中，生活于11—12世纪的马赫穆德·喀什噶尔在《突厥语大辞典》中也有相同的文字记载。根据这位先贤的说法，哈萨克汗国就是在虎思斡耳朵—八剌沙衮城建立的。克烈汗与贾尼别克汗带领哈萨克人脱离了阿布勒海尔汗的汗国，从东边一路迁徙准备求得一处落脚之地时，也先不花汗热情地迎接了他们，并将坐落在蒙兀儿斯坦西部、楚河流域的阔兹巴斯这个地方划拨出来供他们定居生活，这一段也是我们所熟知的历史。而虎思斡耳朵，即八剌沙衮城就坐落在楚河与虎思斡耳朵—八剌沙衮之间。根据著名医师沃铁波依达克·特烈乌卡布勒吾勒的说法，他就是在这里撰写出这部名为《医药志》的著名医学著作的。著名史学家阿勒凯·玛尔胡兰曾经提出楚河流域的历史古城阿克托别可能就是八剌沙衮城这样的观点，而这也是另一位史学家叶勒泰·卓玛尔特的观点。

直到哈萨克汗国的兴起，这片广袤地域曾经存在过一些国家。如果从斯基泰—塞人时代开始算起，那么，直到阿布勒海尔建立的汗国，哈萨克斯坦境内前后存在过20多个古国，其他独立的部族不计其数。当然，这些古国，充其量就是某一个部落或者是部落联盟构成的政治组织。根据国家科学院院士别热克特·卡热巴耶夫的观点，其中拥有国家资格的只有突厥汗国与金帐汗国。

我们在之前就说过，在整个哈萨克斯坦大陆不曾见过以"哈萨克"这一称谓命名的部族或者部落。但我们也不得不认同院士提出的一个观点，即这个称谓实际上就是这个国家所有部族、部落的总称，即这是一个带有种族性质的称谓。从匈奴时代便存在的塔拉兹市在 750 年之前所举行的塔拉兹库里尔台大会，之后在楚河与阔兹巴斯等地建立哈萨克汗国等大事件，都使这片疆域的历史显得更加深刻厚重。这一次，我想完整地讲述国家科学院院士达尔罕·科德尔艾勒关于哈萨克汗国的开端，即关于蒙兀儿斯坦、海都以及塔拉兹库里尔台大会的最新研究成果。1269 年，在海都可汗的邀请组织下，在很多国家举旗建国的神圣地方——塔拉兹举办了声势浩大的库里尔台大会。在此期间，术赤汗国，即伟大的金帐汗国与蒙兀儿斯坦得以建立。而 2019 年，是金帐汗国与蒙兀儿斯坦国建立 750 周年！

The
Biography
of
Taraz

塔拉兹 传

民族永恒的愿景

第六章

曾召开塔拉兹库里尔台大会的地方

蒙兀儿斯坦

纵观哈萨克民族的悠久历史，可以说是源自塞种、匈奴、突厥汗国等帝国，之后又借助术赤部族与蒙兀儿斯坦国的发展繁荣，传统文明不断衔接逐步形成的。人们通常会重点提及哈萨克汗国与金帐汗国之间的关系，而很少提及与之成为一体的蒙兀儿斯坦的相关历史。关于这段历史，没有哪个史学家像瓦西里·弗拉基米洛维奇·巴托尔德、韦尼阿明·尤金、克劳蒂娅·安东诺夫娜·皮楚丽娜等人那样做过系统而翔实的研究工作。因此，在以哈萨克汗国历史为背景摄制的故事片《钻石宝剑》(《不败之剑》)中就出现了将蒙兀儿斯坦及其首都阿力麻里城的居民们视为"萨尔特人"[1]的巨大错误。

对此，编写了有关哈萨克汗国的形成与蒙兀儿斯坦统治者关系的著名历史学著作《拉失德史》的学者米尔咱·穆罕默德·海答儿这样写道："由于也先不花汗的兵力庞大，阿布·赛德（帖木儿后裔）及其埃米尔就没有与之抗衡的能力，从可汗的统治中分离、各自为营的蒙兀儿埃米尔并不愿臣服于可汗。而可汗没有攻打他们的原因就是对他们还抱有一线希

---

[1] 原义为商人，但随着历史的发展，所指群体变化不定。例如：12世纪指的是全体信仰伊斯兰教的民族，15世纪指的是波斯人，16世纪指的是被征服的图尔克斯坦地域的人。也有学者认为指的是15世纪在城市定居的乌兹别克人。

阔兹巴斯

望，即总有一天他们会回归。此时正值阿布勒海尔汗在达什特钦察草原掌权执政的时期。术赤后裔中的苏丹们先后发起了进攻，但克烈与贾尼别克苏丹早已远赴蒙兀儿斯坦。也先不花汗热情地迎接了他们，并划出坐落于蒙兀儿斯坦西部、楚河流域的阔兹巴斯供他们定居生活。"由此可见，克烈与贾尼别克苏丹在楚河流域重新安营扎寨之时，蒙兀儿斯坦不仅给哈萨克汗国划分出了地域辽阔、物藏丰富的领地，还将他们作为同心同德的同胞国家给予了有力的支持。

"蒙兀儿斯坦"这个词语的词根是"蒙兀儿"，在15世纪，泛指中亚的突厥、蒙古游牧部族。当时，在喀喇汗国曾经的领地建立的蒙兀儿斯坦地域包括东起喀什噶尔，直抵七河流域，然后连接楚河、塔拉斯河流域、卡拉套地区，西至锡尔河地区的广袤领土。察合台汗国的一部分也于14—15世纪被称为"蒙兀儿斯坦国""蒙兀儿乌鲁斯""蒙兀儿利亚"。在这片土地上出生成长、后前往阿富汗、最终落脚于印度的查希尔丁·马赫穆德·巴布尔所建立的国家后来被称为"莫卧儿帝国"。

在世事不断更迭的时代，我们只有对蒙兀儿斯坦汗国最原始部落氏族的谱系进行细致的研究，才能弄清楚在哈萨克汗国形成过程中，蒙兀儿斯坦所作出的巨大贡献。东方学家维尼阿明·彼德罗维奇·尤金提出了这样的观点："蒙兀儿——是突厥语民族钦察的一个分支，其成分包括克烈、康居、杜拉特等部落。"吉尔吉斯斯坦历史学家沃穆尔库勒·卡拉耶夫则认为："蒙兀儿斯坦是哈萨克民族形成的基本核心。"米尔咱·穆罕默德·海答儿则在《拉失德史》中这样写道："蒙兀儿与吉尔吉斯是一个民族。"

就这样，14世纪中叶为叫作"蒙兀儿"的这个全新种族的出现奠定了基础。从种族起源的角度来说，蒙兀儿斯坦对中亚各个种族的古老以及当今结构的更新产生了巨大的影响，从而使这个强盛的国家在突厥传统文化的基础上形成了伊斯兰文明。

神通广大的可汗——海都

在论述蒙兀儿斯坦时，有一个值得一提的人物——海都可汗，他是成吉思汗后裔，强烈反对忽必烈迁都，从而改变了历史进程，促使中亚突厥诸族走向团结统一。拉施德丁、贾马尔·喀尔西、瓦萨夫等历史学家的著作以及史书《元史》，记载了大量有关由窝阔台汗的第五个儿子合失所生、为蒙兀儿斯坦的建立奠定了坚实基础的海都可汗的生平事迹。以色列学者米哈尔·比兰在《海都可汗以及中亚的独立国家蒙兀儿斯坦的统治者》一书中就借鉴了多个文史资料，翔实地研究论证海都可汗在中亚建立独立国家蒙兀儿斯坦时所做的重要工作。

从小在窝阔台可汗的教育下成长起来的海都很早就涉足国家大事。蒙哥汗于1251年登基时，因猜疑海都以后会争夺大帐统治权，所以将他放逐到了塔尔巴哈台一带，让他远离政治中心，但这并未使海都一蹶不振。在别儿哥汗的支持下，他开始掌控叶密里—塔尔巴哈台与喀拉额尔齐斯河沿岸的广袤地区，并在这些地方培植亲信，蓄势待发。忽必烈很想拉拢既是博学多才的外交家又是足智多谋的统帅的海都，便三番五次地邀请他做客。但精明而敏感的海都深知忽必烈是一个口蜜腹剑的阴谋家，所以从未就范，反而慢慢向术赤可汗的后裔靠拢。曾与海都可汗有过两次交集的历史学家贾马尔·喀尔西认为他是一个睿智而贤明的可汗。而拉施德丁则这样评价他："他是一个非常聪明、睿智而足智多谋的人，总是再三斟酌，深谋远虑地去做任何事情。"总而言之，海都可汗执政长达65年，1236—1301年在察合台汗国境内，即现在哈萨克斯坦南部、吉尔吉斯斯坦、乌兹别克斯坦、土库曼斯坦、塔吉克斯坦、中国新疆以及阿富汗等地，为抵抗忽必烈侵占哈剌和林，实行游牧传统政权体制，为将术赤、察合台甚至旭烈兀家族的势力统一在麾下而作出过巨大贡献。

海都的目的是复兴草原游牧国家传统文化，继承成吉思汗遗留下来的《成吉思汗法典》，维系强大有力的政权。那个时期，一些支持他维护先祖之道、自由地驰骋于广袤草原的游牧部落联盟都集中在了海都的掌控之下。著名探险家马可·波罗在自己的著作中称海都政权有超过10万名骁勇将士。突厥部族所属的杜拉特、阿鲁剌特、霍鲁拉特、札剌亦儿、霍恩霍坦、巴鲁剌思、克烈、乃蛮、蔑儿乞、弘吉剌、哈答斤等部落首领从始至终都支持辅佐海都可汗。

1269年，将遵循先祖之道视为终身使命的海都可汗通过组织举世闻名的塔拉兹库里尔台大会，确立了彻底反对忽必烈的政治主张，为建立独立国家奠定了基础。事实上，经过这次历史事件之后，因海都可汗的政治立场与统治，术赤、察合台、蒙兀儿斯坦纷纷脱离忽必烈的统治，开始独立行政。通过一系列措施，海都树立了自己复兴草原游牧国家传统文化、继承成吉思汗遗留下来的《成吉思汗法典》、维系强大有力政权的伟大形象。在此期间，他组织军队向忽必烈政权发起进攻，为占领哈剌和林竭尽全力。

当时，东方有由忽必烈掌权的一个王朝，西方也出现了与术赤、察合台、旭烈兀氏族结盟，并由海都可汗掌权的新王朝——蒙兀儿斯坦。这个王朝在独立的国家机构与各个部族势力范围内行使权力，治理国家。这两个王朝之间的纷争整整延续了30年，直到1294年忽必烈去世。忽必烈始终没能战胜海都可汗，没能让他臣服于自己，在无奈之中驾鹤西去。

在此期间，塔拉兹、哈亚勒克、阿力麻里、喀什噶尔、于阗、布哈拉、撒马尔罕等多达16个城市铸造了刻有海都可汗印章的迪拉姆钱币，并在各个部族广泛流通。在海都可汗统治时期，货币流通相当顺利，这使曾经衰败的贸易起死回生，城市建设也有了长足的发展。这段历史为蒙兀儿斯坦的建立奠定了基础，对它的独立发展产生了至关重要的影响。

历史意义重大的塔拉兹库里尔台大会

应海都可汗之邀，窝阔台、察合台、术赤等大汗的后王和那颜们在塔拉斯河畔齐聚一堂，举办了中亚地区首次声势浩大的库里尔台大会。在历史上，这次于1269年举办的大会被称为塔拉兹库里尔台大会。

海都可汗之所以将会址选在历史古城塔拉兹肯定有其重要的意义。因为这个美丽富饶的地方曾经是乌古斯可汗的正殿，而且是突厥汗国最初的发祥地。751年，通过怛罗斯之战对唐朝军队进行猛烈攻击的突厥人最初就是在这里皈依伊斯兰教的。之后，拥有八剌沙衮、碎叶城、塔拉兹等诸多历史名城的喀喇汗王朝也在此建立并走向繁荣。所以，马赫穆德·喀什噶尔在《突厥语大辞典》中将塔拉兹释为"乌鲁格—塔拉兹"，即"伟大的塔拉兹"。对一年四季游牧迁徙，居住在毡房的突厥人来说，这是一片神圣的土地。而审时度势运筹帷幄的海都可汗恰恰选择这里作为举行库里尔台大会的会址，可见其意蕴深长。金帐汗国的伯克迭儿与蒙哥帖木儿、察合台汗国的八剌都参与了这场由海都可汗主持的大会。瓦西里·弗拉基米洛维奇·巴托尔德在学术研究中讲述了塔拉兹库里尔台大会的重要性，以及这场大会的组织者海都可汗。这场大会意味着继成吉思汗建立强大帝国之后，另一个组织实施独立国家政权的崭新历史的开始。在这次大会上，通过了继承保留成吉思汗时期的《成吉思汗法典》，即继承大扎撒、蒙古帝国的政治立场以及古老突厥文化传统、保护游牧民族利益等一些决议。

对于这段历史，拉施德丁在《史集》中这样写道："希吉拉历667年（1269年）春，所有可汗与君王都聚集在了塔拉兹与肯贾克夏牧场，为期一周的庆典活动结束后，第八天便举行了声势浩大的库里尔台大会。海都可汗首先郑重地说道：'我们伟大的先祖成吉思汗用自己的智慧、见识与金戈铁马占据了大半个世界，使广袤大地上的人类有了可以遵循的法律法规，将他们都归附在了自己的麾下。你们瞧瞧，因为父系血统我们才有了血缘关系，成了同胞兄弟。我们的同胞兄弟与其他可汗、君主之间没有纷争和冲突，但为什么我们这些同胞兄弟之间要发生冲突与纷争呢？！'八剌紧随其后也说：'是啊，事实就是如此。但我也是这棵大树上的一颗果实啊，也要为我准备一个族群和创造一个生存下去的条件啊。察合台与窝阔台是成吉思汗的两个儿子，他们的兄长就是伯克迭儿与蒙哥帖木儿，最小的兄弟就是托雷所生的忽必烈，但他占据了只有伟大的腾格里才知道的面积甚广的中原与和田以东的许多国家。坐落于西方的国家，即从锡尔河至黎凡特及埃及的广袤地域则由阿八哈汗与其他胞兄占据。坐落于这两个国家之间，成为你们之财富的只有图尔克斯坦与达什特钦察地域。你们现在站出来反对我，无论我怎样想，都觉得自己不像一个有罪过的人。'对方的部下们七嘴八舌地说：'真理站在你那边。既然如此，大家应该这样起誓：从今往后，我们不计前嫌，合理公正地划分夏草场与冬草场，在山区以及平原地带安营扎寨，因为这些地域曾经饱受摧残，而且也没有得到开发。'"

经过塔拉兹库里尔台大会通过一致决议后，这三个王朝的边界基本划分清楚了。河中地区的三分之二地域划分给了八剌汗，另三分之一地域归海都可汗与蒙哥帖木儿所属，海都可汗在布哈拉地区也建立了自己的政权。在划分成吉思汗的巨大遗产时，已经结盟的可汗们从此之后便不再入城而居，而是达成了依山区与草原，以及平原地带而居的一致意见。

八剌与海都结为"安达"，旋即和好。塔拉兹库里尔台大会后，八剌惨败于阿八哈汗，兵败身死，海都可汗的政权更加壮大起来了。他随后又与在伊朗建立政权的阿八哈汗结为了"安达"。飞黄腾达的海都可汗在楚河流域修建了属于自己的可汗宫。在伟大草原之上对新兴国家的崛起产生过深远影响的海都可汗于1301年去世。拉失德丁曾这样写道："在伊犁河与楚河沿途有一处名为松卡尔勒克的山峰，那里有埋葬着海都可汗及其王子们的墓地。"所以，历史学家们应当在伊犁河与楚河附近组织一次科考活动，找到这处墓地，并对其进行考古研究，这是完全有必要且刻不容缓的事情。

蒙兀儿斯坦不仅给克烈与贾尼别克苏丹建立的哈萨克汗国提供了巨大的财富，还给予了他们政治方面的大力支持，成为第一个承认哈萨克汗国政权的国家。

塔拉兹库里尔台大会后，由成吉思汗建立的强大帝国逐渐衰落，取而代之的则是崛起于广袤欧亚大地，高举突厥—伊斯兰文明大旗的三大汗国，即术赤兀鲁思、察合台兀鲁思以及蒙兀儿斯坦。塔拉兹库里尔台大会之后，术赤兀鲁思的统治者蒙哥帖木儿自封为汗并以自己的尊名铸造了钱币，这是一个国家拥有独立主权的象征。因此，将塔拉兹库里尔台大会比喻为金帐汗国的开端也是有根据的，而且今年正是金帐汗国建立750周年。而金帐汗国的另一个延续——哈萨克汗国的历史也是众所周知的。

塔拉兹 传

The Biography of Taraz

第七章　哈萨克汗国

起始

  从古至今栖息于由海都可汗掌控的七河流域、塔拉兹、楚河流域、卡拉套山峦、锡尔河与河中地区的乌孙、杜拉特、葛逻禄、样磨、札剌亦儿等古老的突厥部族或部落联盟为哈萨克汗国的建立作出过杰出的贡献。因此，哈萨克汗国的历史与术赤家族的崛起以及蒙兀儿斯坦源远流长的历史有着千丝万缕的关系。用一句话来概括——蒙兀儿斯坦是哈萨克汗国崛起历史中一个强有力的开端。

  可以说传承了游牧国家传统与草原情怀的海都可汗后裔们通过在楚河流域为克烈与贾尼别克苏丹划分土地，为他们提供了很多便利。根据历史文献记载，直到今天，学术界都有"蒙兀儿斯坦当时是为了攻击卡尔梅克人才利用哈萨克苏丹"这样错误的概念。第一，楚河、塔拉兹地区并不是卡尔梅克人的领土。第二，在那个时期，还没有产生卡尔梅克—卫拉特危机。第三，将自古以来就是西突厥汗国、喀喇汗汗国的发祥地，甚至成为创建蒙兀儿斯坦国的海都可汗赖以生存的风水宝地，随随便便拱手让给那些张口闭口索要这片领土的外人是一个不可理喻、让人无法想象的谬论。我们认为，克烈汗与贾尼别克苏丹在投奔也先不花时，借助别儿哥与海都睦邻友好的关系，使塔拉兹库里尔台大会决议得以实现。而获得蒙兀儿斯坦的支持帮助、分得领土、被认可的哈萨克汗国获得合法地位后就彻底摆脱了阿布勒海尔汗国的羁绊、束缚和压制。所以，蒙兀儿斯坦不仅仅为克烈与贾尼别克苏丹建立汗国创造了条件，而且使之成为得到认可的主权国家。

传承了术赤伟大愿景的克烈汗与贾尼别克汗率领庞大家族在蒙兀儿斯坦掌控的塔拉兹、楚河地域建立了国家。这意味着崭新的开端、崭新的历史，其意义极其重大。

哈萨克斯坦首任总统努尔苏丹·纳扎尔巴耶夫于2018年12月发表了题为《伟大草原之国的七项创举》的署名文章。在这篇文章中，他说我们这个民族的历史一直以来都是以西方中心主义的观点得到研究的，而现在，我们要弥补这个过失，要重新研究我们的历史。我们认为蒙兀儿斯坦历史是哈萨克斯坦历史不可分割的一部分，是一项需要对其进行多方面、多角度、透彻研究的重要课题。我们应当针对蒙兀儿斯坦的政权、经济、政治、军事、部族成分以及以海都、也先不花为首的著名可汗进行完整透彻的科研工作，并将这些历史内容视为哈萨克汗国崛起的开端纳入中小学课本当中。

在曾经举办过塔拉兹库里尔台大会的地方为哈萨克斯坦、吉尔吉斯斯坦、乌兹别克斯坦之间的历史友谊建立纪念碑，在各个同胞国家举办中亚地区这三大国家建国庆典将会是一项意义非凡且垂范百世的大事。我们相信这将会成为以全新的角度研究塔拉兹库里尔台大会750周年、金帐汗国、察合台汗国以及蒙兀儿斯坦深远意义的重要开端。

科学院院士达尔罕·柯德尔艾勒是一位用新颖的观点、新颖的论断评价历史的历史学家。为了避免在哈萨克汗国建国初期海都汗所起到的重要作用这个问题上引起纠纷，他以翔实的证据做了认真科学的论证。之前，在许多历史文献中，对于海都这个人物，只是浮光掠影地提了一下。达尔罕·柯德尔艾勒第一次对海都汗在哈萨克汗国的建立过程中所创建的丰功伟绩及深远的影响作了全面的论述。

海都源自成吉思汗家族的哪一个分支？我们从成吉思汗家族的族谱里能找到答案。征服了中国、阿拉伯、中亚的所有国家，拿下了半个欧洲，在人类历史上创造了翻天覆地之变化的成吉思汗出生于1154年，他有四个儿子——术赤、察哈尔、窝阔台、拖雷，忽必烈则是拖雷之子。关于蒙古人，有很多学术著作、论文以及传说故事，在他们栖息生活的区域，找到了前2—1世纪的劳动工具。根据学者们的观点，前4世纪，蒙古的自然环境与现在的环境相同。

苦难的历史

成吉思汗威震四方的儿子们，以及他们的后代先后于1552年征服了喀山，1554年征服了阿斯特拉罕，1578年征服了巴什基尔，1783年征服了克里米亚与库班，1796年征服了杰尔宾特，1837年征服了耶烈万，1859年征服了高加索。又于1865年征服了浩罕和塔什干，1868年征服了撒马尔罕，1873年征服了希瓦，1877年征服了巴统乃至朝鲜半岛，1881年征服了土库曼，1884年征服了梅尔夫。还有许多地方都沦陷了，其中，也包括哈萨克斯坦。

在此，始终有一个曾经被著名作家艾比西·柯克勒巴依提到过、也在我们心中涌动的想法。不论是蒙古人，还是他们之前的入侵者，他们连年征战，致使血流成河，生灵涂炭，且所有的战争都相互关联。也就是说，这些战争对生活的影响是方方面面的。例如，不论从哪个方面来看，中世纪的塔拉兹城都不是一蹴而就，陡然成为一个地区或者具有国际影响力的城市的。在突厥第一、第二汗国、回鹘、坚昆王朝相继被摧毁，但在中亚和西伯利亚、中亚和高加索、巴尔干河与多瑙河岸边，由突厥人统治的大小国家却变得强盛起来了。当然，这些国家都是通过侵占扩张的途径变得强盛起来的。入侵者一定会给被侵占国家的经济文化带来崭新的变化，各种文化会在这里相互交流融合。从那时开始产生的文化首先与阿契美尼德，之后又与希腊，再往后与阿拉伯等国家相互产生影响。

随之，相邻的伊朗、中国、印度、高加索以及东方国家也相继开始这样做了。这一时期，这种相互之间的影响程度最大的要数突厥部族。实际上，在各国与外部进行交流交往方面，定居文明的发展速度开始加快。而塔拉兹城也成了这种变化的主要发祥地，他们脱离了游牧部族，为世界科学技术的发展与人类世界观的成熟作出了自己的贡献。但是，世界霸权主义者们之间的殊死搏斗阻断了这条道路。随之，阿契美尼德、希腊、罗马帝国轰然倒塌，中原王朝也分崩离析。

匈奴王朝崩溃以后，突厥人挺起了胸膛。据历史学家 E.B.阔瓦切夫说，蒙古人是10世纪末11世纪初从阿姆尔河的南岸和北部满洲里一带进入贝加尔湖地区的。12世纪，蒙古人开始与相邻的部族和睦相处。根据历史学家 E.Ф.柯孜拉耶夫的观点，在12世纪的中国文献中，蒙古人只从事狩猎业，捕猎并食用野山羊。根据拉失德所著的蒙古历史，成吉思汗手下有源自森林部族——泰赤乌部族的乞颜部落。13世纪，普兰·迦尔宾与卢布鲁克记载了那些不知大小牲畜为何物的水居蒙古人。马可·波罗描述了驯养山鹿的蔑尔乞剔等部族。中国宋朝使者赵珙于1221年将鞑靼人分为长城上游的白鞑靼人、蒙古内地的黑鞑靼人，以及北部的野蛮鞑靼人三种。而著名汉学家彼得·伊万诺维奇·卡法罗夫则解释说，所谓的白鞑靼人就是在原野上游牧的突厥人，黑鞑靼人就是蒙古人，而野蛮鞑靼人就是通古斯人，他们大约存在了200年。据拉失德说，成吉思汗居住在鄂尔浑河岸边的后代们整整延续了九代。

12世纪，蒙古人占据着从南部西伯利亚到中国的长城，从满洲到额尔齐斯河的广袤土地。在与匈奴和突厥相邻的地区从事畜牧业的蒙古人被叫作"原野蒙古人"，而居住在东部的蒙古人被称作"森林蒙古人"。那时，原野蒙古人相比森林蒙古人要强盛得多。在此期间，出现了封建制度社会关系，并带来了一系列矛盾冲突。其中一次冲突的牺牲品就是孛儿只斤部落的首领也速该。1189年，漂泊四方、受苦受难、百炼成钢的铁木真被推举为部落首领。他在一生中征服了许多城市、民族与国家。因为这种压迫与征战，许多国家毁于一旦，百姓生灵涂炭。

我们完全可以将这个人称为嗜血如命的刽子手，这很容易做到。但是，我们如何绕过他给整个人类带来的无可比拟的神奇改变呢？不论从哪个地方、从哪个方面进行挖掘，这些神奇改变的产生都只能变成谜团留下来。

成吉思汗做事并不鲁莽，他安抚所有的人，这种领袖风范使他显得很特别。他替父亲报仇雪恨，但没有迁怒于众。对嫉妒自己的部族，他一律抢光，让他们分崩离析。1206年，在中亚，他获得了上苍在此之前没有赐予任何人的光荣称号——成吉思汗。至此，蒙古人在中亚占有绝对压倒性的优势。之后，成吉思汗就以将蒙古帝国的声望提升到世界级别为目的了。首先，他于1206年春天在斡难河河源附近召集了库里尔台大会。在这次大会上，他被全体蒙古和突厥部落一致尊称为至高无上的可汗。最后，他在有95万士兵的军队中任命了95位那颜，即部落首领。在之后的13年间，蒙古人侵占了北方和东方，并让这里的百姓归顺于自己。

成吉思汗试图在自己与花剌子模人之间建立起一般的商业和政治关系。但是，1218年，一支来自蒙古帝国的商队（商队成员中除蒙古使者兀忽纳外，其余成员全由穆斯林人组成）在锡尔河中游的花剌子模边境城市讹答剌受到阻止并遭到劫掠，商队中有一百名左右的成员被花剌子模总督哈亦儿汗处死。成吉思汗要求赔偿，在遭到拒绝后，就决定发动战争。这是1219年的事情，在不久后，许多国家、民族命运被改变，其中也包括塔拉兹。在契丹人开始统治中亚的撒尔塔兀勒部族前，蒙古人一般是通过商人们来了解中亚各国的。而撒尔塔兀勒部族是由粟特人构成的。丝绸之路上熙来攘往的商旅潮也涉足中国北方的游牧民族地域。当然，他们也不会绕过刚刚兴起的蒙古国。当时，别失八里城成了契丹政权的中心，这个政权的代表耶律大石无力抵抗入侵者，所以才开始西迁。

根据中国文献记载，耶律大石很不走运。首先，他惨败于女真人。后来，他来到了可敦城，在这里召集了六个地区契丹的十八个部落的首领集会，让这些部落全部臣服于自己，并组建了军队。不久，他们开始西征，渐渐地抵达了撒马尔罕。此后，他率部向东进发，走了二十天之后，建都于虎思斡耳朵。后与女真人开战，并大败。据13世纪伊朗历史学家阿塔·马里克·志费尼说，他率众部到达了叶密立，修建了城市，臣民达四万户，并称帝为"菊儿汗"。西辽帝国正式建立，也称黑契丹。耶律大石就这样在从克西库姆到巴尔萨加尔，从塔拉兹到塔姆它加等广袤的地域开始执政。后来，他的势力范围扩张到了从塔拉兹城到中国的辽阔地域。

在世纪更迭、有人走运有人败北的动荡时代，谁也不会永远走运。征服了图尔克斯坦一带并称帝的耶律大石也难逃失败的命运。13世纪初，黑契丹帝国灰飞烟灭，使他们遭遇劫难的对手之一就是蒙古人。1219年至1224年，蒙古人侵占了哈萨克斯坦地域。成吉思汗以征服克普恰克地域为目的，在1219年9月将蒙古大军分成三个部分向三个方向进发。他知道保存帝国势力的法宝在于实行侵略扩张政策，便派长子术赤去了锡尔河流域一带，次子察哈尔与三子窝阔台被派往讹答剌，小儿子拖雷被派往锡尔河上游的布哈拉。他清楚地认识到通过南部哈萨克斯坦可以为征服东欧和中亚其他地区打通道路。仅在1220年一年间，整个克普恰克部族就对成吉思汗俯首称臣，花剌子模被攻陷。成吉思汗还攻克了塞兰、杰尼特、巴尔庆肯特、奥孜肯特等城市。阿西哈苏城也被摧毁，讹答剌城毁于一旦，亚尼基肯特也是同样的下场。到了14世纪，著名的历史学家拉失德这样写道："当时留下的累累白骨依然堆在花剌子模城里。"塔拉兹城与楚河沿岸的城市也被夷为平地。

当时，成吉思汗手下的大臣、贵族耶律楚材随他一起参加了这一带的征战。这位大臣说1219年蒙古大军驻扎在蒙古地域的阿尔泰一带。还说在伊犁河上游地带，有一座叫作虎思斡耳朵的城市，这是西辽的都城，即黑契丹国的都城。距此地几百里的地方就坐落着塔拉兹城。

大自然的规律是任何事物都有发展繁荣期，也有破败毁灭期，这种规律在历史上不断循环出现。在人类无法平衡贪欲，相互之间不断产生冲突矛盾的时期，政治霸权主义就会抬头，并愈演愈烈。在哈拉和林举办的祭奠亡灵库里尔台大会之后，过了不到40年，在1269年于塔拉兹召开的库里尔台大会期间，术赤、察哈台、窝阔台、拖雷、蒙哥、拔都、忽必烈等人的儿孙们反目为仇，使成吉思汗建立的蒙古帝国不再和睦。从此以后，蒙古帝国的贵族们各自为政的时代开始了。14世纪50年代以来，察哈台汗国东部各地的封建贵族们在庞大的突厥部族——杜拉特部族的代表博拉提齐的领导下，在察哈台汗国的东部、七河一带，将秃忽鲁帖木儿推举为刚建立国家的汗王。"蒙兀儿斯坦"这个历史地理称谓出自"蒙兀儿"这个民族称谓。

哈萨克汗国的建立

从根本上来说，蒙兀儿斯坦国的建立就是哈萨克汗国的起始阶段。在此期间，塔拉兹一带的历史发生了改变。蒙兀儿斯坦是一个幅员辽阔的国家。在历史学家米尔咱·穆罕默德·海答儿所著的《拉失德史》中，蒙兀儿斯坦的疆域如下：东部包括巴热斯阔勒湖、叶密立河和额尔齐斯河流域；北部包括阔克切—腾尔、巴尔喀什湖、布木、卡拉塔拉等地；西部与图尔克斯坦、塔什干相邻；南部与大宛、喀什噶尔、阿克苏、硕勒斯、吐鲁番相邻，包括喀什噶尔、吉尔吉斯斯坦南部、叶尔羌城、和田、柯散、阿克苏、阿克西肯特、阿特巴斯等地。

讲到这里，我们稍稍后退一步，因为关系到奠定哈萨克汗国的基础以及发展问题了。1224年至1227年，成吉思汗将所侵占哈萨克斯坦的地域分成了三份。其中，南部与东南部分封给了察哈台。根据贾马力·卡拉西丁所写，察哈台的领地叫作"阿勒—阿拉尔丘"，都城是阿夏勒克。但成吉思汗的儿子们都想建立独立的汗国。1227年，成吉思汗去世，庞大的蒙古帝国分裂成了几个独立的国家。

1236年至1243年，蒙古联盟存在之时，蒙古人摧毁了乌拉尔河的保加尔政权和俄罗斯政权，征服了波兰、匈牙利、捷克、瓦拉几亚及其他一些欧洲国家。拔都重返乌拉尔河下游地区，在那里建立了新的蒙古国家。为了提升这个国家的知名度，穆斯林学者们采用了几个称谓，即术赤汗国、克普恰克汗国、别尔克汗国、北方汗国等。而在学术研究中，它们被统称为"金帐汗国"，这个国家由多个民族构成。许多社会经济发展程度各异，具有自己独特的文化与习俗的部族部落融入了这个国家。克普恰克部族所占据广袤疆域的部落大多是突厥部落，例如，克普恰克部族、康居部族、乃蛮部族及其他。在这个国家定居区域里还居住着保加尔人、摩尔达瓦人、俄罗斯人、希腊人、花剌子模人及其他,但蒙古人所占人口的比例很低。

随着时间的推移,出现了整体分裂现象,新的政治体制产生了。金帐汗国形成部落体系的历史与它之后分裂为青帐汗国与白帐汗国密切相关。而这两个汗国的历史又与13—14世纪的哈萨克斯坦历史有关。

白帐汗国是13世纪中叶至15世纪初期由克普恰克部族构成的封建国家,它是在臣属于金帐汗国的情形减弱的时候形成的。它占据着现在的哈萨克斯坦的七河、伊希姆河流域,直到北方一带,以及从咸海到锡尔河流域的广阔地域。白帐汗国由拔都及其臣属们执政。

拔都的大兄长斡儿答作为继承人,成了青帐汗国的主人,他只想远离金帐汗国,这是他与金帐汗国决裂之绵长斗争的开始。至此,依仗武力延续的蒙古帝国开始走向了分裂。14世纪末,察哈台汗国分成东察哈台和西察哈台两个独立的汗国。以前的察哈台汗国东部由当时庞大的突厥部族——杜拉特部族的首领埃米尔博拉提齐执政。秃忽鲁帖木儿则被推举为出现在七河流域的国家之可汗,即1346年,被叫作"蒙兀儿斯坦"的国家得以建立。至此,察哈台汗国的历史结束了,取而代之的是蒙兀儿斯坦。至此,它离在哈萨克斯坦的领土上形成新的人种国家又近了一步。

但是,摆脱混乱动荡的局势并不容易,这需要一个能掌控大局,让各个部族凝聚在一起的铁腕人物。在此期间,博拉提齐应运而生,他推举秃忽鲁帖木儿为汗。据历史学家艾布里哈孜记载,也先不花于1320年去世。他与大夫人撒布丽姆西没有生育孩子,而娶了敌方的一个叫作蔑恩勒的姑娘。有一天,在他外出狩猎时,大夫人将已经怀有身孕的小夫人蔑恩勒赶到蒙古去了,也先不花因此抑郁而死。不久,杜拉特部族的首领博拉提齐将蔑恩勒找了回来,让她生下了也先不花的遗腹子——帖木儿,后来,又推举他为汗。而使蒙兀儿斯坦、阿拉套山峦、喀什噶尔等地的百姓皈依伊斯兰教的人就是秃忽鲁帖木儿。据说在1353年的某一天，就有16万人皈依了伊斯兰教。

前人为后人留下的文明标志之一就是人类创造的遗产——大规模战争，无益的行为使人类处于恓恓惶惶之中，连年征战使他们精疲力竭。人类无法遏制的贪欲，使他们处于一个又一个不断产生矛盾冲突的时期，政治霸权主义之势愈演愈烈。统治势力的智慧与残忍之天平常常摇摆不定，致使他们无法与其他势力和睦相处，常怀着争权好胜的心理，使人类文明的发展方向偏离正道。1253—1255年，法国方济各会教士卢布鲁克受法国国王路易九世的派遣，出使蒙古帝国，见到了蒙古大汗蒙哥。在大规模战争过去不到三十年的时间，卢布鲁克看到七河流域伊犁绿洲的景色时，这样写道："我们来到了一个风景优美的地方，右侧是高耸的群山，左侧是用25天的时间才能完成绕行的湖泊。群山与湖泊之间是一条流经原野、注入湖泊的河水。在这些原野上，曾经有过许多城市，大多位于优美草场的中央地带。"当时的蒙古大汗们给他谈起了这些城市的历史，以及在塔拉兹城召开库里尔台大会的盛况。专家们说七河一带后来之所以变得萧条，是因为阿里不哥和忽必烈之间所发生的残酷战争。历史学家拉失德说那个时期伊犁绿洲发生了饥荒，百姓生灵涂炭。根据历史学家巴尔托里德的记载，在塔拉兹城召开的库里尔台大会上，就有关于制止抢劫欺压百姓的内容。

《巴布尔传》中这样记载："我们来到了大宛北部。过去，这里有过叫作'阿里麻里''阿里麻特'，以及在大多数文献中被称作'塔拉兹'的新城。但现在由于蒙古人与乌兹别克人的多次争战，已经没有人烟了。"哈萨克斯坦考古学家Л.Б.叶兰诺维奇则证实在13—14世纪，七河西部曾经有过近二十座城镇，而14世纪楚河流域的七座城镇中只有阿斯帕拉城还有人居住。现在甚至在楚河流域也难以找到曾经著名的古城八剌沙衮的

99

遗址了。著名历史学家 B.巴尔托里德则说八刺沙衮城曾经在14世纪的权力争斗战役中被夷为了平地。

值得一提的是，撰写14世纪所发生重大事件的专家们总会想起养夷—塔拉兹这个地名。但是，加以比较，你就会知道不是因为这座城市本身，而是因为它的称谓是人们耳熟能详的古城或者故乡而被常常提起。在关于14世纪的历史著作中，历史学家艾勒·奥玛尔则只提到了古城的残垣断壁。即便如此，有些学者依然将它与13世纪联系起来了。根据穆罕默德·海答儿的推测，将塔拉兹城称作"养夷"是蒙古人统治时期的事情。

在察哈台汗国统治时期，这一带竟然没有修建过一座城市。但在一些被摧毁的城市遗址上，已经有人生活了。在塔拉斯河流域的城镇中，有一两处依然有人居住生活。据学者艾布西·柯克勒巴耶夫说，在那一带，历史学家玛克色依所说的10座城市和艾勒·奥玛尔所说的4座城市都没有人迹，只有塔拉兹、别涅克、吉克勒德三座城市有人居住生活。这些内容出自历史学家尼古拉·亚历山大洛维奇·阿里斯托夫于1893年在圣彼得堡首次出版发行，后于2001年在比什凯克市再版的学术著作《乌孙人与吉尔吉斯或卡拉—吉尔吉斯：西天山原住民史略及历史地理学研究》。

还有一个值得一提的问题，14世纪，在察哈台汗国，执政者们在发展繁荣国家事业方面，有了新的举措。这些举措始自都哇（1272—1306在位）之子怯别汗（1318—1326在位）执政时期。怯别汗向其他国家学习自己所没有的东西，在货币改革、执政改革方面有了一些新的举措。他的弟弟——答尔麻失里（1326—1334在位）也效仿之。他们俩都赞成实行封建集权制，大力发展文化，并宣布伊斯兰教为国教。遗憾的是，思想顽固不化的军队断送了这个具有创新精神的可汗。20世纪后半叶，专家们根据从塔拉兹城发掘出的一些文物，认为在怯别、答尔麻失里执政期间，察哈台汗国开始重建古旧的城市。1346年，哈赞汗之所以被游牧部落的首领们杀害，就是因为他遵循了怯别和答尔麻失里的执政理念。14世纪50年代，察哈台汗国的西部分裂为50多个庞大的家族部落。每个部落的首领独霸一方，各自为政。随之，1346年，察哈台汗国的西北部也分裂出来，建立了蒙兀儿斯坦国。

蒙兀儿斯坦国建立初期，并没有取得理想的成绩。最初，蒙兀儿斯坦国的可汗秃忽鲁帖木儿（1347—1360在位）和亦剌思火者很想重建察哈台汗国，但是享有威望的杜拉特部落的异密哈马儿丁竭力反对他们的主张。他反对他们将只有七岁的忽歹达继立为异密。据《拉失德史》的作者讲，秃忽鲁帖木儿死后，其子亦剌思火者继位。哈马儿丁发动叛乱，一天之内杀死了秃忽鲁帖木儿的十八个儿子，自僭汗号。这个时期，汗国内讧四起，陷于混乱之中。狡猾奸诈的执政者借他们之手煽风点火，用尽伎俩。看到白帐汗国日益强大，已经成了一种威胁之后，埃米尔帖木儿便有了驱逐秃花帖木儿的后代脱脱迷失汗的想法。这个时期，已经年老的兀鲁思汗与长子脱黑脱乞牙在1346年的夏天相继去世。埃米尔帖木儿推举脱脱迷失为昔哈纳克汗王。兀鲁思汗的次子帖木儿·马立克逃往蒙兀儿斯坦的卡拉塔勒一带。埃米尔帖木儿派脱脱迷失去追击他。1380年，只想自立为王的脱脱迷失带着萨莱城、别尔哥城和马麦宫帐，登上了金帐汗国的王位。他实行掌控整个游牧草原的政策，在一段时间里，不断进攻金帐汗国与蒙兀儿斯坦。在1370年至1390年，他先后20次进攻蒙兀儿斯坦。之后，由其弟兀鲁别克继续了这项事业。

所谓的政策，有时显得理性，有时也充满奸计。如果这样的政策太多私利，显得心胸狭隘，那么，就会出现血腥的一面。无论是脱脱迷失，还是兀鲁别克，都希望金帐汗国、白帐汗国和蒙兀儿斯坦变得内讧四起，失去和睦。他们试图通过手下百依百顺的汗王们达到自己的目的。随之，大规模的征战开始了。据历史学家莫尔浑的记载，率领80万大军的埃米尔帖木儿横扫途中遇到的一切，使之无一幸免。据艾勒·优迪记载，1404年，埃米尔帖木儿将塞兰、塔拉兹、阿斯帕拉、者别、安集延、阿克瑟依肯特、喀什噶尔、和田等地都赐予其孙子伊卜拉欣。他准备在所占据的几条山谷和平原地带修筑一些要塞，并将这个任务交给了马合木得苏丹。在位于锡尔河那一侧的哲别和中国方面的地区里边，路途最为遥远的就是阿斯帕拉地区。根据哈菲兹·阿布鲁记载，马合木得苏丹这一次开始发展阿斯帕拉与塔拉兹的经济，大规模开垦耕种土地。这一切都对蒙兀儿斯坦极为不利，埃米尔帖木儿开始考虑征服中国的大计了。曾经进攻印度、伊朗、叙利亚、高加索和河中地区的埃米尔帖木儿开始为征服中国做准备了。

人类古老的历史真可谓应有尽有，许多意想不到的情况会突兀地出现在你的面前，我们不知道明天会发生什么。当年哈马儿丁发动叛乱，杀死了秃忽鲁帖木儿及其儿子们。当时，在他的一个名叫黑的儿火者的儿子登基为汗的时候，帖木儿正在为收复塔拉兹与阿斯帕拉绿洲而努力。黑的儿火者不仅从帖木儿家族手中夺取了蒙兀儿斯坦、楚河流域和塔拉兹绿洲，而且在那里大力发展农耕业，做了许多事情。他去世之后，发生了内乱，东部的卫拉特蒙古人开始进攻他们。西部的诺盖汗国在古老的克普恰克地域建立了阿布勒海尔汗国。1428年，阿布勒海尔在西西伯利亚吐兰一带登基为汗，收拢聚集西部的克普恰克封建部族建立了阿布勒海尔汗国。对中亚及哈萨克斯坦来说，这无疑是一个具有重要意义的社会事件。在阿布勒海尔建立汗国并执政的40年间，它的地域包括诺盖汗国向东一直到乌拉尔一带，西部至巴尔喀什湖，东部从咸海至锡尔河下游一带广袤无垠的地域。遗憾的是，这个汗国的内部政策变化不定，由于内讧与矛盾，汗国的地域最终一分为二。与此同时，有些地域的百姓迁居其他地域。克烈和贾尼别克苏丹之所以脱离阿布勒海尔汗国的原因正在于此，他们后来迁居到了蒙兀儿斯坦。

艰苦卓绝的历程

在哈萨克斯坦历史上，非常重要的一件事情就是1459年克烈及贾尼别克两位苏丹率部迁居七河一带。哈萨克斯坦作为一个正式的国家，第一次竖起了大旗。但是，克烈和贾尼别克苏丹将哈萨克汗国迁居到原蒙兀儿斯坦与七河一带时并没有完成独立大业。建立哈萨克汗国的过程是艰苦卓绝的，就像从山脚下往山顶上滚动一块巨石一样。这件事情所延续的时间与复杂性显得神秘莫测，变化无常。

最初创建哈萨克汗国的克烈和贾尼别克苏丹是从天上掉下来的吗？抑或是从地底冒出来的？他俩都是成吉思汗已经突厥化的后代兀鲁思汗的孙子。用另一句话来说，他俩是地位相当的执政者，他们之间有着深厚的友谊。他们管辖着昔哈纳克、苏扎克、塞兰，以及锡尔河沿岸和卡拉套山脚下的城镇与要塞。在最初的年代里，他们为了具有战略意义的锡尔河沿岸的城市与图尔克斯坦而战，因为这些城镇都是经济文化中心。哈萨克可汗们为了掌控及扩张自己的地域而斗争了近30年，克烈和贾尼别克苏丹致力于守卫昔哈纳克和苏扎克及其周围的地域。在此期间，蒙兀儿斯坦内部权力之争正处于激烈的阶段。正与兄弟羽奴思争权夺利的也先不花二世没有冷待意外出现的哈萨克驿队，他把自己地域西北部边境地区楚河河岸的一片叫作阔兹巴斯的地方划分给了他们。那个时候，塔拉兹虽然不太繁荣，但依然是一个生存空间，香火延续。不论怎么说，它是突厥民族所遭遇命运的见证，它也见证了一个崭新国家的形成。从不与他人形成一致意见、生性顽固的阿布勒海尔汗也将毁灭这颗新星作为自己的目的。他于1463年发起的七河之战使他一败涂地，上马出征的他也在途中丧命。

哈萨克汗国的建立过程受到了15世纪后半叶在哈萨克斯坦地域行将毁灭的阿布勒海尔汗国与蒙兀儿斯坦内讧的影响。哈萨克汗国最初控制了七河西部、楚河和塔拉兹城一带。他们将从哈萨克斯坦中部和南部地区迁徙而来的部落和部族聚拢在了一起。

但是，也先不花二世并不是因为怜悯克烈与贾尼别克苏丹们的驿队才将大片土地割让给了他们的。因为这个时期，蒙兀儿斯坦的边境问题已经成了迫在眉睫需要解决的问题，阿布勒海尔与跛子帖木儿的后代们都睁着血红的眼睛盯着这里。所以，需要哈萨克驿队来驻守这一边境地区。在此期间，也先不花便与哈萨克苏丹们建立了联盟，以便保证边境安全。1462年，也先不花二世去世之后，蒙兀儿斯坦突然变得群龙无首。在这种情形下，在七河一带建立哈萨克汗国就成为顺理成章的事情。到了中世纪，哈萨克这个规模不大的驿队将自己的支脉伸进了历史的怀抱，建立了属于自己的崭新的国家。许多历史文献都记载了哈萨克苏丹们按照欧亚民族国家的体系，在中亚地域建立了具有重大意义的哈萨克汗国这一历史事件。

哈萨克部族分崩离析四散而去时代的结束，与克烈和贾尼别克等苏丹们直接相关。他们建立的哈萨克汗国与栖息生活在广袤无垠原野上的哈萨克贵族及平民的利益是相辅相成的。游牧及定居部落的经济、文化与社会关系被放在了汗国的第一位。在各个部落大融合的基础上，建立国家变成了现实。而且从另一个角度来讲，克烈与贾尼别克两人是亲信。在15世纪50—70年代，他俩是哈萨克汗国地位平等的执政者，二人的尊姓大名被人们一起论说一起书写。贾尼别克作为巴拉克汗的后代，克烈作为他年长的兄弟共同执政。在他们执政期间，两人之间不存在互相拆台发生争执的事情，他们将国家利益和人民利益同等看待。在保证国家稳固、一致对外等方面，两人没有任何不同。在塔拉兹城的东北部，曾经作为许多汗国的首都，后来在突厥时代又成了许多汗国中心城市的地方，属于骑马游遍半个世界的游牧民族的一个崭新国家，竖起了以政权与人民利益高度统一为原则的大旗。

作为哈萨克汗国的两位首领，克烈汗和贾尼别克汗的生平经历如下：克烈汗于1456—1473年执政。历史著作《史选·胜利记》中记载，克烈汗是博拉提汗的儿子，兀鲁思汗之孙。

《拉失德史》记载，中世纪50年代末，克烈与贾尼别克苏丹一起率领乌兹别克汗国的一些部落迁徙到了蒙兀儿斯坦。一些观点一致的苏丹们结为政治联盟，并相邻而居，这成了阿布勒海尔向蒙兀儿斯坦开战的借口。之后，阿布勒海尔汗突然离世，游牧的乌兹别克汗国内部争夺权力的斗争开始了。原来已经臣服于克烈与贾尼别克苏丹的一些乌兹别克部落重返乌兹别克汗国，这使得蒙兀儿斯坦权贵之间的权力之争更加激烈，战争开始了。阿布勒海尔汗的继承人谢赫·海达尔惨遭失败，与他分庭抗礼的贵族们被杀害，活着的一些人四散而去。游牧的乌兹别克汗国的权力从阿布勒海尔汗的手中落到了克烈与贾尼别克苏丹的手中。

贾尼别克汗是巴拉克汗之子，兀鲁思汗的孙子，1478—1480年执政，饱经互相倾轧和战争苦难的近20万名游牧百姓聚拢在了克烈与贾尼别克苏丹的周围。

政权落入兀鲁思汗后代们手中后，游牧的乌兹别克汗国的称谓变成了"克普恰克部族"。克烈与贾尼别克苏丹执政之后，他们向蒙兀儿斯坦迁徙。这部分人在乌兹别克部族中，被称为"哈萨克人"。而且这部分人后来成了构成哈萨克汗国的主要力量。

克烈汗与贾尼别克汗的执政理念是将国家政权与人民利益相互结合起来，他们的这种理念也被后代们奉为圭臬。

在此基础上，新建立的哈萨克汗国逐步稳固起来，而蒙兀儿斯坦则开始走向四分五裂。阿布勒海尔汗之子谢赫·海达尔战败，他逃往住在阿斯特拉罕的岳父家族避难，又被俄罗斯人盯上了，所以只能返回图尔克斯坦。1470年，克烈汗率领众多士兵压境而来，贾尼别克汗之子马赫穆德与吉冉切攻占了苏扎克和塞兰。穆罕默德·昔班尼准备逃往撒马尔罕，却受到了吉冉切部队的追击，只好逃往布哈拉。苏扎克与塞兰城臣服于哈萨克汗国。两年之后，穆罕默德·昔班尼受到芒赫特·木沙要拥立其为汗王的蛊惑，又返了回去，并抢占了阿尔库克与昔哈纳克。不久，克烈汗之子布热恩德克和马赫穆德在苏恒德大坂大败穆罕默德·昔班尼，迫使他迁往遥远的芒格斯套一带。此后，从锡尔河与卡拉套山峦的角度来看，战争使哈萨克汗王宫向卡拉套山一带搬迁。1513年初春季节，住在塞兰城的人们专门派人前去面见驻扎在喀拉塔勒河冬草场的哈斯木汗，邀请他去塞兰城。因此，汗王宫的哈萨克驿队通过塔拉兹城向塞兰城迁徙。[1]

哈斯木汗执政于1511—1518年，大约出生于1445年。他是为哈萨克汗国的诞生奠定了坚实基础的贾尼别克汗的儿子。无论从哪个方面来看，哈萨克民族历史上堪称理性勇敢的哈斯木汗，始终没有与能力逊色于自己的布热恩德克汗分庭抗礼，从而保存了刚刚建立的哈萨克汗国的核心力量。

在关于穆罕默德·昔班尼的历史文献中，哈斯木汗的名字被第一次提到，说他是"著名的苏丹与英雄"，"布热恩德克汗骑兵部队的首领"。命运之路异常曲折，不论是汗王，还是平民，都有自己的命数，他们既享受乐趣，也遭受苦难。布热恩德克汗也遭受过厄运，他放弃权力，迁往撒马尔罕的岳父家族那里，最后死在了那里。至此，哈斯木汗开始掌权。

哈斯木汗执政期间，哈萨克人与昔班尼家族之间在锡尔河流域的一些

---

[1] 摘自《拉失德史》。

城市不断发生冲突。1510年，昔班尼的军队进攻了驻扎在乌勒套山峦的哈斯木汗汗国。起初，哈斯木汗自知无法对付来势汹汹的敌人，便向后撤退。但不久，他又率领部队意外战胜了对方。

1511年，哈斯木汗执政以后，哈萨克汗国开始被称为哈斯木汗汗国。在他执政期间，哈萨克汗国的影响力大大提高，成了一个强盛的汗国。哈斯木汗汗国的疆域西部至锡尔河南岸一带，西南部至图尔克斯坦城一带，东南部至七河北部的山峦地带。根据一些历史文献记载，哈斯木汗执政期间，哈萨克汗国的地域包括从东北部的乌勒套山峦和巴尔喀什湖沿岸，以及西南部直达乌拉尔河沿岸的广袤地域。

在他执政期间，哈萨克汗国的人口达到了100万。这个时期，哈萨克汗国在欧洲已经有了影响，执政能力也大大增强。在外交方面，他们首先与俄罗斯建立了外交关系。[1]

哈萨克汗国的汗王宫离开原来位于塔拉兹附近的地方搬到了卡拉套山峦一带，即原来白帐汗国所属的城市。这一地区之后的命运与已经进入人类历史的哈萨克汗国的命运息息相关。当然，这条道路既复杂又艰辛，因为准噶尔人盯上了这个刚刚建立的国家。七河地域的许多地方，包括塔拉兹城都被迫与汗国分离。在那些暗无天日的时期，七河地域属于哈萨克人的领土——卡拉套山、阿拉套山夏牧场均被克尔梅克人侵占。

17世纪30年代中期，卫拉特部的克尔梅克人聚集在一起建立了准噶尔汗国。这是受到达赖喇嘛和巴特尔浑台吉祝福的哈拉忽剌之子和多和沁执政期间发生的事情（1615—1654）。当时，有一部分卫拉特人迁到了西部。准噶尔汗国的建立极大地影响了蒙古社会的封建关系，并侵犯了巴特尔浑台吉个人的利益。等到噶尔丹执政后，准噶尔汗国就开始入侵锡尔河流域与七河流域。促使他们这样做的原因，首先是他们必须填补与清军作

---

[1] 摘自《哈萨克人》第2卷"历史事件"一章。

战时（1723—1725）所花费资金的缺口，从而恢复已经荒废的农业生产。准噶尔汗国存在长达 200 年。在此期间，一方面，清军没有出兵中亚；另一方面他们无情欺压突厥部族的各个民族国家，即哈萨克斯坦、乌兹别克斯坦、吉尔吉斯斯坦等。在这种情况下，主要压力落在了哈萨克斯坦肩上，哈萨克民族与准噶尔入侵者的战争归根结底已经有了民族解放性质。额斯木汗之子，之前一直在克尔梅克人那里当人质的杨吉尔汗（1629—1680）指挥了反抗准噶尔入侵军的战争。在争取民族解放的道路上不怕牺牲浴血奋战的哈萨克军民书写了哈萨克历史上最为辉煌的篇章。其中，主要的战役是奥尔布拉克战役（1643）、布兰特战役（1726）、昂纳海战役（1729）、克尔梅克人被杀战役等。在讲述这段历史的时候，这些重大的历史事件是绕不过去的。1640 年，蒙古人聚拢在一起之后，居住在哈萨克斯坦和中亚地域的卫拉特蒙古人以为自己的政治势力已经足够强大，便频频挑衅哈萨克人。1643 年，卫拉特蒙古人的首领巴特尔浑台吉率领大军入侵哈萨克斯坦、吉尔吉斯斯坦地域。在撒马尔罕方面的援军未到之前，杨吉尔汗的军队只招募了 600 人，但他选择了一个叫作"奥尔河"的河流附近的峡谷作为双方交战的绝佳地点。杨吉尔汗熟知卫拉特人的打仗特点，便采取了在峡谷挖壕沟的办法，这个壕沟长达 2.5 千米至 3 千米。前方的壕沟深达一人高，后侧是平地。同心同德的杨吉尔汗军队准备从三个方向伏击敌军。来犯之敌卫拉特人没有料到对方设有埋伏而长驱直入这条峡谷。顿时，两侧山上滚石纷纷落下。杨吉尔汗抓住了卫拉特人惊恐万状、失魂落魄的时机，从外围向他们发起了进攻。在最初的战役中，双方损失了近 1 万名士兵。不久，英雄加郎托斯率领的 2 万名士兵前来助战。这就是著名的奥尔布拉克战役，它不仅青史留名，也成了哈萨克民族爱国主义的经典战役[1]。

1　摘自《哈萨克人》第 1 卷 "历史事件" 一章。

与准噶尔人的最后一场战役发生在1729年的昂纳海原野，哈萨克军队在这里追击入侵者。根据著名作家艾布西·柯克勒巴依的推测，哈萨克人与准噶尔人之间的最初战役发生在塔拉兹城附近。1729年的昂纳海战役也发生在塔拉斯河、楚河流域直至伊犁峡谷及平原地带。准噶尔人将这一地域的古城里那些由成吉思汗与跛子帖木儿留下的文化遗产一扫而光，把城市夷为平地。

准噶尔侵略军并没有就此罢手，他们又将战争延续了整整一个世纪。在此期间，以彻底解放哈萨克民族与地域为己任的阿布赍汗横空出世。他将受尽欺压凌辱的哈萨克人集合起来，共同抗击入侵之敌。他用长矛和刀剑逼迫那些各自为政、久坐宝座、隔岸观火的哈萨克苏丹们行动起来，让他们臣服于自己。他担心自己一旦远离这些人，他们就会哗变，所以一直将他们聚拢在一个地方加以掌控。但是，他一个人的力量毕竟有限，不可能完成所有的事情。所以，他将儿子艾德里留在了塔拉兹城。艾德里为了熟悉了解地情，融入这个社会，自力更生站立起来，首先在塔拉斯河岸修建了宫殿，在这里挖掘壕沟，铺设土路，并将善于种植庄稼的卡拉卡尔帕克人安置在这里。他还将一个能打能战、战无不胜的部落搬迁到这一带驻守，并在萨热阿尔卡大草原为他们划分了土地。1781年，他在返回故乡的路上去世了。

在哈萨克汗国的历史上，声名显赫的汗王是阿布赍。他是一位具有远见卓识的领袖。1743年之前，他一直是哈萨克中玉兹的苏丹。阿布勒曼别特担任了汗王之后，阿布赍开始担任大玉兹的汗王。阿布赍的父母源自成吉思汗长子术赤的后代——奠定了哈萨克汗国坚实基础的贾尼别克。其生平是这样的：他的原名叫阿布勒曼苏尔，父亲被敌人杀害，很小就成了一个孤儿，历经艰辛，一直依靠奥拉孜库勒苏丹长大成人，自幼发誓为民族赴汤蹈火。他身经百战，在一对一决斗中屡次胜出。在阿布勒曼别特汗率部与准噶尔作战中，他显示出智勇双全、英勇顽强的秉性。20岁那年，他在一次决斗中杀掉了蒙古浑台吉夏尔西。

1743年，哈萨克民族三个玉兹的汗王、苏丹与英雄们齐聚图尔克斯坦，正式推举阿布赉为哈萨克汗国的汗王。他执政长达半个世纪，是一位富有智慧的政治家、运筹帷幄的外交家、知识渊博的领袖。他为了巩固哈萨克汗国，呕心沥血，鞠躬尽瘁，始终致力于保护哈萨克汗国的独立与自由。在他执政期间，哈萨克人与克尔梅克人之间首次签订了和平共处协议，哈萨克汗国也与俄罗斯和中国签订了友好条约。周边的一些强盛国家开始重视与哈萨克汗国的关系。这位具有洞察力的政治家，一直注意了解和审视邻国中国与俄罗斯的国情与动向。他预料到哈萨克汗国与准噶尔汗国之间九年的和约到期之后，将与浑台吉噶尔丹策零开战。

1752年，准噶尔大汗噶尔丹策零之子喇嘛达尔札开始入侵哈萨克地域，阿布赉汗的军队奋起抗击。这次战役之后，阿布赉汗决定让手下500名优秀将士上马去与入侵之敌作战。1753年10月12日，哈萨克军队从四面八方向准噶尔入侵者发起了进攻。战后，他们将俘获的准噶尔名将喇嘛达尔夏吊死了。这一场战役在阿布赉指挥下取得了重大胜利。

阿布赉汗只想打败准噶尔人，让他们俯首称臣。他认为与中国和俄罗斯成为平等地位国家的条件就在于此。因此，他向准噶尔入侵者发起了猛烈而持久的攻势，又挑选了闻名于哈萨克民族的英雄哈班拜、博甘拜、贾尼别克、奥特甘等人辅佐自己。哈萨克人与卡尔梅克人之间持续长达200年的战争，最后以哈萨克人的胜利告终。1756年，哈萨克汗国与清朝之间发生了战争。一年之后，凭借阿布赉汗的谋略，通过和平的途径解决了两个国家之间的纷争。

纵观各个汗国的历史，他们无一例外都以扩张领土为目的。当然，这也是阿布赉汗的理想。所以，在1765—1770年，他两次出征吉尔吉斯斯坦，不断扩张领土。1771年，他剿灭了伏尔加克尔梅克人。在他执政期间，国家的领土面积增加了，这令哈萨克民族精神大振。

我们讲述历史的时候，无法绕过哈萨克斯坦发展研究会编撰的学术著作《哈萨克人》第1卷"历史事件"一章中的一段话，这段话讲的就是哈萨克汗国与清朝的关系。1755年，哈萨克汗国准备抗击准噶尔入侵者，这使哈萨克汗国与清朝的关系成了一个重要问题。

清朝政府了解到阿布赉汗要向准噶尔人发起进攻，便想将他拉到自己的阵营。但是，我们从1755年2月清朝乾隆皇帝批复的一份奏折中，就可以看出清朝政府对哈萨克民族以及哈萨克汗国的政治、经济和军事情况所知不多。而准噶尔叛军首领阿穆尔撒纳反对清朝政府，奢望建立哈萨克—卫拉特联盟的想法令乾隆皇帝担忧。1756年，他派使臣率领使团前往哈萨克汗国。为了震慑哈萨克人，他还派军队随使团一起行动。这些使臣们的任务就是鼓动哈萨克人去攻打卫拉特人，而且说服中玉兹首领不要深入卫拉特人的腹地，要保证边境安全。由于阿尔泰与乌连戈伊地区的百姓的阻挠，使臣团没有抵达目的地。实际上，即便他们当时能抵达目的地，也无法完成此行的任务。

1756年6月9日，乾隆皇帝下令清军定边左副将军哈达哈与哈达涅通过伊犁与塔尔巴哈台向哈萨克汗国开拔。当年，清军抵达了目的地，阿布赉汗看到清军实力雄厚，便表示愿意归顺清朝。[1]

阿布赉汗的归顺使清军首领喜出望外，便率军向后撤退。1757年秋天，乾隆皇帝宣布哈萨克汗国是大清帝国的一部分。阿布赉臣服后，清朝政府对哈萨克实行羁縻政策，把哈萨克汗国作为自己的藩属，就如安南、琉球、暹罗诸国一样。还决定"非欲郡县其地，张官置吏。亦非如喀尔喀之分旗编设佐领"。1756年11月，乾隆皇帝派遣使者向阿布赉汗晓谕：

---

[1] 摘自《哈萨克人》第1卷"历史事件"一章。

如果你能向北京派出使臣就算是对我们效忠。

值得一提的是，这个时期，清朝政府也承认哈萨克汗国同时臣服于俄罗斯与中国。但哈萨克汗国并没有从清朝政府方面接受什么任务，在军事、贡赋等方面也显得比较消极。同时，阿布赉汗向俄罗斯奥伦堡派使臣说，哈萨克汗国之所以与清政府签订和约，只是出于和睦共处的原因，并没有想过要归顺。

突厥时期，塔拉斯河、楚河一带由各个突厥部族掌控。后来，他们的后代又在这里栖息居住。哈萨克汗国建立后，乌孙部族也加入了他们的行列，而且人口占据相当大的比例，其中就有齐勒曼别特、贾哈勒巴依、萨曼别特、博特拜、斯依赫姆、贾尼斯、汗德、帕西勒等部落。这些部落群体由博拉提汗和艾德里苏丹掌控。按照克尔梅克人诡计多端的政策，他们不想让这些部落，甚至大玉兹与哈萨克汗王产生什么关联，只想恢复以往那种各个部落首领各自为政的社会结构。他们的目的是夺过大玉兹的缰绳控制他们。阿布赉汗觉察到了这一点，他知道自己必须参与解决遥远的阿尔卡大草原与汗国之间经常发生的矛盾冲突，所以，他将七河西部一带交给了儿子艾德里，东部一带交给了苏英德克来掌管。

阿布赉汗有许多愿望，但大多没有实现。当然，他不仅成了中玉兹的汗王，而且为摆脱布哈尔汗国与蒙兀儿斯坦的控制进行过不懈的斗争，也为与俄罗斯建立联盟出了力，还与伊朗国王阿巴斯签订了和约。同时，最终制定完善了18世纪初开始形成的哈萨克律法——《七项法典》，建立了汗王商议会、苏丹商议会等议事机构。在外交方面，与俄罗斯建立了外交与商贸关系。

除了1711年、1712年、1714年、1717年不断反抗准噶尔侵略者的头克汗之外，哈萨克汗国不曾有过能掌控所有哈萨克部落和地域的汗王。阿布赉很想实现这个目标，想从哈萨克汗国的统一去寻求这个国家的未来。他的这种思想不利于沙俄的主张，所以，他们只将阿布赉当成中玉兹的汗王来对待，但阿布赉汗从不接受有如此内容的呈文，而清朝皇帝乾隆的想法也是显而易见的。他在解决了东部纷争之后，便来到了图尔克斯坦城，按照突厥民族的礼仪，坐在白毡上登基，成了全体哈萨克人至高无上的汗王。他的伟大之处在于不愿意打着"成为哈萨克人"的旗号，只待在狭小的空间，以至于无法施展拳脚。他之所以一次又一次前往南部哈萨克，第一是因为他心中的伟大愿望已经觉醒，他知道南部哈萨克三个玉兹的后代们属于整个哈萨克民族。第二，他还想将所有的哈萨克人与其他民族收拢在自己身边。但当时他身边缺少思考民族未来大计的成熟头脑，甚至连牛羊同圈而卧、人口密集交往、礼仪习俗语言相似的吉尔吉斯人也对他敬而远之，同源同语的同胞也四散离去。心怀宏伟目标、充满渴望的阿布赉汗最终离世。是啊，有人的地方必定有死亡。

最后一任可汗——英雄克涅萨热

人类社会在善良与残暴、创造与失败之间的博弈追逐中发展进步，希望得以延续。俗话说：马驹会沿着骏马的足迹向前。也就是说，一代更比一代强。在哈萨克斯坦也是如此，其中之一就是阿布赉汗之孙、哈斯木汗之子——英雄克涅萨热汗，他怀着比祖父和父亲更大的雄心壮志。哈萨克民族反抗沙俄殖民统治的斗争始自 1827 年。在当时众多的英雄好汉之中，克涅萨热汗的名声如日中天。他目睹父兄萨热江率领哈萨克军队向沙俄营地和部队发起进攻，使哈萨克人民摆脱了沙俄军队的桎梏。他继承和发扬他们的意愿，致力于将争取国家独立的思想渗入人民心中，在自己身边聚集了一大批德高望重的仁人志士和英雄好汉。

1841年，克涅萨热·卡斯莫夫当选哈萨克汗国的汗王，他最主要的政治目标就是复兴哈萨克汗国。然而，当时的一些哈萨克苏丹并没有充分理解他的政治主张，他们早已习惯了分而治之的狭隘立场。所以到了1846年，他们依仗自己的军事力量，开始从中玉兹和小玉兹的领土挤走克涅萨热·卡斯莫夫。

1838年春季，克涅萨热领导的反沙俄殖民统治的起义从围剿阿克莫拉要塞开始，之后又蔓延到了图尔盖地区。克涅萨热解释说，这场由自己发动的起义是为了靠近沙俄边境地区，从而迫使他们加快谈判进程。1841年，浩罕军队主要集结在朱列克、阿克梅什特、詹阿库尔干、苏扎克要塞。克涅萨热手下的军队对他们发起了猛烈的攻势。

克涅萨热为实现哈萨克民族独立自主的伟大梦想所进行的斗争过程艰难而又漫长。他深知要想实现这个伟大的梦想首先必须使哈萨克民族的三大玉兹走向统一。然而，1844—1845年掀起的民族解放起义并未形成燎原之势。最终，哈萨克民族分裂成了两派，一派臣服于克涅萨热汗，而另一派则被迫臣服于沙俄。即便如此，克涅萨热汗还是以足智多谋的政治家、运筹帷幄的外交家之胸怀将三大玉兹所属大多数人口统一在了哈萨克汗国的旗帜之下。当时，他手下军队的人数达到了2万人。所以，之后的起义运动浪潮一浪高过一浪。

值得一提的是，克涅萨热汗对哈萨克汗国政治制度也高度关注。在他执政期间，许多法律法规和条例得到了充实修正，也有新的法律出台。与此同时，他加强了军队的草原战斗能力，设立了新的军队管理制度，将军队分成便于草原作战的百人团与千人团。同时，依靠谍报人员及时获取敌军的各种情报。

对始终觊觎哈萨克草原的沙俄殖民者来说，哈萨克汗国的一系列行动使他们感到忧心忡忡。忍无可忍的尼古拉一世终于在1847年7月27日签署了一项法令，批准对哈萨克汗国进行大规模军事行动。

在这场战争中，哈萨克军民浴血奋战，抛头颅，洒热血，顽强抵抗，但终究不敌沙俄强大的军力。1843—1844年，克涅萨热被迫率部向后撤退。之后，他调转马头来到了毗邻吉尔吉斯领土的哈萨克大玉兹领土。他很想将吉尔吉斯人也召集在一起汇聚成共同对抗俄国殖民统治的力量。然而，吉尔吉斯一方的一些封建领主们纷纷表示反对，这也意味着失去了希望，他前方的道路会异常黑暗艰险。当克涅萨热临近见证了哈萨克民族世世代代悲壮命运的塔拉兹城时，他的心中除了一贯的威严与勇猛之外，更多的是哀愤。祖父阿布赉汗、父亲哈斯木汗的雄才大略曾经使克涅萨热开阔视野，增长见识。但当他翻越阿拉套山峦时，怎么也没有想到会在这个节骨眼上遭遇如此艰难的困境……

克涅萨热汗还曾经在伊犁河流域的卡拉库姆（今新疆尉犁县）有过停留。他的想法是将生活在这片区域的阿勒班（悦般）、素宛、贾剌亦尔等部落吸收到起义队伍中。不仅如此，他还有过与清朝军队联手的想法。卡拉库姆一带的阿德利与苏云德克等苏丹接纳了他的献礼，但却没有按照他的意愿行事。当时，清朝一方也接见了他派去的使者。之后，他来到了楚河西部，在吉连—阿伊戈尔、库尔特、额尔盖特、乌宗阿噶什、卡尔加勒等河流之间流转迁徙。当时，克涅萨热再次向吉尔吉斯首领们以及艾吾里耶阿塔一带的杜拉特部落首领们发出了邀请。其中，杜拉特所属什穆尔部落的拜扎克、别勒阔扎、箴迭乌等毕官，斯依恒木部落的胡达依别尔甘，博特拜部落首领斯帕泰及英雄安达斯，夏普拉什特部落的英雄萨乌勒克，以及其他一些部落德高望重的仁人志士怀着虔诚的心情前来拜见克涅萨热汗。

仇恨最能抵消谦虚谨慎的心理。从种种迹象来看，吉尔吉斯人潜在的敌意已露头了。他们没有忘记阿布赉汗执政期间的威严，所以拒绝了克涅萨热汗的邀请。反之，他们煽动卡拉波兹、沃尔曼、詹泰等有影响力的部落与克涅萨热汗对抗，拐走他们的马匹使其不得安宁，甚至对他们进行突袭，致使他们人员伤亡。其间，卡拉波兹部落的哈勒什毕所率人马与克涅萨热一方的英雄阿葛拜所率部队开战，但阿葛拜一方败阵。怒不可遏的克涅萨热率部一路追击，使哈勒什毕率领的700人马原路折回。当然，每个人都无法摆脱所处时代的限制。克涅萨热所处的时代正是封建割据极盛时期，所以他也没能绕过那样的钳制。当时，由于各种原因被俘获的吉尔吉斯人之后都被克涅萨热大赦送回去了，并给他们的达官贵人带去了问候。克涅萨热这样做的目的也是为了让吉尔吉斯人投入民族解放运动，以及反抗沙俄与浩罕汗国欺凌压榨的起义之中。然而，吉尔吉斯一方并没有人站出来表态。吉尔吉斯人之所以这样做的原因，是沙俄政府对克涅萨热的起义异常愤怒，他们在比什凯克的代表早已跟吉尔吉斯的达官贵人打了招呼：我们才是你们的靠山。并告诉他们会得到帮助。克涅萨热得知沙俄政府背后作祟之后，立即采取了行动。他途经蔑尔克一带，翻越达坂，深入吉尔吉斯人的腹地，摧毁了他们的许多城市。之后，率领庞大军队迂回到楚河流域的依特什佩斯，并在那里过冬。这场战役一直持续到了次年。在一场战役中，与他的弟弟纳乌鲁兹拜结伴而来的叶尔詹不幸落入敌方手中。吉尔吉斯人包围了驻扎在阔尔代山一处名叫"吉克勒克森戈尔"峡谷的克涅萨热营地。克涅萨热部队的前方是咆哮的楚河，后方是连绵的群山，地势险要。更要命的是，一天深夜，贵族鲁斯铁木与英雄斯帕泰两人悄悄地带着自己的2000多名手下离开了这个地方。

失去大半兵力的克涅萨热头顶上一片乌云笼罩。面对这样的困境，克涅萨热汗采取了突围行动。对敌军包围有所警惕和防备的英雄纳乌鲁兹拜与阿葛拜对克涅萨热说："您快撤离吧，我们来抵抗敌军。"克涅萨热并没有答应他们，反而高声吼道："我不是胆小怕事临阵脱逃的婆娘！我是可汗,如果可汗逃逸,那所有人都会逃逸!"说完就率领500个持枪步兵开始回击敌军。但无论他们多么的英勇顽强,终究寡不敌众,在熟悉地形、兵力雄厚的沙俄大军的猛烈炮轰下,这位勇敢的可汗最终与情同手足的三位苏丹战死沙场。以上就是尼古拉·亚历山大洛维奇·阿里斯托夫的简要叙述。事实上,吉尔吉斯人当时活捉了克涅萨热汗。

但吉尔吉斯人并没有杀掉克涅萨热汗与他的弟弟纳乌鲁兹拜。他们被吉尔吉斯人关押了至少三四十天。关于如何处死这两个人,吉尔吉斯人进行了一场讨论。他们甚至想让哈萨克人亲眼看到他们是如何用酷刑折磨他俩的整个过程。当克涅萨热汗被他们架着经过一排排站立着的吉尔吉斯人中间时,那些人有的拿着锋利的刀割下他的一块肉,有的则拿着草叉插进他的身体,为所欲为,丧心病狂。早已浑身是血的克涅萨热吼出了最后一句话:"难道你们没有用斧头砍下我的头颅的男人吗?!你们这些婆娘一般的吉尔吉斯人!"克涅萨热汗于1847年悲壮就义,他的同胞兄弟纳乌鲁兹拜也随他而去。当纳乌鲁兹拜落入吉尔吉斯人手中时,曾有一个吉尔吉斯达官的儿子与他决斗,并不幸身亡。这个吉尔吉斯达官扬言要亲手结果纳乌鲁兹拜的性命,就将他带回到了阿吾勒。然而,这个达官不忍心杀掉年仅25岁的纳乌鲁兹拜,又怕怀恨在心的人将他杀掉,所以将他藏在自己的家中。事与愿违的是,有一天,这个达官去参加一个人的葬礼,阿吾勒里的一群男人一拥而上将手脚被捆绑着的纳乌鲁兹拜残忍地杀害了。

在哈萨克文学史上,有很多歌颂哈萨克汗国最后一任可汗克涅萨热与弟弟纳乌鲁兹拜英勇事迹的诗歌作品。2001年,尼古拉·亚历山大洛维奇·阿里斯托夫的著作《乌孙人与吉尔吉斯或卡拉—吉尔吉斯:西天山原住民史略及其历史地理学研究》再版。关于这位著名的突厥学者,书中这样介绍:"1868年,尼古拉·亚历山大洛维奇·阿里斯托夫任七河州公署办事员,1869年任七河州监狱委员会主席,1871年与上将、七河州总督拉西姆·阿列克谢耶维奇·科尔帕科夫斯基一同攻占伊犁,俘获了马赫穆德·雅霍甫·伯克[1],1871年至1872年任伊犁事务长,1872年前往塔什干,协助制定图尔克斯坦总督辖区管理制度,1873—1874年任赛梅、阿亚古兹区以及七河州调解土地纠纷毕官商议会的协调员,1881年任七河总督助手,后任总督。之后又前往塔什干,在将军康斯坦丁·彼得洛维奇·冯·考夫曼手下担任要职。"所以,他当然对克涅萨热领导的民族解放起义,以及七河与必茨伯克地区的很多历史事件有所了解。关于克涅萨热汗的死,他是从一个长年掌管托克玛克区的中将莫杰斯特·彼得洛维奇·普辛口中了解到的。当年,克涅萨热汗被处死之后,他的头颅是被一个叫哈勒古勒的吉尔吉斯达官送到鄂木斯克的。根据阿里斯托夫的记载:"这颗头颅最终落到了戈尔恰科夫公爵的手中。之后,西西伯利亚公署下达指令,要求将克涅萨热的头颅与克涅萨热起义相关文件一同保存。"一位自称是旅行家的军官将自己的相关文字发表在了《俄罗斯残疾军人报》[2],他称:"这个填满杂草的头颅最早存放在边境区吉尔吉斯人公署里的一个箱子里,存放了很长一段时间。后来在我工作期间,总督下达了埋掉这个头颅的命令。"这样看来之前被送去鄂木斯克的并不是克涅萨热的头颅,而是填满了杂草的头骨。Н.Н.巴尔帕申提到克涅萨热汗是在阔尔代山被楚河分割开来的托帕克市周边地区死去的。他作了这样的记载:"沙俄一方多次巨额悬赏他的头颅。"俄罗斯地理学家、中将米哈伊尔·伊万诺维奇·韦纽科夫也指出,吉尔吉斯达官沃尔曼因为参与阔尔代山围剿事件获得过沙皇的嘉奖,还被提升为上校。同时还有12名吉尔吉斯人获得了金奖章。《俄罗斯地理学会期刊》1846年第4卷第93页中的一篇文章《伊犁—阿拉套史略》,就提到了胸前戴着金奖章的吉尔吉斯达官萨尔巴葛

---

1 汉文史料称之为"阿古柏"。
2 《俄罗斯残疾军人报》,1859年,第113期

什迎接上校波尔托拉茨基的经过。[1]

　　这些记载克涅萨热汗之死的资料当然是非常有价值的。除此之外,我们也从中了解到这些历史事件与塔拉兹这座城市有着千丝万缕的联系。1848年,鄂木斯克浩罕汗国的使者阿卜杜拉·阿楚罗夫正式下达游牧迁徙在楚河与塔拉斯河流域的哈萨克人必须向浩罕汗国交税的命令。我们可以从中看出当时的塔拉兹城是一个正在起步发展的城市。根据泽利亚尼钦[2]和来自必茨伯克的一位商人所说,这个城市是于19世纪在马达里汗时期[3]建成的边境城市。塔拉兹在米尔咱·穆罕默德·海答儿时期只是一个地名,而在乌鲁伯格时期又成了一个军队在此卸货、居住的城市。再后来,在重建托克玛克与蔑尔克等城市时期,又恢复了城市原貌。总之,塔拉兹对于浩罕汗国来说,是一座游牧民族防御入侵之敌的要塞城市。

　　从古至今,国家与国家之间的各种纷争和战争反复循环,仇恨也与日俱增。在阿布赉汗统治时代也有过激的做法。另外,当时,毗邻的清朝政府与浩罕汗国两头蛊惑哈萨克汗国,而这一切绕来绕去最终落在了克涅萨热汗的头上。无论怎么说,七河流域都是那些虎视眈眈的卡尔梅克人、吉尔吉斯人、浩罕人梦寐以求的疆域。要不是伟大而足智多谋的阿布赉汗,七河流域的许多地区,像克根、纳仁阔勒、巴尔喀什湖东南部、阔尔代、阿拉木图、蔑尔克,统统都会被吉尔吉斯人占为己有,并扎根于此。当时,毗邻的浩罕汗国也很不安分,他们于1821年占领了巴尔喀什湖一带、萨特阔勒、萨亚科特等地,后来在夏季又占领了萨尔巴合什特。根据上文提到的阿楚洛夫的记载,他们在夏季占领了蔑尔克与塔拉兹,并在这些地

1　《俄国残疾人报》,1859年,第113期。
2　《图尔克斯坦边疆区数据资料》。
3　1827—1842年。

方实行重赋政策。也就是说，浩罕人为了对付克涅萨热汗暗中怂恿、指使吉尔吉斯人，而他们则听命行事。

阿布赉汗逝世后，尽管吉尔吉斯人复仇心切，然而萨尔卡大草原那个地方太遥远了。他们时常对毗邻的大玉兹哈萨克人进行恐吓威胁，甚至将他们的牲畜拐走，让他们不得安生。那些被他们侵扰的哈萨克人怎能坐视不管，当然会挺起胸膛维护民族尊严。英雄别尔德霍加于1785年率领500名勇士，又向清朝军队借了1500名将士攻打吉尔吉斯。对此，吉尔吉斯人急红了眼。1856年，怀恨在心的吉尔吉斯人趁着夜色潜入别尔德霍加的营地，将这位英雄的双脚捆绑后带回了自己的阿吾勒。之后，将他的头颅和双手双脚全部砍下来，又给他开膛，把砍下的肢体全部塞进了他的肚子里，进行了缝合。这件事引起了轩然大波，消息传到了赛梅一带，又传到了鄂木斯克和沙俄政府那里，引起了更大的风波。双方为此多次开战，拼得你死我活，致使许多人丧命。之后因为双方都疲惫不堪，关系稍有缓和。这时，克涅萨热汗的到来让双方关系再次陷入僵持的局面。对这一带的风吹草动了如指掌的沙俄政府意识到不能使占领七河地区的计划再次拖延，便立即展开了行动。沙俄政府以平定克涅萨热之乱的名义大举进犯哈萨克领土。在那之前，清朝政府始终是俄国人以这种方式进入该地区的一大障碍。1823年，俄军在卡拉塔尔河一带露头之时，清军立即派兵与他们正面交锋。在此期间，面对来自浩罕汗国与日俱增的压力，原本要接受俄国殖民统治的苏云德克苏丹的请求未能被接纳。1845年，蒙哥·努拉阔夫等大玉兹的一部分哈萨克部落也步其后尘。尼古拉·亚历山大洛维奇·阿里斯托夫将这段历史与克涅萨热汗的到来联系在了一起。无论如何，突发事件来了。对俄罗斯人来说，克涅萨热汗来到边境地区简直就是天赐良机。1846年，他们开始在卡帕勒修建要塞。从阿亚古兹出发的俄国军队立即占据了从东到西的很多地方，由此，葛逻禄、喀喇汗王朝时代的阔雅勒克变成了安东诺夫卡、阿拉木图变成了维尔内、阔尔代变成了戈奥尔吉耶夫卡、库兰变成了卢戈沃伊、沙拉帕哈纳变成了切尔尼亚夫卡、阿克梅什特变成了佩罗夫斯科、特克变成了乌拉尔斯克、阿克托别变成了古列夫、阿克铁特克变成了新彼得罗夫斯克堡。俄国中将于1853年撤销了阿克塞的阔依什别克要塞。少校佩列梅什斯基的军队于1853年来到塔勒哈尔县，又于1854年加入建设维尔内要塞的工作中。

1857年，艾吾里耶阿塔和奇姆肯特一带的哈萨克人掀起了反抗浩罕汗国的起义。他们在临近吉尔吉斯边境的地方建立了卡斯铁克要塞。同年，伊塞克湖吉尔吉斯人为成为附庸前去鄂木斯克宣誓效忠。1857年，齐默尔曼少校的军队进军楚河流域，同年8月26日占领托克玛克，9月4日占领必茨伯克，11月又击退了大举进犯乌宗阿嘎什的浩罕汗国军队。1852年浩罕汗国建立的阿克梅什特、库姆斯库尔干、什姆库尔干、卓佩克、喀喇沃泽克等要塞被一一取缔，反之建立了卡扎利等要塞。

此时，依然被称为艾吾里耶阿塔的塔拉兹成了在1863—1864年摧毁苏扎克、硕拉克库尔干、奇姆肯特等要塞的著名俄国陆军中将、图尔克斯坦总督米哈伊尔·格里高利耶维奇·切尔尼亚耶夫的占领区。后来，图尔克斯坦也在俄国将军维列文军队的攻打中被摧毁。至此，来自鄂木斯克与奥伦堡的俄国军队设立了西伯利亚与锡尔河防线，最终在奇姆肯特会聚。

我们非常了解自古以来塔拉兹与整个哈萨克斯坦被殖民欺辱的历史，以往各个时期的殖民主义都有不尽相同的特点。从东面来的殖民者通常会在烧杀抢掠之后原路返回，而从西面来的穷凶极恶的殖民者则会深深扎根于此，开始殖民统治，寸步不离。这纯粹就是老牌殖民统治者——埃拉多斯（希腊）、罗马的一贯传统。在被匈奴、突厥、蒙古征服统治的地域，老百姓开始使用殖民者的语言进行交流，但他们都会为避免母族文化绝迹而抗争。

曾抵达中亚的希腊军队并没有原路返回,他们致力于让被占领地域的国家体制适应本国的文化,沙俄也采用了同样的做法。这样做的结果使被占领地域不仅失去了原来的文化,也无力进行革新。治理国家的新贵也只能由殖民者早已指定的人来担任。在杨吉尔汗统治时期,哈萨克汗国的军队甚至无力保护自己的国家,只是城市中的人数逐渐增多而已。艾吾里耶阿塔的人们只能像以前一样靠从事农耕生产与贸易,以及零碎的手工艺度日。

哈萨克斯坦许多城市的迅猛发展也是在此之后,即从15世纪开始的。同样,曾前后被称为"艾吾里耶阿塔""米尔卓扬""江布尔"的塔拉兹城也从这个时期开始有了一些发展。关于这一点我们在后面会继续讲述。现在,我们应该讲一讲1860年哈萨克军队攻打浩罕汗国军队的历史事件。当时,浩罕汗国已经变得肆无忌惮,他们的血腥统治达到了不可控制的地步,税收政策荒诞无耻。例如,他们抚摸少女的乳房,质问为什么会这么柔软,并因此加税,毫无人性可言。这个国家不只在经济上遭到了抢劫,在精神方面也遭到了抢劫。为了征服中亚各国人民,他们用了极其歹毒而疯狂的方法,其中之一就是凌辱女性。蒙古人在入侵八剌沙衮城的时候,先将这座城围了个水泄不通,几天之后便攻克了它,他们在那里的所作所为令人发指。他们将民众通通赶到城外,将他们围起来,当着他们的面强暴他们的妻子和女儿们。不论哪个国家,哪个民族,欺凌女性的行径都会发生,这令历史蒙羞,也令每一个男性的尊严遭到践踏。不论是蒙古人,还是浩罕人,他们不仅屠杀无辜民众,还践踏他们的尊严。1858年,南部哈萨克斯坦各县掀起了反抗浩罕汗国血腥统治的起义。

为了服众,沙俄军队向他们揭露了浩罕汗国对他们的血腥统治,并通过楚河战役,直捣属于浩罕汗国的艾吾里耶阿塔、奇姆肯特、塔什干等城市。1860年，由齐姆莫尔曼将军率领的军队从楚河一带来到了被围困的哈斯铁尔要塞和伊犁要塞，并向驻扎在吉列阿依赫尔地方的敌军发起了进攻，致使浩罕军队撤到了楚河北侧。1860年8月，在哈萨克将士们的帮助下，齐姆莫尔曼将军率领手下兵力一举攻克了托克玛克城。五天之后，又攻克了浩罕汗国的老巢必茨伯克城。

胡地亚尔汗王惧怕失去自己在七河地区的政权，他增加了艾吾里耶阿塔、托克玛克、蔑尔克等地的守军人数，于1860年秋天，集结多于俄罗斯军队十倍的两支部队，向维尔内市、哈斯铁克市发起了攻势。七河地区所属的城市与乡村面临巨大的危险，哈萨克民兵被集中在了努拉河岸。在反抗浩罕入侵者的哈萨克将士们的鼎力帮助下，阿拉套区的首领、将军格拉西姆·阿列克谢耶维奇·科尔帕科夫斯基率领的军队挺身而出。

1860年10月19日至21日，在乌宗阿嘎西附近发生了一场战役，并持续了三天。哈萨克军队打败了浩罕入侵者，使他们有400人受伤，600人丧命。在这次战役中，哈萨克将士们从以人民英雄萨吾热克之名命名的城堡那里发起了强大的攻势，受到了极大的关注。这次毁灭性的打击给浩罕统治的南部哈萨克斯坦造成了极大的损失。[1]

胡地亚尔汗的2万名军队不仅侵占了许多城镇和村庄，也侵占了楚河两岸的许多聚落地区。那时，霍尔岱大坂东部一带曾经有过一次战役，浩罕军队袭击了特列吾曼别特部落的民众。乌宗阿嘎西地方的英雄苏热阿尼西带着将士们前来援助，并率部摧毁了浩罕军队。

19世纪中叶，大玉兹民众处于浩罕汗国血腥统治之下的时期，正好与英雄克涅萨热率军从阿尔卡大草原出发、穿过伊犁地区、直奔塔拉兹城的民族解放运动的时间相同。一位俄罗斯地理学家、人类学家，长期研究哈萨克斯坦历史的专家在自己的学术著作《图尔盖州简史》中这样描述了

---

[1] 摘自《哈萨克人》第1卷"历史事件"一章。

克涅萨热·哈斯莫夫："克涅萨热·哈斯莫夫苏丹是哈斯木·阿布赉耶夫的儿子，也是阿布赉汗的孙子。他勇猛过人，意志坚强，而且很有智慧。自愿参加各种战役，在艰难困苦中长大成人，最终成了一个优秀的战士。他凭着这些优秀品行将民众吸引到了自己的身边。"

1842年、1843年和1844年，克涅萨热在哈萨克汗国高层渐渐得势，赢得了声誉，开始反抗俄罗斯军队。布哈拉汗和希瓦汗为了夺取浩罕政权，互相之间频频发生冲突。两位汗王都为了赢得克涅萨热的支持，频频向他派出使臣，馈赠大量礼品，并认可他为哈萨克汗国的汗王。而克涅萨热则显示出了运筹帷幄、统领全局的政治家风采。他与两位汗王正常交往，答应给予帮助，但暗地里设计让双方之间的冲突矛盾继续下去。他的计谋就是等这两个汗国精疲力竭之时，侵占浩罕汗国的土地，自立为王。克涅萨热游牧迁徙于奥伦堡大草原，同时采取各种措施提高自己在民众中的威望。之后，小玉兹所属哈萨克部落基本上都认可他为哈萨克汗王。他欺骗并打发了奥伦堡的掌权者，也不惧怕西伯利亚总督那帮人。他就像建立了独立政权那样，建立了部落联盟，宣布开战，收缴赋税，成立法庭惩治罪犯。到了1845年，他的声名已如日中天，中亚各个汗国都想得到他的首肯。将阿布赉汗的后代视为仇敌的塔什干哈萨克人当时也恳请他来帮助防范来自希瓦城与布哈拉城的威胁，而奥伦堡省总督、将军奥布茹切夫停止了征战，开始与克涅萨热坐下来进行谈判。

最终怎么样了？克涅萨热发起了哈萨克斯坦历史上反抗沙皇统治的最具规模的民族解放运动。同时，克涅萨热号召哈萨克人民与吉尔吉斯人民共同向浩罕汗国发起进攻。是啊，南部哈萨克地区的人民遭受了浩罕入侵者的镇压欺凌，吉尔吉斯人民也是如此。遗憾的是，吉尔吉斯人并没有理解克涅萨热为了建立独立自由的国家、为了民族解放所做的一切努力。他们无法跳出仇恨的藩篱，也无法摆脱沙俄的钳制，这也是克涅萨热最后用刀剑对付吉尔吉斯人的原因。他凭借自己雷厉风行的性格，怀着满腔的希望，远赴乌拉尔去说服民众一起抗击沙俄的统治。无奈的是，受到沙俄任意欺辱的乌拉尔民众并没有响应他的号召跟着他一起干。克涅萨热只好调转马头回到了艾吾里耶阿塔山一带休整，在胡兰饮马，又在蔑尔克一带歇息，最后前往被誉为霍尔黛山峦之刘海的森格尔山，扎起了宫帐。他面前是潺潺流动的楚河，那一侧是吉尔吉斯人的营地。阿拉套山麓阴郁沉寂，他不知道劫难就在一步之遥的地方徘徊，只等伺机扑过来。

像祖父阿布赉汗与父亲哈斯木汗一样，克涅萨热也胸怀为国家和民族的解放事业出生入死的理想，以百折不挠的精神在斗争。在世界观方面，他充满了智慧和理性，胜于一般人。与其他哈萨克英雄那样，他绝对不愿被沙俄奴役。所以，哈萨克民间留下了这样的箴言：如果没有克涅萨热，塔拉兹与苏扎克早就落入他人手中了。

塔拉兹传

The Biography of Taraz

第八章 高贵的灵魂

托烈毕雕像

将塔拉兹地区许多世纪以来的历史完整地讲述出来，是这一代人留给下一代人的嘱托与义务。所谓的历史并不是流血冲突、残酷战争、血腥镇压的集合。也就是说，历史不只是许多外部事件的堆积，更重要的是人的思想。无数次打击人类，无数次令他们失魂落魄，令他们无法忍受，令他们绝望的就是专制主义。拥有这种危险思想的野心家们为了实现自己的勃勃野心，无数次用人来做实验。他们用人组成军队，怂恿人们去打仗，即让人去杀人。暴虐的思想肯定会催生反抗暴虐的思想，正所谓双掌相拍才会发出掌声。在这种危难时刻，民众的主心骨就是那些比父辈更为优秀的男子汉。这样的人之一就是出生于塔拉兹地区的圣贤托烈毕（1657—1755）。他出生于现在的江布尔州楚河岸边的贾依桑夏牧场。这位闻名于世的雄辩家也是哈萨克民族基本法律——《七项法典》的创立者之一。他在15—20岁就曾参加毕官商议会，凭借自己精湛的雄辩技巧与刚正不阿的秉性得到民众认可。

那个时期，哈萨克人与准噶尔人经常发生冲突。头克汗去世之后，哈萨克汗国开始分裂。掌握着大玉兹哈萨克人的托烈毕曾在一段时间里依附于准噶尔人的统治，他不顾正在向他们贡赋这个问题，将政治大权揽在了自己手中。在将各个部落团结在一起并号召他们齐心协力摆脱准噶尔人的钳制方面，托烈毕立下了汗马功劳。有一些历史文献记载说他也影响了阿布赉汗的提升。托烈毕、中玉兹的哈孜别克毕、小玉兹的艾铁克毕都是头克汗的手下大臣。托烈毕积极参与贯彻落实头克汗将图尔克斯坦当作哈萨克汗国的都城,让三个玉兹服从于一个中央,将哈萨克人、卡拉哈勒帕克人、吉尔吉斯人团结起来组成共同抗击准噶尔—卫拉特入侵者的联盟等举措。

在哈萨克汗国开始分裂,准噶尔人开始入侵的时期,托烈毕充分显示出自己作为首领的风范。准噶尔人企图利用这个机会,消灭哈萨克民族,将幸存的人都流放到外地。在此期间,托烈毕与英雄哈班拜、博甘拜、贾尼别克等人一起组成了统一战线,为了民族解放而斗争。

曾经执政于奇姆肯特、图尔克斯坦和塔什干的托烈毕致力于修建基础设施,他的英名与整个哈萨克民族历史上的重大事件紧密相连。他是一位历史伟人,塔拉兹市的一条主干道以他的名字命名,人民为他修建了雄伟的纪念碑。[1] 托烈毕不是显贵出身,而是一介平民。在南部哈萨克斯坦,有叫作"托烈毕"的地名。

在之前的章节,我们曾经提到阿布赉曾经为托烈毕饲养骆驼。当年,少年阿布赉听说阿勒曼别特汗聚集哈萨克军队准备抗击准噶尔叛军的消息后,立即响应。当他出发的时候,托烈毕赐予了他深情的祝福,是啊,他不想让这个十六岁的少年英雄失望。当然,这个少年也没有让雄才大略、富有洞察力的托烈毕失望,最终成了团结统一所有哈萨克人、率领他们进行艰苦卓绝斗争的一代伟人。

在抗击准噶尔叛军的解放斗争中,最为著名的就是昂纳海战役。在此期间,阿布勒海尔汗手下有两位勇敢无畏、冲锋陷阵的英雄——色恩克巴依与乔依别克,他俩都是托烈毕的儿子。哈萨克人有两个天生的秉性,即雄辩技艺与领袖风范。那些雄辩家与领袖负责将民族所经受的艰难坎坷——告诉民众,并将之一代一代传承下去,这是义务与职责。在传播传送

---

[1] 摘自《哈萨克人》第2卷"历史伟人"一章。

过程中，可能会有遗漏，会不完整。例如，13世纪，为了征服中部哈萨克斯坦，乃蛮人、卡拉哈勒帕克人，以及花剌子模汗王、摩诃末汗王等互相倾轧的时候，塔拉兹城数次易主；13世纪中叶，蒙古人侵占塔拉兹城，重建这座已经满目疮痍之城，并在此基础之上，在没有任何援助的情况下侵占了撒马尔罕等著名的历史事件，可能没有得到全面完整的讲述。到了1723年，沙俄军队入侵了将他们与东方诸国紧密联系在一起的南部哈萨克斯坦，当然也包括塔拉兹城，直到1755年都在那里实行殖民统治。因为无法忍受他们的镇压剥削，哈萨克历史上发生了著名的"磨破脚板的大迁徙"事件，哈萨克民族遭受了一段充满悲苦与屈辱的灾难。

300年前，使哈萨克人遭受灭顶之灾的就是准噶尔人。在清朝军队彻底消灭准噶尔叛军之前，他们欺负、镇压了哈萨克人整整30年。苏联科学院院士巴尔托里德说准噶尔叛军以迅猛的速度给予了哈萨克人以毁灭性打击。哈萨克人奋起抗击入侵之敌是从著名的头克汗执政时期开始的，即17世纪末18世纪初。这是哈萨克民族当时那些深谋远虑的长辈们传下来的故事。那个时期，准噶尔人征服了卡拉套山峦，以及从塔拉斯河至阿尔斯河的大片土地。艾吾里耶阿塔山附近的柯勒达哈就是明证。

楚河河岸的汗套山峦，以及位于塔拉兹附近的卡拉套山峦的一处处山谷、一处处平原、一道道山梁都有自己的称谓。艾吾里耶阿塔与奇姆肯特地区交界之处有个名叫"大帐营地"和"小帐营地"的地方。而在艾吾里耶阿塔至阿科尔托别之间也有许多吉祥的营地，很是抢眼。准噶尔叛军在塔拉兹这一片神圣的土地上横行霸道，用刀剑利斧让哈萨克人以泪洗面。之后，惊恐万分的哈萨克人四处逃离。用历史学家列夫西的话来说，哈萨克民族正殿的人们开始了大迁徙，一处处山梁不再有游牧的成群牲畜，成群的牛、马、羊都被准噶尔人抢劫霸占。易货交易完全停止了，死去的人越来越多，有些人甚至抛妻弃子，逃到了遥远的希瓦汗国。但是，塔什干、苦盏、费尔干纳、撒马尔罕等地的哈萨克人终于觉醒了，他们同心同德一致抗敌的时机终于来临了。哈萨克民族所属三个玉兹不再相互分离，而是携起了手，所有英雄勇士聚集在了一起。大玉兹的英雄萨吾热克与小玉兹的英雄塔依拉克携手并肩，在三年内沉重地打击了进犯卡拉套山峦的准噶尔人。他俩与其他英雄们率领部下赶到东南一带的布朗特河、布列克特河沿岸，以及一个叫作哈拉套依尔的地方联手抗击准噶尔叛军。这次给予了敌人沉重打击的战役在历史上被称为"歼灭蒙古人的战役"。这次战役的捷报传遍了哈萨克大地，极大地鼓舞了士气，使哈萨克民族扬眉吐气，也使他们明白了胜利不会从天而降。随之，哈萨克大地上的反抗与斗争风起云涌。历史学家穆哈梅德詹·特尼什巴耶夫说，在先辈们所讲述的相关故事中，关于民族解放斗争通常只提及两个文献记载。

在关于居住在艾吾里耶阿塔和奇姆肯特的杜拉特部落的故事中，当时，大玉兹的军队越过锡尔河向柯列斯—巴达木一带，小玉兹的军队从卡拉套山峦的西侧，向准噶尔人发起了进攻。还有其他的文献记载，但它们的内容是相反的。即便在关于著名的昂纳海战役所发生的地点这个问题上，连历史学家阿布巴克尔·迪瓦耶夫都持错误的观点。但是，有一个无法改变的事实——在反抗准噶尔人入侵的时期，塔拉兹地区曾经出现过许多英雄人物，有名有姓有生平事迹，即确有其人，而且他们的英勇事迹一代一代得到传颂。他们是赫赫有名的英雄奥特甘、霍依柯勒德、萨曼、热斯别克、曼别特、唐斯克霍加、色恩克巴依、乔依别克等人。

值得一提的是，从那以后，一直到前一个世纪反抗入侵者的各个时期，也发生了许多入侵者强占相邻的弱国和土地的事件。所以，阿布赉汗从遥远的萨尔卡大草原率部来到了这一带。1721年，臣属于沙俄的伏尔加河克尔梅克人在迁往准噶尔汗国的途中，毁坏哈萨克村庄，杀戮哈萨克人，无恶不作。但阿布赉汗及时赶到，与他们进行了一场声势浩大的恶战。在此期间，吉尔吉斯却趁机抢占了阿亚阔孜以西的七河地区、楚河流域和塔拉斯河一带，甚至抢占了乔拉克库尔甘、苏扎克和卡拉套山一带。阿布赉汗一路杀过来，将吉尔吉斯人赶了出去，并驻扎在了塔拉斯河岸。

像萨尔卡大草原一样，塔拉兹地区也是哈萨克人的地盘。当时，需要让那个地区的民众恢复生活，并加强与他们的团结。这一地区的西边是虎视眈眈的俄罗斯军队和浩罕军队，以及吉尔吉斯人。只有上苍知道这三个敌人会在何时从何地大举进犯。在这种危机四伏的时期，需要高度的警惕。在塔拉斯河岸举办庆祝大捷的集会上，阿布赉汗邀请了自己与卡拉哈勒帕克族妻子萨依姆汗所生的儿子——艾德里苏丹。既臣服于俄罗斯又臣服于中国的外交家阿布赉汗在哈萨克人与准噶尔人之间的战争结束后，将这个儿子艾德里苏丹派去中国做人质，以表示愿意归顺于中国。他认识到在自己的三十个儿子中间，艾德里是佼佼者。中国军队彻底打败了准噶尔叛军之后，威望倍增。哈萨克的一些苏丹，甚至一些家财万贯的毕官们都派自己的亲信前去中国的首都做使者。在此期间，阿布勒曼别特汗的继承人艾布勒法依孜之子卓勒齐于1769年前往清朝首都，而阿布赉汗则于同年4月派自己的另一个儿子瓦力去了清朝首都。之后又于1777年1月派儿子艾德里带着15名随从去了那里。阿布赉汗带着艾德里及其随从能从这一带看到古代塔拉兹城被称为"艾吾里耶阿塔"，即圣父摩诃末的墓地，以及那一侧的达吾提别克的墓地，还有朦朦胧胧的铁克吐尔玛山麓，他们在这里诵经祈祷。人群中有由名震四方的哈班拜、克烈、贾尼别克等人率领的阿尔卡大草原一带的英雄们，还有本地的乌孙英雄奥特甘，贾刺亦尔部落的英雄喀拉巴特尔、贾吾哈西、霍依克勒德，以及阿克塔依拉克毕官等为民排忧解难的官臣。

研究员、作家巴赫特亚尔·艾布勒达耶夫详细地记录并研究了这次大聚会。之前，我们这里还有一段文献记载：1220年，蒙古入侵者摧毁了塔拉兹城，并更改城名叫作"亚尼"，即新城。

那个时期，塔拉兹城是察哈台汗之子、曾经组织过著名的塔拉兹库里尔台大会的海都汗的都城。还需提到这一事件，即1513年的哈斯木征战。再让我们看看研究员 Б.艾布勒达耶夫的观点，他说："阿布赉汗修建了艾吾里耶阿塔城……阿布赉汗默默不语。熟知故土历史、生性高贵的霍依克勒德滔滔不绝地讲了起来，他说：'尊敬的陛下，在这片墓地的地底，躺着当年让黑契丹叫苦连天，四散飘零，在塔拉兹附近牧放养殖野山羊的先辈——喀喇汗王朝的摩诃末。他老人家打败了敌人之后，便解甲归田，来到这里，膜拜安拉，潜心诵经，直到去世。圣明的学者马赫穆德·喀什噶尔的学术著作《突厥语大词典》中记载说喀喇汗家族源自著名诗人费尔马西曾经赞美过的牙弗拉斯额卜。他的真名叫毛瓦依，绰号叫阿勒普统阿，他逝世已经有2400年了。还说让喀喇汗王朝分崩离析的是花剌子模可汗摩诃末。后来，成吉思汗杀了他。那个阿勒普统阿是贾剌亦尔部落的人。这时，杜拉特部落的唐斯克霍加看着阿布赉汗说出了一个心愿：'陛下！你现在就回萨尔卡大草原去，我们这些乌孙人的后代将留在这个故土。在准噶尔人大肆进犯无恶不作的年代，我们的父辈们曾经居住在塔拉兹城的民宅里，又经历磨破脚板的大迁徙，以泪洗面的艰难时期。现在，已经没有准噶尔人了，塔拉兹城也被夷为平地了。俄罗斯人围垦萨尔卡大草原，正在修建城市。在这里，以及在塞兰、奇姆肯特、塔什干之间没有一处可以让哈萨克人拴马的地方，七河流域也没有我们停马驻足休养生息的宫殿。这一带没有一个可以抵御来犯之敌的城堡或要塞。是的，我们还有图尔克斯坦，有塔什干城。像蓬蓬草那样随风滚动长期游牧迁徙的哈萨克人也曾经修建宫殿，我们的汗王、苏丹也曾经在这里接待外国政要。我的汗王，您走了之后，众多的乌孙人会怎么样？现在，就让艾布勒法依孜苏丹继续驻在塔什干，让我们在塔拉兹城的废墟上重建一座城市吧，怎么样？你将自己最优秀的一个儿子留下来在这里担任苏丹吧。'英雄曼别特也同意自己的亲戚说出的这番话：'啊，全体哈萨克人的汗王阿布赉！阔克切套山峦、柯孜勒加尔套山峦那些由俄罗斯人修建的城市不会成为我们的倚靠。请你将自己曾经去过泱泱大国——清朝、颇有声望的儿子艾德里苏丹留在这里担任苏丹吧。他的舅舅是卡拉哈勒帕克人，虽然他们也是游牧民族，但他们是用泥巴脱土块建造城市的行家里手。我们也会盖房子，我曾经请了乌兹别克人、维吾尔人修建了四五套房子，它们就在那边。归根结底，只有那些建造城市、种植庄稼、凿渠挖井的民族才能进步。'其他乌孙人也都赞成曼别特所说的话，他们摊开双手，请求阿布赉汗赐予祝福。汗王感慨万分，他凝视着曾前去清朝的首都北京出色完成出使任务的儿子艾德里苏丹，看到这位意气风发的年轻人无所畏惧的精神风貌，感到非常惬意。他的岳父——卡拉哈勒帕克的英雄胡拉西别克也摊开双手，抱着殷切希望看着汗王。阿布赉汗清了清嗓子说道：'啊，我的民众！我的哈萨克！你们说要复兴失去的一切，重建被毁的城市。俗话说：集腋成裘，积少成多。如果民众需要，汗王可以将身下的乘骑杀掉！当年，艾吾里耶阿塔曾经为了人民将头颅塞进了坟墓里，我们现在就在他的墓地附近修建城市！这是我的旨令！让艾德里来担任城市主管！英雄胡拉西别克和当年从准噶尔人那边解救了我的朋友曼别特两人负责修建城市！新的城市不叫塔拉兹，而叫艾吾里耶阿塔城。阿明！'"众人都随他一起抚脸祷告。之后，阿布赉汗率领大队人马返回了萨热阿尔卡大草原，艾德里苏丹、其他达官贵人及乌孙民众留在了塔拉斯河岸。不久，胡拉西别克将自己居住在咸海附近的卡拉哈勒帕克部落迁移到了这一带。他们想在天热时尽早修建城市，便开始和泥巴、脱土坯，热火朝天地干了起来。这是1774年的春天。但乌孙人与卡拉哈勒帕克人没有想到自己通过辛苦劳动修建的城市四分之一世纪之后会被邻国浩罕摧毁。

艾勒木不想当毕官，而是直接登上了浩罕国的汗王宝座，并于1799—1809年，侵占了哈萨克汗国的图尔克斯坦、奇姆肯特和艾吾里耶阿塔城。乌兹别克斯坦的历史学家毛拉·艾勒木·马赫穆德1914年在自己的学术著作《图尔克斯坦历史》中详细地记录了这段历史。哈萨克斯坦的历史学家叶·别克玛汗诺夫在自己的学术著作《19世纪20至40年代的哈萨克斯坦》中也谈到了这段历史[1]。根据上述那位乌兹别克斯坦历史学家的记载，艾德里苏丹在夺回艾吾里耶阿塔城的同时，也派兵占领了塔什干城，使之臣服于自己。同时，也谈到他于1815年突然离世这件事情。艾德里苏丹去世后，浩罕国再次侵占了艾吾里耶阿塔市，并于1826年在废墟上修建了纳曼甘大街堡垒城镇。因为这些堡垒是由从纳曼甘地方迁来的人们修建的，所以得名，直到现在，那里还有一条叫作纳曼甘的大街。后来，这个小城镇又改名为艾吾里耶阿塔城。这座城市的第一任总管阿丹别克在1850年初修建了防御城墙。

浩罕军队第三次侵占了塔拉兹地区之后，在1807—1808年将阿布赍汗于1774年修建的塔拉兹城再次摧毁，后来又于1826—1827年修建了一座防御性城市。艾勒木汗被杀之后，他的弟弟奥玛尔成了浩罕汗王。艾吾里耶阿塔城的首任总管艾德里曾经向浩罕国的殖民统治发起了进攻。后来，阿布赍汗的这个儿子1815年在塔什干城脚下突然离世。之后，浩罕汗王第三次侵占了艾吾里耶阿塔及其周围地区。乌兹别克斯坦历史学家毛拉·艾勒木·马赫穆德与毛拉·尼亚孜·马赫穆德·浩罕迪所记载的文献证实了著名学者乔汗·瓦里汗诺夫用俄文写的文集第2卷第78—80页的内容。

从以上所述可以总结出这样的内容：艾吾里耶阿塔城建立在塔拉兹城的废墟上，是阿布赍汗将这座最古老的城市已经断了的根脉再次续接起来

---

[1] 哈萨克国立大学出版社，1992年，第158、159页。

的。我们必须牢记这一点。阿布赉汗去世之后，他责成修建的艾吾里耶阿塔城再次被摧毁，因为是卡拉哈勒帕克部落的人，所以他的舅舅们以及许多人都被屠杀。对浩罕军队的滔天罪行，艾德里苏丹当然会给予还击。关于这一点，阿布赉汗的曾孙乔汗·瓦力汗诺夫在自己的学术著作《关于吉尔吉斯人》中这样写道："浩罕国是在塔什干的奥玛尔汗执政期间，与克普恰克、索尔托和萨雷巴噶什部落开始交往的。大玉兹的首要苏丹艾德里在阿布赉汗作出决策之后，就向塔什干宣战，军队首领若斯塔姆率军占领了七座城市。塔什干人只好与他们达成协议，臣服于他们。若斯塔姆被任命为这一地区的首领。但是，1815年艾德里苏丹在塔什干附近突然去世。听到这个消息之后，塔什干人与吉尔吉斯人都开始蠢蠢欲动了。居住在阿拉套山峦的吉尔吉斯人准备了七千匹战马。从这一时期开始，吉尔吉斯人与哈萨克人开始受到萨尔特人的影响，并臣服之。"[1]

南部哈萨克斯坦与艾吾里耶阿塔地区的哈萨克人向浩罕复仇。前文我们已经说过复仇之业由阿布赉汗之孙克涅萨热来承担。有趣的是，阿布赉汗责成部下重新修建了已经变成一片废墟的塔拉兹城。之后，由儿子艾德里掌管了这座城市。再往后，他的孙子克涅萨热又肩负了解放大业。

9、10世纪，塔拉兹城首先是农业得到发展并趋于繁荣，之后地处塔拉兹境内的阿拉套山麓附近的银矿得到了开发。在此期间，塔拉兹城还成了突奇施、葛逻禄、喀喇汗王朝的都城，并开始铸造钱币。

893年，阿拉伯入侵军首领伊斯马伊勒·伊本·阿萨德率军侵占了塔拉兹城，并强迫民众信仰伊斯兰教。从此以后，塔拉兹城与巴格达、开罗、大马士革等地开始直接发生联系。在历史上，塔拉兹城在任何时候也没有远离世界文明。他们见识、理解、学习了各种文明，也建立了自己独特的文明体系。他们遭受了欺辱屠杀，但没有销声匿迹。塔拉兹城曾经

---

[1] 摘自《乔汗·瓦力汗诺夫文集》，阿拉木图，作家出版社，第255—256页，1988年。

被摧毁，但又获得重生。人民的鲜血流成了河，但反抗从未停止。世界上许多民族或国家在命运多舛的动荡时期变得不复存在或者无奈地融入异族之中苟且偷生。这些民族和国家也有浴火重生，成了独立国家和王朝的先例。当年，曾经与清朝抗衡、让哈萨克人的鲜血流成了河的准噶尔人今又何在？栖息于伏尔加河流域的一小部分克尔梅克人则完全融入了俄罗斯这个民族。但是，塔拉兹今天仍然存在，并且得到了发展繁荣。关于这一点，我们在以下的部分还将谈到。

不管从哪个角度来谈论塔拉兹城，它最繁荣的时期非喀喇汗王朝莫属。关于这一点，许多世纪以来就有各种各样的观点和结论，但没有人能得出实事求是的答案。问题的关键是，在喀喇汗王朝的帝王陵墓里，究竟躺着什么人？哈萨克民族著名的历史学家霍齐卡拉·萨勒哈仁援引了历史学家耿世民关于喀喇汗王朝历史简述、汗王家族渊源和把喀喇汗王朝写进中国通史的历史学家魏良弢的文章。历史学家魏良弢在自己的学术文章中认为喀喇汗王朝建立于840—1240年。关于他们的家族渊源，世界上有许多历史学家留下了许多研究成果。而魏良弢则认为这个家族是"王朝家族"或者"汗王家族"，即他们源自我们曾经提到的牙弗拉斯额卜。[1]

其之后的称谓据说来自波斯长诗《阿维斯塔》中的英雄图兰的名字。所以，牙弗拉斯额卜这个称谓用突厥语称作"阿勒普统阿"。其中的"统阿"这个词与作为喀喇汗王朝政权标志经常使用的"拓拔"有关。"拓拔"这个词的意思是"强大、有力"。386年，北方操阿尔泰语系语言的游牧民族鲜卑人拓跋建立了北魏王朝。后来，突厥人和回鹘人又将此用于表示"契丹"这个民族的称谓。喀喇汗王朝的执政者们之所以使用这个称谓，是与他们没有忘记东部的故土这一点紧密相连的。

中国的相关文献记载令人回想起许多事情，当然也会让人从中得出结

---

[1] 阿拉木图，萨纳提出版社。

论。关于喀喇汗王朝的文献记载，不只中国有，世界各地也有许多历史学家、考古学家对此有所论述，其中也包括哈萨克斯坦学者们的论述。就像他们所论述的那样，如果说喀喇汗王朝于9世纪建立了政权，那么，牙弗拉斯额卜必然生活在距我们7个世纪之远的那个时代。关于这个问题，国家勋章获得者、语文学博士、塔拉兹国立杜拉特大学教研室主任、教授蔑克姆塔斯·莫尔扎赫莫托夫在自己的学术论文《图兰——伟大的王朝》中谈到牙弗拉斯额卜时说，琐罗亚斯德教的经典著作《阿维斯塔》中曾经有相关的内容。琐罗亚斯德教是北魏时期传入中国的，中国称之为"祆教"。而且在波斯著名诗人费尔道西的作品《列王纪》中，牙弗拉斯额卜是主人公，但又是波斯人的敌人。因为各种各样的入侵与文献掠夺，所以我们尊贵的先祖阿勒普统阿只能以"牙弗拉斯额卜"这个称谓，以神话人物的形象出现在我们面前，显得含混不清。只有那些著名的翻译家将八剌沙衮诗人玉素甫·哈斯·哈吉甫的学术著作《福乐智慧》和马赫穆德·喀什噶尔的学术著作《突厥语大词典》翻译成哈萨克文之后，我们才对这位先祖有了深刻的了解。喀喇汗王朝始自牙弗拉斯额卜，即阿勒普统阿。这对我们来说是一件新鲜事，即便我们知道得很晚，但依然为此感到欣慰。如果说喀喇汗王朝始自牙弗拉斯额卜，即阿勒普统阿，那么，突厥民族的历史，尤其是哈萨克民族的历史至少已有两千多年之久了。

The
Biography
of
Taraz

塔拉兹 传

第九章
阿勒普统阿

那么，我们对图兰国的执政者阿勒普统阿又有多少了解？图兰国汗王阿勒普统阿因为数次与伊朗开战，并战败了他们，所以波斯人就叫他们"牙弗拉斯额卜"，即"怪物"或者"可怕的人"。对他的身世，著名的历史学家米尔咱·穆罕默德·海答儿也有过论述。牙弗拉斯额卜的生父叫普希，祖父叫达特·尼欣，曾祖父叫吐尔，太祖父叫阿弗里杜。将这四辈人的年龄相加在一起，足有100多年。这么一来，喀喇汗王朝的历史大概有两千多年。

《阿维斯塔》与《列王纪》中记载说："伊朗沙阿凯豪斯之子斯尧什负气于父亲，后迁往图兰。后来，他在那里与一位突厥姑娘成婚，生育了一个叫凯克斯劳的孩子。斯尧什被阿勒普统阿杀掉了之后，波斯人偷走了凯克斯劳。他长大成人后继位为王，为了给父亲报仇，他邀请阿勒普统阿来做客，并毒死了他。"奠定了喀喇汗王朝基础的伟大先祖阿勒普统阿就这样在前626年去世了。所以说，从前626年到840年，牙弗拉斯额卜家族一直统治着突厥民族。这有着充分的根据。如果我们说突厥王朝的著名权臣阙特勒、暾欲谷、毗伽可汗都是阿勒普统阿先祖的后代，也离真相不太远。

关于"喀喇"这个词的词义，中国的历史学家耿世民曾说，"喀喇"这个词的原义是黑，引申义则有伟大、广阔、最高、最强、强有力等褒义，而这些引申义与原义"黑"是完全相反的。所以，一个王朝的称谓是

"喀喇汗国"，那我们不能将它理解成黑色。中国的学者们根据《宋史》和《册府元龟》等史书，作出了这样的判断。

在这里，我觉得有必要探究一下"汗"与"王朝"这两个词。在古代匈奴、乌孙时代，先祖们将自己的首领称为"毕""昆弥""庆毕"。而维吾尔族研究员们所采用的"单于"这个称谓虽然是后来的事情，但在哈萨克历史上也占据了一定的位置。根据吉尔吉斯历史学家们的文献，单于这个称谓，即"Тәңірңұт"，是由"Тәңір"和"Нұт"这两个单词组成的，前一个单词的意思是上苍，后一个单词的意思是福祉，所以"单于"这个表示首领的称谓就是"上苍的福祉"，即单于是上苍赐予的福祉这个意思。而根据吉尔吉斯研究人员的研究，所谓的"нұт"就是手工制作的神主形象。吉尔吉斯人是在14世纪才信仰伊斯兰教的，所以每家每户都会用面包制作出神主造型，然后拿去烤熟，之后就放在孩子们的摇篮里、枕头下边保存起来。萨满教的这种遗迹也保留在了20世纪中叶的哈萨克民间。我们的先祖于13世纪开始信仰伊斯兰教，因受其影响，他们也像阿拉伯人、波斯人那样，赋予了"нұт"这个单词以"幸福""福祉"这样的含义。八剌沙衮诗人玉素甫·哈斯·哈吉甫的学术著作《福乐智慧》之书名的哈萨克文是这样写：《Құтты Білік》，前一个单词"Құтты"就有"福祉""幸福"的意思。而"汗"这个称谓源自中国汉朝，先传到了乌孙人那里，之后又传到了突厥人那里。虽然"汗"与"汉"写法不同，但读音一样。哈萨克斯坦著名的汉学家尤里·祖沃夫在自己的学术著作中谈到了这一点。而"王朝"这个称谓用波斯人的话来说就是"王中之王"的意思，也就是可汗之可汗的意思。

那么，牙弗拉斯额卜当初是怎么来到我们塔拉兹城的呢？关于这一点，奥地利学者奥托·普利萨克认为喀喇汗国始自葛逻禄部族。葛逻禄由谋落、炽俟、踏实力三个部落联合组成。葛逻禄部族在中国与阿拉伯之间的战争中，利用了穆斯林一方的胜利，侵占了七河一带属于突奇施部族的碎叶城和塔拉兹城。这在历史上是有记载的。葛逻禄又利用唐朝与回鹘人与吐蕃发生战争的时机，侵占了喀什地区。值得一提的是，直到840年，葛逻禄部族都臣属于回鹘汗国。840年，回鹘汗国被所属部族黠戛斯打败，虽然黠戛斯人迫使回鹘人西迁，但没有侵占他们的领地，而是返回了自己的领地。在前面我们曾经提到葛逻禄信仰萨满教的首领自立为王，以八剌沙衮为都城的内容。这个首领即毗伽阙·卡迪尔汗于880年左右去世，他的两个儿子率领其部众，长子巴扎尔住在八剌沙衮，自称阿斯兰·喀喇汗，即狮子汗，是为正汗；次子奥古尔恰克建都塔拉兹城，自称布格拉·喀喇汗，即公驼汗，他后来一直扩张到了喀什噶尔。狮子汗属于葛逻禄部族的炽俟部落，而公驼汗则属于样磨部落。贾剌亦尔部落就是样磨部落的后代。[1]

现在的乌兹别克人操突厥语族葛逻禄语支语言，而哈萨克民族中的贾剌亦尔部落也是如此。哈萨克百姓举办各种礼宴时，不仅是大玉兹，甚至全体哈萨克人都会将贾剌亦尔人奉为正堂，加以尊敬。这可能是尊敬牙弗拉斯额卜——喀喇汗王的一种做法。根据一些历史文献，贾剌亦尔人木华黎，即在一些史书中被称为玛怡和毕的人，就是曾经帮助成吉思汗进攻中原，并攻下他们都城的军事首领。而玛怡和毕手下大将、儿子巴赫提亚尔的名字已经成了哈萨克民族大玉兹部落的战斗口号。贾剌亦尔人与成吉思汗的儿子们于1258年一直打到巴格达征服了阿拉伯人，伊朗人也随之臣服于他们。从那时开始，喀喇汗王朝的将士征战到了伊朗，并建立了贾剌亦尔国。现在，贾剌亦尔部落的人口已达100万人，他们称自己为"巴赫提亚尔部族"。伊朗被阿亚托拉·霍梅尼赶下台的最后一位国王穆罕默德·礼萨·巴列维的妻子苏丽娅王后就是巴赫提亚尔部族首领的女儿。但

---

[1] 摘自《苏联哈萨克斯坦加盟共和国大百科全书》第12卷。

是，由于他们没有孩子，后来就离婚了。之后，苏丽娅去了欧洲又重新嫁人并生育了几个孩子，而且她自己成了电影演员。喀喇汗王朝留在伊朗的后代们——贾剌亦尔人随着时间的推移渐渐忘记了自己的母语——突厥语，而使用波斯语了。

马赫穆德·喀什噶尔在《突厥语大词典》中这样记载说：当年，伊朗国王凯克斯劳毒死了阿勒普统阿，即牙弗拉斯额卜。而悼念他的挽歌则是用突厥语写成的，说明他们的族源是喀喇汗王朝贾剌亦尔部族。语言学博士、诗人阿斯哈尔·叶高巴耶夫将这段挽歌从古代突厥语翻译成了现代哈萨克语：

指甲盖儿大的黑痣已经干瘪，
已到风烛残年之际人老珠黄，
浑身上下都落满了灰色尘土，
无所谓过失、瑕疵还有宽容，
他已不是圣贤只是一介草民。

不能够高擎大旗飞奔上马，
不能够让众部紧聚在身边，
不能够让将士们听从旨令，
不能够射出雷电般的子弹，
不能够率领众部冲锋陷阵，
即便生于深明大义的母亲，
还能算创业垂统的后代吗？

这些挽歌的歌词就像哈萨克民族的古代挽歌或英雄史诗的诗句一样，

听起来依然感到亲切悦耳。

喀喇汗王朝霍加们留下来的后代，都认为目前位于塔拉兹市正中央的艾吾里耶阿塔·喀喇汗陵墓里的亡人就是他们的前辈。他们的这种想法是否与历史文献的内容一致呢？比起714年才到达中亚，751年到达塔拉兹城的阿拉伯人，在他们之前1300年时就生活在这里的牙弗拉斯额卜等先辈怎么可能是霍加们呢？为塔拉兹城获得"塔拉兹"之称谓创造条件，促使突厥诸族完全接受伊斯兰教的塔吉克沙阿伊斯马伊勒·本·艾哈迈德于893年三四月份，包围了我们的旧城，布格拉汗俘获了奥古尔哈克国王的1.5万臣属，还杀害了近千人，抢劫了他们的财产。奥古尔哈克失去了塔拉兹城之后，将都城迁到了喀什噶尔。这个奥古尔哈克国王弟弟的儿子萨图克不久登基为王，他让臣服于自己的突厥人信仰伊斯兰教。他甚至有了伊斯兰化的称谓"阿布都甫卡里木"，还让突厥民族位于西部一带的人口也信仰了伊斯兰教。他的后代高举伊斯兰旗帜，征服了撒马尔罕、布哈拉等地。被称为"阿布都甫卡里木"的萨图克于955年去世，被葬于喀什噶尔市北部的阿图什。那里也有与位于塔拉兹市中央地带的艾吾里耶阿塔·喀喇汗陵墓一模一样的陵墓，供远近的民众前去谒拜。

在这里，人们会产生一个疑问——艾吾里耶阿塔·喀喇汗究竟是谁？中国的历史学家耿世民说喀喇汗王朝因为内讧于1041年、1042年分成了两个部分，东喀喇汗将喀什噶尔当作王朝地域，并以八剌沙衮作为都城。创作了《突厥语大词典》的马赫穆德·喀什噶尔、创作了《福乐智慧》的玉素甫·哈斯·哈吉甫都是东喀喇汗王朝的人。而西喀喇汗王朝的都城则是撒马尔罕。

我们的塔拉兹城臣属于东喀喇汗王朝。根据中国文献记载，萨图克·布格拉汗之后代马赫穆德·本·玉素甫在1059年至1075年统治这个地方，他被称为托黑鲁尔汗·喀喇汗。奥地利学者奥托·普利萨克说就是这个马赫穆德·本·玉素甫以苏丹马赫穆德之名从 1059 年开始铸造钱币。而俄罗斯著名的学者巴尔托里德记载说，这个人在与信仰拜火教的黑契丹的战役中大获全胜；还说有一次他看到那些黑契丹人的尸体都漂浮在塔拉斯河中，感到非常恶心，便丢掉了王位，成了信徒，在地底挖了一个深洞，坐在那里尊拜神主，度过了余生。所以他被人们称为"艾吾里耶阿塔"，即圣贤父亲。统治塔拉兹城长达 16 年的马赫穆德·本·玉素甫去世之后，他的儿子奥玛尔继承了王位，但执政时间只有两个月。

喀喇汗家族苏莱曼之子哈桑从奥玛尔手中夺取了王位。历史文献记载说，八剌沙衮人玉素甫·哈斯·哈吉甫所著的《福乐智慧》就是献给这位哈桑的。最终黑契丹古尔汗葬送了喀喇汗王朝的后代马赫穆德·本·玉素甫的政权。中国的历史学家们根据贾马勒·喀尔西所著历史著作，判断马赫穆德的父亲玉素甫 1205 年在喀什去世。

中国历史学家耿世民这样写道："在此期间，古尔汗将马赫穆德作为人质抓了起来。当屈出律俘获了最后一位古尔汗的时候就放了马赫穆德，并让他去喀什噶尔当了最后一位执政者。在此之前，喀什噶尔的贵族们发动了暴乱，他们杀死了东喀喇汗王朝的最后一位国王。为此，屈出律向喀什噶尔发动了惩治之战，并占领了喀什噶尔，镇压了那些贵族。至此，东喀喇汗王朝灭亡。"值得一提的还有乃蛮汗王屈出律断送了黑契丹国，而花剌子模苏丹摩诃末灭掉了西喀喇汗王朝。

将波斯、突厥和中国历史文献与我们的先祖圣贤米尔咱·穆罕默德·海答尔、马赫穆德·喀什噶尔、玉素甫·哈斯·哈吉甫已经译为哈萨克文的著作加以比较分析，通过对哈萨克民族的历史研究，尤其是其组成部分——贾剌亦尔喀喇汗王朝的研究，可以说哈萨克民族拥有两千多年的历史。

在塔拉兹城几度毁灭、几度复兴的漫长历史中，其独特的文明和思想脉络却从来没有中断。从社会学的角度来说，时代的脉络总是被一些圣贤智者接续传承了下来。所以说，塔拉兹市有许多著名的学者、圣贤。著名博士、教授、宗教学者艾布萨塔尔·达尔布萨勒说过这么一句话："塔拉兹市是哈萨克地域竖起伊斯兰旗帜的古代城邑之一。"而著名作家萨恒德克·奥尔达别阔夫根据他的这句话，开始搜集整理这一带古今历史上一些具有先进思想的圣贤、智者的姓名及生平事迹。值得一提的是，塔拉兹城早在893年就修建了第一座清真寺。

根据阿拉伯国家及其他国家的一些历史文献，塔拉兹市自古至今有过以下圣贤、智者：希巴图拉·摩诃末·阿特·塔拉兹、阿布·萨德克·阿赫莫提·伊本·哈桑、阿布·塔黑尔·马赫穆德·本·阿布·纳斯尔·伊布拉欣·毕·玛克斯依迪等。宗教学者阿赫莫提·胡达依达提·塔拉兹于1436—1437年撰写了有关波斯、阿拉伯文学的专著《语言艺术》。

政府曾经以希巴图拉·摩诃末·阿特·塔拉兹之名命名了江布尔州中心清真寺，这不是心血来潮。根据历史文献记载，在出生于中世纪的思想家中，希巴图拉·摩诃末·阿特·塔拉兹的名字被频频提到。

希巴图拉·摩诃末·阿特·塔拉兹（1272—1323）是出生于塔拉兹的中世纪学者。他在塔拉兹城的经文学校学习知识，掌管过塔拉兹宗教事务部门的工作。然后前往大马士革进修，进一步丰富了知识。之后带着儿子去了伊斯兰文明中心之一——叙利亚。后又前往大马士革进修，进一步丰富了宗教知识。最后移居开罗，并定居于马穆鲁克人的地方。虽然马穆鲁克人遵从麦兹海布学派，对他也很尊敬，但是个别执政者并不待见伊斯兰教逊尼派法学哈乃斐派创始人阿布·哈尼法。希巴图拉曾在开罗市苏丹阿孜—扎黑尔·白巴热斯经文学院授课，并担任院长。他也是伊斯兰法学家、记者。他还掌管过阿布·哈尼法经文学院，并撰写过相关的著作。他还为著名学者阿布达拉·本·阿西·夏依拔尼、阿赫玛特·本·马赫穆德·阿特·塔哈维、阿布·艾勒-卡里木·本·穆萨·艾勒-巴赫达维、安·纳萨弗的学术著作作过注释，也是好几部学术著作的作者。1334年，他在开罗去世。

塔拉兹城的执政者哈纳菲是严格遵从逊尼派法学哈乃斐派学说的学者之一。他曾经为波斯学者阿布·贾赫帕尔·阿特·塔哈维的学术著作《塔哈维信仰》作过注释。著名博士、教授、宗教学者艾布萨塔尔·达尔毕萨勒从美国普林斯顿大学的手抄档案馆找到了这部著作，并将它翻译成了俄文，还写了篇幅很长的序言，作了注释，并附有阿拉伯文附件。这部学术著作《希巴图拉·摩诃末·阿特·塔拉兹及精神遗产》于2012年在阿斯塔纳得以出版。这部由希巴图拉作过注释的著作至今依然具有相当大的价值，它告诫穆斯林们不要落入各种反动流派的桎梏之中。他所作注释非常有利于逊尼派教民遵循麦海兹布学派的学说，不要随意逾越教规。这也是他的价值所在。

中亚及哈萨克斯坦境内的讹答剌、塞兰、昔哈纳克、乌苏巴尼肯特、八剌沙衮等地思想家们对阿布·哈尼法学说的复兴繁荣作出了杰出的贡献。12世纪阿拉伯历史学家亚胡特·艾勒-哈玛维在自己的著作中这样评价阿布·哈尼法："他是一个知识渊博的人，具有卓越的洞察力，能声情并茂地朗诵《古兰经》。还写了关于阿布·萨德克·阿赫玛德·伊本·哈桑·艾孜-赞迪·艾勒-布哈拉的圣训。"

1122年，中世纪的思想家、历史学家阿布·沙黑特·阿布德·艾勒·克里木·阿斯-萨玛尼在其学术著作《诗人词典》中记载说，希巴图拉曾经师从阿布·哈尼法。在当时，不只是楚河与塔拉斯河一带的贵族们，甚至还有图尔克斯坦地区的求知者前来师从这位学者。他撰写的关于阿布·萨德克·阿赫莫提·伊本·哈桑，艾孜-赞迪·艾勒-布哈拉的圣训已经成了伊斯兰法学院最重要的教科书之一。

在世界各地的图书馆，据说还有希巴图拉·摩诃末·阿特·塔拉兹的其他一些著作，例如，《伊斯兰法学原理的起源》《对希达雅的解读》《宗教基础知识》等学术著作的手抄件。

土耳其图书馆收藏有希巴图拉·摩诃末·阿特·塔拉兹的《〈塔哈维信仰〉注释》《注释之谜》《诗歌选集》《劝诫书》《例证书》等学术著作。

希巴图拉·摩诃末·阿特·塔拉兹的著作不仅收藏于土耳其图书馆，也收藏于美国普林斯顿大学图书馆手抄档案馆。这些著作现在已经被翻译成哈萨克文。这位学者还有许多学术著作散落世界各地，但只是被当时的一些学者提到，直到今天，这些著作的原件与手抄件都没有得到系统的分析研究。

阿布·沙黑特·阿斯-萨玛尼不仅写了塔拉兹历史，也写了出生于这里的许多学者。他提到了10—11世纪出生于塔拉兹，之后又到中亚的许多宗教文明中心城市工作的几位思想家。他说："亚胡甫·伊本·伊布拉欣·阿特-塔拉兹·艾勒-黑特加吉的两个儿子马赫穆德和玛赫木德曾于1010年前往布哈拉抄录圣训。"从这些事实可以看出，在当时，塔拉兹曾经是传播伊斯兰教的中心城市，而且与近东、中东的国家保持着良好的来往关系。

塔拉兹城在哈萨克民族的历史、文化、科技及精神文明生活中的地位也是很特殊的。我们国家历史上的第一座清真寺就是9世纪在这里修建的。塔拉兹城在10—12世纪喀喇汗王朝时期曾经非常发达繁荣。当时，他们曾经宣布伊斯兰教为国教。

11世纪著名学者及诗人玉素甫·八剌沙衮曾创作了著名哲理长诗《福乐智慧》。阿布·阿布德·阿拉·艾勒·八剌沙衮、艾吾里耶阿塔县的县长B.A.哈勒拉吾尔都曾经于1870—1880年在塔拉兹和楚河附近进行古代岩画考察研究工作。

塔拉兹——这座遭受了近两千年的侵略欺凌的城市，虽然满目疮痍，遍地沧桑，但是，它的声音从来不曾断绝，总是顽强地与时间并行。直到1864年，大玉兹的许多地域依然受到浩罕汗国的统治。之前讲过1858年南部哈萨克斯坦曾经掀起了反抗浩罕侵略的解放斗争，始自艾吾里耶阿塔县的斗争很快遍及许多县市，而且还有吉尔吉斯人加入。这一时期，正是俄罗斯人想提高他们在中亚的影响的一个非常时期，他们的目的是侵占中亚，发展与东部各国的经济往来关系，而且他们还想借此来挽回在克里米亚战争中一落千丈的威望。他们的野心得逞了，他们从楚河入侵，然后侵占了五个国家。艾吾里耶阿塔县遭受了俄罗斯军队的欺凌。М.Г.切尔尼亚耶夫将军的炮火猛烈地轰炸了这里，平民百姓倒在了血泊之中。当时，曾经抗击浩罕侵略军的英雄苏兰奇、茹斯坦木·苏里堂、蒐尔克地方的英雄斯帕塔依之子波热木胡勒、胡兰地方的英雄胡达依别尔甘·拜耶特、艾吾里耶阿塔地方的军队首领巴依扎克以及阿克莫拉地方的一些英雄勇士也奋起反抗俄罗斯军队的入侵，但全部都壮烈牺牲。俄罗斯军队攻占艾吾里耶阿塔县时，无情地杀戮了平民百姓，其程度之惨烈永远铭记在了后代们的心中。

值得一提的是，根据俄军的命令，当时由身为俄军尉级军官的乔汗·瓦力汗诺夫将切尔尼亚耶夫的部队带到了艾吾里耶阿塔这个地方。这个乔汗·瓦力汗诺夫是成吉思汗的后代，他的族谱是：术赤汗→兀鲁思汗→胡依尔切克汗→巴拉克汗→阿布赉汗→瓦里汗→钦基斯苏丹。乔汗于1847年至1853年在西伯利亚鄂木斯克市俄国军校学习。在此期间，他认真研究东方各国的地理、历史，并于1853年开始在西伯利亚俄军中服役。1854年，他就被任命为尉级军官。1855年，他以军官的身份参加了俄国的探险活动，前往哈萨克斯坦中部、七河和东部。1856年至1857年，通过阿拉阔勒湖前往天山中部，之后又去热海和伊宁市从事大规模的探险考察活动。在此期间，他不仅做科学考察，还以生意人的身份参加了中俄关系的考察研究工作，参与了中俄之间的谈判。

他在考察旅行途中撰写的学术著作得以出版发行。他的学术著作《热海日记》《清王朝西部地区和伊宁》《关于吉尔吉斯人的笔记》等引起了俄国地理学会的高度重视。所以，1851年，在彼·彼·谢明诺夫·天山斯基的推荐下，乔汗成了俄国地理学会的会员。

乔汗于1858—1859年前往中国西部的喀什噶尔考察旅行，也正是这次活动使他赢得了声名。在此期间，他撰写了《六座城市的现状》《清王朝西部地区和伊宁》等学术著作。

The
Biography
of
Taraz

塔拉兹 传

出生于塔拉兹的伟大艺术家

第十章

江布尔·贾巴耶夫

在历史的潮流中应运而生的伟人们一定会铭记在人民心中。出现在古城塔拉兹的伟人之一就是江布尔·贾巴耶夫。他出生于楚河流域一个叫汗托别的地方,活了100多岁。在一个世纪的生涯中,他见证了塔拉兹地区,以及哈萨克斯坦的政治社会生活忽左忽右飘摇不定的局势。他说:"江布尔是人民给我起的名字!"他毕其一生都在歌颂人民的希望与憧憬、痛苦与忧伤、胜利与失败……

这位伟大的音乐诗人积极参加了1916年的民族解放运动。他在自己创作的诗歌作品《皇帝旨令不再威严》《沉重的旨令》中号召人民"不要再俯首帖耳"!"二战"期间,他创作了著名的诗歌作品《列宁格勒的儿女们》,并被张贴在列宁格勒的大街小巷,使战场上的战士们士气大振,成了战斗的号角。

1936年,江布尔参加了在莫斯科市举办的哈萨克民族文学艺术十日汇报演出,并作为主要演员,在金碧辉煌的克里姆林宫朗诵了自己的诗歌。这一次,他获得了劳动红旗勋章。那一年,他91岁。每一个人,尤其是诗人都有自己独特的记忆方式。与其他诗人相比,他有很强的记忆力。他能背诵《墓穴奴隶》等民间长诗,他甚至用19天的时间背诵了吉尔吉斯民族的古典长诗《玛纳斯》。因此,人民群众非常推崇他,称他为"二十世纪的荷马"。在这位诗人150周年诞辰之际,根据联合国教科文组织的决定,哈萨克斯坦为他举办了国际级别的庆祝活动。

在哈萨克民族的诗歌艺术中，"花骑游吟诗人"不是随便什么诗人都能拥有的桂冠，它与诗人的强闻博记紧密相关。在哈萨克斯坦整个七河地区再也没有出现过像江布尔这样的诗人音乐家。他不仅能通篇背诵吉尔吉斯民族的古典长诗《玛纳斯》，也能用14天的时间通篇背诵土库曼民族的长诗《墓穴奴隶》。这部长诗记载了出生于塔拉兹城，在反抗浩罕入侵战争中率兵打仗的英雄奥特甘、苏冉齐、沙吾热克等人的丰功伟绩。他认为阿布赉、克涅萨热、斯孜德克苏丹等都是为哈萨克民族的独立解放呕心沥血的伟人。

诗人江布尔是让全世界人民真正认识哈萨克民族的第一人。他创作诗歌的核心思想就是人类的和平和睦，所以，截至目前，他的作品已被翻译成160种文字。

作曲家柯涅尼·艾孜尔巴耶夫（1884—1976）出生于江布尔州霍尔岱县玛特布拉克。这个地方与著名的昂纳海战役发生之地只有30—40千米的距离。柯涅尼·艾孜尔巴耶夫在11岁的时候，就创作并演唱了著名歌曲《云雀》《秃尾青马》

作曲家柯涅尼·艾孜尔巴耶夫

等作品。这位伟大的作曲家所创作的歌曲直到今天都被人民群众传唱，许多歌曲都成了经典。

与自己的导师江布尔一样，柯涅尼也积极投身于1916年的民族解放运动，为建立苏维埃政权贡献了力量，并成了霍尔岱县苏维埃政府的委员。1936年，他与江布尔一同参加了在莫斯科市举办的哈萨克民族文学艺术十日汇报演出活动，并与江布尔一起参加了12世纪格鲁吉亚民族诗人绍·鲁斯塔维里的叙事长诗《虎皮武士》创作700周年纪念活动。20世纪50—70年代，他的诗歌作品编辑成册出版发行，其中包括长诗《英雄艾里》《传奇》等作品。

柯涅尼·艾孜尔巴耶夫还有近150首由自己作曲并填词的歌曲。他所创作的歌曲主题是反映哈萨克人民的生活、人类的憧憬与希望等。

包尔詹·莫穆舍吾勒（1910—1982）是一位已被列入哈萨克斯坦金色宝库的伟人。他出生于离江布尔州塔拉兹市60千米的朱瓦勒县。

"二战"伊始，他就参加了在阿拉木图郊区新建的潘菲洛夫第316步兵师，并开赴前线。他先后担任排长、中尉、上尉、上校、师长、军长等职务。但直到1990年，苏联政府才授予他"苏联英雄"光荣称号。

英雄包尔詹·莫穆舍吾勒

他在担任第19近卫军步兵团团长期间，在莫斯科城下成功地组织了27次阻击战。在担任第19近卫军军长期间，他身负重伤，即便如此，他也不下战场，继续率兵打仗。第8近卫军军长 И.И. 色列布热亚阔夫非常钦佩他卓越的军事指挥才能与勇敢无畏的精神，向苏联中央提议授予他"苏联英雄"光荣称号。但提议书被弄丢了，后来这个提议也没有被采纳。

1944年，色列布热亚阔夫再次向苏联国家议会提出建议："我建议议会尊重包尔詹·莫穆舍吾勒这位战绩赫赫的英雄。我向你们提出建议，这是我的职责,正义要求我这么做。"但是,议会方面依然没有回应。包尔詹担任团长、师长、军长期间,立下了卓越的战功,尤其是在卡列宁战役中,他率领部下浴血奋战,创下了赫赫战绩。他在摧毁德军库尔兰防线的战役中勇敢顽强,功勋卓著,但依然没有受到上级的关注。这一切都是因为包尔詹·莫穆舍吾勒是一个正直、直率的人,敢说真话,无所畏惧。他说:"生命是安拉赐予的,只有他能索取我的生命。"甚至在讨论作战方案时,他也不一定能与其他指挥官达成一致。苏联最高将领朱可夫元帅本人都认可他,但是,尽管朱可夫对他敬佩有加,但其他人都对他不服。后来,他竟然三次率部从德军的重重包围里冲了出来。即便如此,他还是不受待见。1946年,包尔詹回到伏罗希洛夫军事学院学习,学成之后,又在苏军第49步兵旅担任副旅长。而当局根本不顾他的赫赫战功与军事思想,很快就让他退役了。

在哈萨克民族文学史上,包尔詹创作了一些军事题材的作品,例如:长篇小说《军官日记》《一个夜晚发生的事件》《为莫斯科而战》《我们的将军》等。后来,因为创作了长篇小说《我们的家庭》而获得苏联哈萨克斯坦加盟共和国勋章。

艾孜里汗·努尔夏依科夫、再娜甫·阿赫梅托娃、巴合特詹·莫姆西、玛木特别克·哈勒德巴耶夫等作家创作了关于这位卓越的军事指挥家的传记作品。著名导演玛吉特·贝佳林拍摄了以他的生平事迹为题材的故事片《为莫斯科而战》。

俄罗斯作家阿列克谢·安德尔别克创作的以包尔詹英勇顽强的精神和杰出的军事才能为题材的中篇小说《搏斗》已被译为许多民族的文字发表。这位军事将领获得了许多国家级别的嘉奖。健在的时候,全体哈萨克斯坦人民就认可他为苏联英雄,他永远活在哈萨克人民的心中。哈萨克斯坦获得独立之后,国家授予他"人民英雄"的光荣称号。对这样的称号,他当之无愧，这也证明了历史的公正。

他曾经应邀请前往古巴，受到卡斯特罗总统的接见，并在古巴军事学院举办专题讲座。

自古以来，在塔拉兹市，保家卫国的英雄、运筹帷幄的领袖、著作等身的作家和诗人层出不穷。与此同时，这个地方的社会科学与自然科学之泉眼也没有被堵住，而是涓涓流淌，人才辈出。其中就有1910年出生于霍尔岱山谷夏尔巴克特河河岸的杰出记者、突厥学家尼赫买提·萨吾冉巴依耶夫。他于1932年至1934年在苏联国立师范大学列宁格勒分院读研究生，1939年至1946年在苏联科学院哈萨克分院历史、语言和文学研究所担任所长，1947年至1954年在哈萨克苏维埃社会主义共和国科学院社会科学部担任主管，1956年至1958年在哈萨克苏维埃社会主义共和国科学院担任副院长，之后又担任哈萨克苏维埃社会主义共和国语言研究院哈萨克语历史与方言研究所主任。

尼赫买提·萨吾冉巴依耶夫是第一位研究哈萨克语正字法的语言学家。他的学术著作内容涉及哈萨克语字母、语法、方言、历史与文学语言。他还从事克普恰克语言研究，也研究突厥学与哈萨克文化的发展、俄语介词等问题。同时，编写过几所学校的教材。

The
Biography
of
Taraz

塔拉兹传

塔拉兹巨人阵

第十一章

具有领袖风范、雄辩才能的历史人物

拜德别克毕官[1]

拜德别克（1356—1419）是哈萨克民族著名的英雄和毕官。他的父亲喀拉夏及祖父们巴布尔、玛怡和、托别伊、柯依克、巴赫提亚尔都曾经是著名的英雄和毕官。他也是在哈萨克民间被称为"阿山海戈"的草原哲学家阿山·沙毕提的精神知己。

在历史上，一个家族会不断繁衍发展，一代一代得以延续。例如：成吉思汗家族，一代一代汗王诞生延续，香火不断。而繁衍于拜德别克毕的夏波热西特、厄斯特、阿勒班、苏宛、杜拉特、萨热乌孙等部落的后代们后来分布在哈萨克斯坦南部地区，以及卡拉套山脉和阿拉木图一带，而他们中的一大部分栖息于塔拉兹市。

拜德别克与著名的跛子帖木儿大帝是知己、挚友。1396年至1398

拜德别克毕雕像

---
1 毕官，执政官。

年，在根据帖木儿的旨令修建亚萨维陵墓时，拜德别克曾经给奠定陵墓基石的人们提供了巨大的支持，送来了所需材料。民间有许多关于他的理性执政、公平断案、倡导和睦的故事。在夏彦河、博甘河沿岸，以及博拉尔岱、塞兰、图尔克斯坦一带，他都产生过相当大的影响。在以上所提到的后代人物中，曾经产生过许多英雄、诗人、毕官、圣人、智者。例如，哈萨克汗国的重臣托烈毕、著名诗人江布尔、担任哈萨克斯坦党中央书记长达23年的迪恩穆罕默德·阿赫梅多维奇·库纳耶夫，以及闻名四方的英雄奥特甘、热依木别克、萨吾热克、苏冉齐等人都是显赫人物。

托烈毕

17世纪，在哈萨克民族历史上占据着重要地位的人物之一就是托烈毕。托烈毕出生于楚河一带的斋桑草原。他自幼就继承了哈萨克民族的雄辩技艺，成了一个识文解字的人。15—20岁时，他常去参加毕官们的商议大会，并以自己公正的秉性与雄辩才能得到赏识。他生活的年代正是哈萨克人与准噶尔人分庭抗礼、水火不容的特殊时期，他将自己有限的生命献给了民族的解放事业。作为哈萨克民族大玉兹的毕，他与中玉兹的哈孜别克毕和小玉兹的艾铁克毕共同成了头克汗的重臣。

托烈毕雕像

托烈毕属于大玉兹的加尼斯部落。他父亲因为憨厚老实，被人们称为"黑墩儿"，是一个有威望的毕。托烈从小就跟随父亲走遍各地，见识各阶层人士，学习哈萨克民族的雄辩技艺。

15岁的时候，他开始参与社会事务，并因为聪明智慧能言善辩而得到赏识。他与哈孜别克毕、艾铁克毕共同致力于推选头克为汗王，将各个玉兹的达官贵人、仁人志士团结在了一起，巩固了汗国的政权，并建立了有吉尔吉斯、乌兹别克等民族参加的联盟，齐心协力打击准噶尔入侵军。头克汗任命托烈毕为大玉兹的首要毕官。这三位毕经过商议、酝酿，制定了集哈萨克民族习俗法规大成的著名法律——《七项法典》。

在汗宫商议大会期间，讨论联手抗击准噶尔入侵军成了首要议题。在将三个玉兹的民众聚集在一起，在俄罗斯与清朝两个大国之间采取妥善灵活的外交政策，并培养崭露头角的青年阿布赍等事务中，托烈毕立下了汗马功劳。1742年，阿布赍突然被准噶尔人俘虏，托烈毕想方设法救他出虎口。在历史题材的史诗中，记载着他与阿布勒海尔汗一起代表哈萨克权贵们给奥伦堡总督写信要求他释放阿布赍的情形。之后，托烈毕带着哈萨克三个玉兹的90名毕官、苏丹与对方谈判，对方终于在1743年9月5日释放了阿布赍。

托烈毕在国家的内外政策方面，秉持光明正大的理念。他竭尽全力维护汗国的统一独立，为夺回被敌人侵占的城市和村庄而努力斗争。他于1734年给俄罗斯皇帝安娜·伊万诺夫娜、1749年给奥伦堡总督伊·涅波留耶夫写信，表示愿意臣服于他们的政权。这是在那个特殊时期所做的无奈之举。他将改变老百姓受准噶尔侵略军欺辱压榨而异常悲惨的生活境况放在了首位。1748年，一支俄罗斯商贸驿队受到抢劫，他将率人抢劫的好汉霍依克勒德叫来参加毕官商议会，向他解释了这件事情的利害冲突关系，并让他在大庭广众之下赔偿了对方的所有损失。

1748年，阿布勒海尔被杀害，他的儿子叶热勒提出赔偿人命，这件案子由托烈毕主持判决。托烈毕按照《七项法典》，判处被告赔偿七条人命，原告叶热勒只接受了两条人命的赔偿，免去了其他五条人命赔偿，但亲手杀死了参与杀害父亲的勇士斯热姆别特。后来，阿布勒海尔汗的其他后代对此判决不服，要求追究与此案有关的巴拉克苏丹的责任。这时，因此案而在外流浪的巴拉克苏丹找到了托烈毕，请求他按照法律重新审理此案。之后，托烈毕组织了毕官法庭，让巴拉克苏丹手下的贾勒汗毕、斯尔勒巴依毕、达巴毕和哈别克等人参加审理，又让自己一方的几位毕官也参加审理。最后，托烈毕舌战群雄，还巴拉克苏丹以清白，结束了此案。

托烈毕在判决杀害阿布勒海尔汗的凶手时，判处被告赔偿七条人命，但又替巴拉克苏丹辩护，还他以清白。他在判决自己的亲属霍依克勒德抢劫俄罗斯商贸驿队一案时，作出了赔偿对方所有损失的判决。他之所以这样做就是为了保证国家稳定，百姓和睦。他参与解决了许多部落、部族之间的纠纷案件，始终秉公执法，刚直不阿，充分显示出一个具有国际水准法官的胸怀、视野与能力。他深知可汗、苏丹等达官贵人之间的内讧纠纷对民族的独立统一有百害而无一利，所以始终倡导团结和睦。他说："对一个民族来说，商人带不来福祉，只有毕官才能带来福祉。"这句话验证了他的这种执政理念。

对后代们来说，托烈毕就像一颗璀璨的星辰，照耀着他们前进的道路，留下了许多至理名言，可谓思想深邃，条理清晰，逻辑性强，富于感染力。他还积极参加了在奇姆肯特、图尔克斯坦和塔什干兴建公众基础设施的建设。他在民间被誉为"燕子一般的毕官""燕子圣人"。他之所以获得如此美誉，民间有许多传说。托烈毕去世后被葬入夏依罕塔吾尔陵墓。他的墓地位于巴布尔汗的外祖父居努斯汗墓地旁边，立有墓碑。

在他的故乡，人们为这位一生忧国忧民的毕官修建了纪念碑，纪念碑位于楚河县加依桑村往东13千米吾葛尔勒河左岸的一座山梁上，高3.2米，宽1米，用花岗岩打造。

雄辩家博勒特热克

博勒特热克·艾勒蔑尼（1771—1854）是闻名于整个哈萨克民族的毕官，也是一位英雄、雄辩家。他出生于江布尔州楚河县乔赫帕尔乡。他还是神枪手、旅行家、马术行家、骑手。成年以后，他参与解决许多民间纠纷，充分显示了自己正直公正的秉性，以及高超的雄辩技艺。所以，民众才推举他为毕官。

辩士博勒特热克雕像

博勒特热克的舅舅是著名的哈尔蔑德毕，他是一位凭借正直的秉性、超强的雄辩才能、干练麻利的行事作风而被百姓认可，德高望重的人。他不仅在本地很有威望，也积极参与整个民族的各种社会事务。他参加了由民族英雄克涅萨热发起的民族解放运动，并受到了高度关注。博勒特热克在成长过程中受到了舅舅的影响。他还与当时的一些毕官——胡图木、吉纳克、萨热、斯帕泰、拜色尔克、玛莱依等人一起积极参与社会事务。

博勒特热克的雄辩言辞不仅在哈萨克百姓之中，也在相邻的吉尔吉斯、乌兹别克百姓之中广为流传，关于他的雄辩言辞，哈萨克民族著名的学者阿赫梅特·巴依吐尔逊诺夫、玛西胡尔·居斯甫·阔波耶夫、萨侃·赛福林、宰诺拉·哈布多洛夫等人都在自己的学术专著中有所阐述。

相传当年在阿拉木图州与东哈州交界的一个叫作"阿勒腾叶密里"的地方，贾剌亦尔部落与乃蛮部落的小伙子们展开了叼羊比赛。其间，乃蛮部落的一个小伙子不幸摔死了。乃蛮部落的小伙子们因此责怪贾剌亦尔部落的小伙子们，双方产生了纠纷。为了解决纠纷，双方请来了其他部落的雄辩家们来断案，即中玉兹由库南拜率领的团队，还有大玉兹的雄辩家博勒特热克和柯别克巴依等人。当时，库南拜来到了雄辩家博勒特热克下榻的毡房里，对他说："你们好吗？磨破了脚板的人们！"这时，博勒特热克回答说："你们好！将兄长扔给敌人，将首领尸体弄得干瘪，痛饮俄罗斯人的烈酒，将民族出卖给他们的人！"博勒特热克犀利的言辞令对方非常尴尬。

这段话是有背景的：昂纳海战役之后，需要推举哈萨克汗王。当时，博拉提汗被推举为汗王，阿布勒海尔汗对此不服，便从战场上撤走了自己的部队，留下大玉兹的部队独自与卡尔梅克人打仗。他们将在叶热依蒉套山峦战死的哈孜别克毕的遗体裹在芨芨草帘子里，直到尸体干瘪，才驮在驼背上运到图尔克斯坦城的亚萨维陵墓之内。博勒特热克上面所说的就是这件事情。

当时，库南拜很是羞愧，便说："那就让大兄长的孩子们来断案吧。"听了这话，博勒特热克提议让来自杜拉特部落的雄辩家柯别克巴依来断案。而柯别克巴依这样说："俗话说，姑娘能了断双方的纠纷，草皮能挡住水势蔓延。所以，请贾刺亦尔部落给对方一个姑娘吧。"听了他的话，双方都很满意，便各自散去了。

雄辩家博勒特热克·艾勒蒉尼的纪念碑位于塔拉斯河下游离色依勒别克乡一千米的喀喇霍加清真寺旁边的山岗上。

雄辩家、英雄博勒特热克的陵墓呈四方形，顶部有拱北，用砖头砌成，外部镶有花岗岩。陵墓内埋有从他的墓地运来的土，地面上有墓石。

雄辩家柯别克巴依

一个真正的雄辩家做每一件事都会刚正不阿，伸张正义、扶助弱小是他的天职。雄辩家柯别克巴依就是这样的一个人，他勇敢无畏，聪明能干，慷慨大方。直到今天，民间依然流传着他当年留下的格言警句，以及他的事迹。

他的家人之所以给他起名为"柯别克巴依"，据说是为了让他成为哈萨克民族历史上著名的柯别克那样的人。

传说在他87岁的那一年冬天，他前往自己在玛特布拉克泉上游冬牧场的儿子家，坐在那里喝茶。在儿媳煮肉的时候，他频频打量着毡房的天穹架，并让儿媳赶紧拉上天穹方毡，快快把饭做好。过了好一会儿，肉煮熟了，端到了他们面前。他开始削肉给儿子、儿媳、孙子吃，好像他从远方来或者要去远方一样。然后他自己也吃得很开心，他这样祝福孩子们："孩子们！祝福你们平安健康！生活美满。现在，请你们赶紧送我回家！再见了！"孩子们送他回到了自己的家，扶他上床躺了下来。之后，他就无疾而终。他去世以后，哈萨克族达官贵人、文人骚客们从四面八方前来吊唁，人们都说他是一位秉公断案、心胸坦荡的人。

柯别克巴依雕像

诺盖巴依毕

1834年，诺盖巴依毕出生于霍尔达依县苏鲁托尔地方。他是著名的英雄玛勒德拜·套阿萨尔之孙。他的祖父玛勒德拜曾经成为七河一带所有哈萨克人与吉尔吉斯人的口号。诺盖巴依的舅舅们属于大玉兹贾剌亦尔部落。

诺盖巴依是父亲小妾生的孩子，这位小妾属于贾剌亦尔部落，她是一个长相美丽、生性聪明贤惠的女性，就像哈萨克民族著名的女性——多玛拉克母亲一样明晓事理，德高望重。有一天，她给丈夫说了自己做过的一个梦："我会为您生育一个能活3000年的儿子。"她说在梦境中，有一只白隼三次飞过自己的头顶。九个月之后，诺盖巴依出生了。随着时间的推移，诺盖巴依的声名如日中天。

1865年，诺盖巴依的姓名第一次出现在了文献资料上，即保存于国家文献档案馆中的一份文件——《阿尔泰地区与大玉兹苏丹毕官们给俄罗斯帝国陆军步兵上将格拉西姆·阿列克谢耶维奇·科尔帕科夫斯基的请愿书》，有30人签名。其中有杜拉特、夏波热西德部落的代表艾里·艾德洛霍勒·阿布勒海尔诺夫苏丹，萨尔乌孙部落的代表萨热·阿勒塔耶夫毕官，齐姆尔部落的代表达吾特艾勒·博赫特巴耶夫毕官，博特拜部落的代表迪坎巴依·哈甫萨拉阔夫和诺盖巴依·达吾列提巴阔夫，斯依赫姆部落的代表雀斯巴依·别克包拉提，贾刺亦尔部落的代表索里坦哈孜·江哈孜，阿勒班—苏万部落的代表铁孜克·努尔勒奥赫勒·阿布赉汗诺夫等人。有趣的是有官衔的俄罗斯人标了官衔，有名誉的哈萨克人标了名誉。另一个值得注意的问题是那个时候，大玉兹并没有"博鲁斯"这样的称谓。这份请愿书提到了三个问题：首先，给大玉兹规定的赋税额度应该根据小玉兹已经形成的经验来定。其次，开展了关于推荐新的官衔——博鲁斯的商讨。最后，提议开办粮食仓库。在这份文件中，诺盖巴依与贾依纳克·卡拉塔洛夫一同被提到。源自巴班部落托赫雀

诺海巴依毕雕像

拉家族的贾依纳克是那个时候最具声望的人，他在当时提携了已受到关注的堂弟诺盖巴依，常将他带在身边加以指点培养。

民众的靠山

巴依扎克将军

1789年，巴依扎克出生于塔拉斯河岸边于1723年被准噶尔人摧毁的塔拉兹旧城附近，即英雄曼别特·库巴苏勒的家中。曼别特是与著名的阿布赉汗一起冲锋陷阵的英雄，他的尊姓大名被当时著名的歌谣家写进了英雄史诗之中。他在反抗准噶尔叛军的战役中，以勇敢无畏、足智多谋而受到高度关注。为此，阿布赉汗作主将阿夏玛依勒克烈部落克谢伯支部的一位德高望重的老人之女儿加米拉嫁给了他。

巴依扎克雕像

歌谣家布哈拉曾经这样唱道：

  他们去与准噶尔军队作战
  整整周旋较量了七天七夜
  色恩克巴依还有雀依别克
  唐恩斯克霍加加上曼别特
  英雄好汉群雄组成巨人阵
  阿布赉汗发出威严的号令

……

这里提到的唐恩斯克霍加与曼别特是堂兄弟，他俩都源自杜拉特部族齐莫尔部落江阿巴依支部。可以从著名的诗人江布尔·加巴依与萨热巴斯的对唱中看出这一点。

每当人们来到塔拉斯河铁克吐尔玛一带时，或者会痛哭流涕，或者会放声大笑。痛哭流涕是因为塔拉斯河见证了太多太多的艰难困苦，放声大笑是因为塔拉斯河见证了太多太多的幸福快乐。这里埋葬着许多忠义之士，其中就有英雄曼别特，他在这里长眠。俗话说：青出于蓝，而胜于蓝。在他之后去世的达官贵人们的墓碑高大雄伟，相比之下，曼别特的墓地很不起眼。

所以，塔拉斯河水流经这里时会呜咽……而能让塔拉斯河呜咽的曼别特又是谁呢？

曼别特与阿布赉汗是同龄人。他们认识的时候，除了阿布赉汗本人之外，没有人知道他是汗王的后代。当时，托烈毕的近亲色恩克巴依与雀依别克等人去朋友家游玩时，曼别特认识了未来的汗王——阿布赉。当时，阿布赉介绍自己名叫"萨帕拉克"，即衣着褴褛的人。

1741年，身为苏丹的阿布赉在乌勒套山狩猎时，不慎被准噶尔人俘虏，并被关在噶尔丹策零浑台吉的牢房里。听到这个消息之后，曼别特觉得痛彻心扉。他想起了几年前他俩在塔什干城下的托烈毕家中相互握手、盟誓为友的情形。日子一天天滑过，一年时间很快就过去了。1742年，曼别特准备于冬天启程前往准噶尔人的营地。那个时候，大玉兹已经臣服于准噶尔人，而中玉兹与小玉兹则臣服于俄罗斯人。俄罗斯使臣卡尔·米列尔从奥伦堡出发，准备通过大玉兹地域前往准噶尔人的地域。

1742年秋天到了，但俄罗斯使臣依然没有被派往准噶尔人的营地。

而噶尔丹策零浑台吉不想因为阿布赉汗这个人而与俄罗斯人撕破脸,所以想让他跟大玉兹的英雄们一起返回,并且将自己的女儿,即未来的哈斯木苏丹之母嫁给了他。

1743年,有35个哈萨克人陪着被准噶尔关押的阿布赉苏丹一起返回来。其中就有曼别特、色恩克巴依和雀依别克,他们与阿布赉是肝胆相照的挚友。而且,英雄曼别特和色恩克巴依的墓地也位于塔拉斯河河岸。他们的后代都在江布尔州巴依扎克县以及塔拉兹、阿拉木图市一带栖息生活。雀依别克是托烈毕的嫡生后代。托烈毕的儿子霍加木加尔生育了德尔布萨勒,德尔布萨勒又生育了雀依别克。雀依别克的后代们在南哈州托烈毕县生活。关于雀依别克的趣闻逸事足够写成一本书。他也是看着托烈毕的后代们成长成熟的一个人,这个部落为自己能派一个后代去陪着阿布赉苏丹返回而感到骄傲,而且雀依别克与阿布赉是在一个阿吾勒一起长大的伙伴。歌谣家布哈尔在歌颂英雄曼别特、色恩克巴依、雀依别克的同时,也歌颂了唐恩斯克霍加这位智者。那一带,有三个叫作"唐恩斯克霍加"的英雄,第一个唐恩斯克霍加从根基上来说,确实是锡尔河一带的霍加。第二个唐恩斯克霍加则是苏英德克部落的老英雄卓恩克之子。而第三个唐恩斯克霍加则是英雄曼别特是叔伯兄弟齐木尔·加纳巴依之子。此事见于1997年出版的《星星》杂志第一期上发表的诗人江布尔与诗人萨热巴斯之间的阿依特斯[1]。江阿巴依·唐恩斯克霍加的后代们现在住在江布尔州。这些英雄们虽然出生地不同,但都源自同一个家族,不论在哈萨克地域的哪个地方,他们都不会感到陌生,他们共同抗击敌人,保卫家园。

英雄巴依扎克是哈萨克斯坦南部反抗浩罕入侵和俄罗斯殖民统治的组织者之一,也是为让哈萨克人在塔拉斯河一带定居下来作出了杰出贡献的著名社会活动家。源自杜拉特部落的英雄巴依扎克在自己的故乡既不臣服

---

1 即"对唱",阿依特斯是"对唱"的音译——译者注。

于浩罕国，也不臣服于俄罗斯阵营的那个特殊时期成长，并成为一个部落的首领。哈萨克斯坦南部被浩罕军队侵占后，他与兄长巴依特列克一起参加了1821年由茹斯坦木·阿斯潘迪尔组织的起义。尽管起义失败，起义人员受到了严惩，但他也没有臣服。后来，他在自己的部落里被推举为将军，他不怕浩罕政权的淫威，坚持维护哈萨克人的利益，为民族独立而战。在反抗殖民统治的斗争中，成了著名的起义领袖克涅萨热的忠实战友，与他一起冲锋陷阵。他的手下们也加入了起义队伍，并攻占了几个要塞。1841年，他参加了解放苏扎克市的战役。1847年，他与克涅萨热一起被吉尔吉斯人俘虏。克涅萨热英勇就义之后，巴依扎克的亲信们用大群马匹与割让一片草场的代价将他救了出来。1858年，他亲自组织了哈萨克人与吉尔吉斯人反抗浩罕军队的起义。1860年，他率部参加了反抗俄罗斯霍勒巴阔夫所率侵略军的乌宗阿嘎西战役。他继承父亲曼别特和阿布赉汗的遗志，一生都为哈萨克人有房住有饭吃而斗争。他为了让当地的牧民们定居下来，从事农耕生产，挖掘了长达160千米的30多条水渠。直到今天，塔拉兹市周围的四个县，即巴依扎克县、江布尔县、吐拉尔县、朱瓦勒县依然在使用这些水渠。现在，这些水渠重新得到整修、挖掘，已经长达600多千米了。1864年，在浩罕国的汗王艾勒木胡勒的旨令下，将军巴依扎克被捆绑在火炮上炸得粉身碎骨。人们只捡到了他的两根手指，并埋葬在塔拉斯河附近。现在，这里有巴依扎克的墓地。我们州的一个县以他的名字命名。

将军沼泽与巴特尔别克将军

从库热恩山脚下的村庄向西走6千米的地方就是包尔詹·莫穆舍吾勒·霍西哈尔高速路。在这条路的东侧有一个很特别的地方——将军沼泽。这个地方之所以叫这个名字与出生于斯依赫姆部落的英雄、将军巴特尔别克有关。

19世纪，在朱瓦勒地方握着大权的人之一就是这个巴特尔别克将军。这里的将军在哈萨克语中读为"达特哈"，这个词源于乌兹别克语"多特哈"，含义是将军级别的执政官。

根据历史文献记载，以及民间传说，巴特尔别克将军当年曾经担任朱瓦勒县、南哈州的首领，他的执政范围包括塞兰县和奇姆肯特市及郊区一带。有文献记载说他曾经与著名学者乔汗·瓦里汗诺夫见过面，一起商讨

巴特尔别克雕像

从殖民统治的铁蹄下解放南哈州地区的大计。当年，著名的诗人玛依勒霍加、玛德勒、雀杰等人都歌颂过这位忧国忧民的杰出将军。根据从塔什干市博物馆找到的历史文献，1874年，巴特尔别克、哈斯姆别克等将军与库南拜、昂达玛斯等富人一起出资在沙特阿拉伯的麦加修建了有三间客房的客栈，供中亚前往朝觐的人们住宿。

总之，"将军沼泽"这个称谓与忧国忧民、保家卫国、成为民众靠山的将军巴特尔别克紧密相关。

巴特尔别克将军1795年生于江布尔州朱瓦勒县库热恩别勒乡附近的将军沼泽，卒于1885年。他是一个历史人物，属于杜拉特部落斯依赫姆支部。

他的父亲——英雄热斯别克在抗击准噶尔人的战役中名声大噪。他的冬草场与夏草场位于朱瓦勒县博凯山脉的脚下一处叫巴特尔别克沼泽、长满松树的地方。

巴特尔别克将军是英雄齐涅提的孙子，英雄热斯别克的长子。在人民的心目中，他是抗击浩罕侵略军、保家卫国的战士，也是一位杰出的政治家。

巴特尔别克在民间享有很高的威望，在浩罕国侵占这里之后获得了"将军"称号，参与民众治理工作。在此期间，他与从北方入侵的俄罗斯军队首领进行谈判，达成和平协议，显示出了远见卓识。

巴特尔别克与南部的巴依扎克、乔海、萨帕克等德高望重的仁人志士都是同龄人，也是志同道合的战友，他能准确地顺应时代的潮流，在当时，积极参与社会、经济等方面的事务，为民族的前途命运而操劳。民间有许多关于他的逸闻趣事，当时几乎所有的诗人都曾经讴歌过他的事迹。甚至连俄罗斯将军切尔尼亚耶夫也说："在这一群人中间，对我来说，巴特尔别克就是一个谜。他对伊斯兰教，对传统习俗具有坚定的信仰，他说俄罗斯人是异教徒。与其他将军相比，他在南部哈萨克斯坦拥有很高的威望。其他哈萨克将军们也承认这一点。"

巴特尔别克当时曾经在朱瓦勒县以及南哈州的吐勒克巴斯、塞兰地区和奇姆肯特周边地区执政。他与巴依扎克、萨帕克将军是互相尊敬的挚友，携手共同抗击浩罕侵略军。他与自己的儿子们一起反抗俄罗斯的殖民统治。1860年参加了乌宗阿嘎西战役。这个时期，巴特尔别克年事已高，而他的儿子们跟随斯孜德克苏丹的军队参加了乌宗阿嘎西、奥利耶阿塔、奇姆肯特、曼肯特、塔什干等地的多次战役。而且这些将军们号召百姓和睦相处，让他们学习定居生活，组织他们挖水渠，形成农田灌溉系统。1863年，米哈伊尔·格里戈里耶维奇·切尔尼亚耶夫和乔汗·瓦里汗诺夫专程与巴特尔别克见面，商谈了将南部哈萨克斯坦从浩罕国的统治下解放出来的大计。在之后的战役中，他提早做了准备，保护了人民群众的生命安全。巴特尔别克与当时的社会名流库南拜·奥斯坎巴依、穆萨·乔尔曼、坎基斯·瓦力汉诺夫、昂达玛斯、莫尔赫、努尔波依斯等都是熟人或者姻亲。他在自己的冬草场修建了一座很大的清真寺，并在旁边开办了经文学校。

巴特尔别克生有 11 个儿子、5 个女儿。他的英勇顽强、足智多谋在作家萨乌尔别克·巴克别尔根诺夫的长篇小说《金鸟》、艾布加帕尔·芝勒克什耶夫的长篇小说《暴风雨之后的阳光》、玛木特别克·哈勒德巴依的长篇小说《先辈拜德别克的梦想》、阿·奥特吾勒的长篇小说《神奇的历史》等作品中都有所体现，他的遗体被安葬在由他自己修建的清真寺旁边，墓地上方安置了大拱北。现在，依然有许多人前来谒拜这位先辈。他的后代主要生活在南部哈萨克斯坦的朱瓦勒、塔拉兹、吐勒克巴斯、拜德别克、塞兰等县市。

乔海将军

乔海·哈拉别克将军是 19 世纪生活于卡拉套山峦萨吾达肯特地方的历史人物。他是一位以刚正不阿的执政原则、滴水不漏的雄辩才艺、团结邻里部落共同营造和谐氛围的仁人志士。19 世纪下半叶，浩罕国在哈萨克斯坦南部、东部占据着强势地位。浩罕国的汗王奥玛尔以及后来的胡迪亚尔通常都是通过哈萨克民间那些德高望重有势有权的人物来治理这一地区的。在卡拉套山峦北坡一带的哈萨克地域，乔海已经是一个很有威望的人。浩罕国的汗王有求于他，所以先任命他为将军。而他并没有为胡迪亚尔汗王及其血腥统治效劳，而是全心全意为自己的老百姓做事。他与当时南哈地区赫赫有名的历史人物萨帕克、巴依扎克、加克勒等将军和雄辩家博勒特热克、诗人玛依阔特等人过从甚密。在为浩罕国效劳期间，乔海将军依然考虑哈萨克民族的独立与发展事业，并为此而斗争，贡献了自己的一生。他也是一位与俄罗斯保持经济、军事联系的外交家。他参加过将南哈州的人口并入俄罗斯版图的工作，并与对方达成了协议。但是，浩罕国政权不能容忍乔海与俄罗斯人的来往。根据历史文献记载，乔海在一次出征归来时，浩罕人在他的马镫子上抹了毒汁，致使他丧命。

作为一名忧国忧民、为民族解放事业终生奋斗、留下了大量箴言与事迹的历史人物，乔海被永远铭记在人民心中。

乔海将军的陵墓位于萨热苏县萨吾达肯特乡南部偏僻地带的旧墓地北侧。这座陵墓具有楚河—塔拉兹一带的建筑风格。

这座陵墓被列入江布尔州国家级历史文化遗址名录之中。2017年，根据精神文明振兴纲要，又被列入哈萨克斯坦圣地名录之中。这座陵墓最初建于19世纪，从1946年开始，政府在各个阶段都进行过修缮及研究工作。20世纪90年代，陵墓被毁坏的部分得到了修复重建。这是一座有一间墓室带拱北的陵墓，呈直立四方形，面积为7.4米×8米，前侧凹进去并绘有图案，两侧有立柱，正中间有双扇门，门楣上侧开有窗户，外部装修很朴素。最初，这座陵墓内侧可能有图案文字，呈圆形的顶部有经过装饰的一圈图案痕迹。

萨帕克将军

萨帕克将军于1833年至1913年生活于塔拉斯河岸一带。他因为勇猛过人、刚正无私而获得了将军军衔。他是一个乐施好善的男子汉，以非凡的办案能力与口若悬河的雄辩技艺解决民间的各种纠纷，能做到秉公断案，是非分明，并因此享誉塔拉斯河两岸。不论是面对汗王，还是面对平民，他都能直言不讳，不偏不倚。这一带的仁人志士们

达官萨帕克陵墓

说:"我们临近汗王宫帐时,都会下马步行前往,只有他一个人敢骑马直达。我们去向汗王上贡,他却能从汗王那里得到赏赐。"

哈萨克斯坦国家科学院所属的中央图书馆文献中就有关于萨帕克在奥利耶阿塔、塔什干、布哈拉等地的执政者们中间具有威望的相关记载。

以上这些就是从塔拉兹到楚河流域,直抵莫英胡木大沙漠,然后掉转马头直奔神圣的卡拉套山峦北坡一带,驰骋于这一侧的吉尔吉斯边境,以及另一侧的奇姆肯特地域,并留下永恒足迹的一代伟人们。

英雄安达斯

对于安达斯·艾勒别克,不仅哈萨克人,还有吉尔吉斯人、乌兹别克人都推崇有加。安达斯生活于19世纪末20世纪前半叶,他属于杜拉特部族博特巴依部落,出于对属于贾剌亦尔部落的舅舅们的崇敬而被起名为安达斯。

安达斯只活了40岁,从十七八岁开始他就积极从事社会事务,对疑难纠纷案件作出法律解释,拿出最佳解决方案。出生于我们的故乡蔑尔克、忧国忧民的安达斯与斯帕泰等英雄是民间秉公断案的雄辩家,也是具有领袖风范的仁人志士。那时,与吉尔吉斯斯坦相邻而居的哈萨克人常和他们之间发生土地、草场、婚姻、人命纠纷案件。这个时候,说服两个民族的百姓和睦相处、相互尊重,能秉公断案的就是安达斯与斯帕泰两位毕官。根据历史记载,他俩甚至能让阿拜的父亲库南拜心服口服,大加赞赏。

在他俩的不懈努力下,吉尔吉斯人与哈萨克人之间的纠纷、冲突及抢劫现象得到了遏制,他们还与吉尔吉斯民族的大英雄哈乃签订了相关协议。所以,从1806年开始,杜拉特人占据了从哈拉巴里塔到塔拉斯河下

英雄安达斯陵墓

游再到图尔克斯坦的广袤地域。由安达斯率领的哈萨克士兵们凭借勇敢无畏的精神与长矛短剑守卫了大片土地，并把它留给了今天的后代们。

自幼年开始，安达斯就目睹了浩罕军队入侵哈萨克地域，为非作歹、屠杀无辜、毁掉先辈陵墓的罪恶行径，并暗自下定决心要解放自己的民族。在反抗浩罕、希瓦入侵军的战斗中，他成了战绩赫赫、声名远扬的英雄。

托赫塔姆斯汗王的嫡亲——茹斯坦姆苏丹为反抗浩罕入侵召集兵力，为了解放塞兰与奇姆肯特集结了2万人的哈萨克军队。而因参与其内部事务而受到关注的安达斯也在这支部队中。

与此同时，安达斯还将七河一带博特巴依部落众多百姓搬迁到了阿斯帕拉、蔑尔克等地，让他们定居下来，从事农耕生产，还挖了十几条大水渠，修建了经文学校。

安达斯不仅仅是背负着一个小县城梦想的英雄，还是一个憧憬并坚信会有阳光灿烂的将来、充满活力的人。向后代们讲述安达斯的远大志向与功绩，让他们牢记这个响亮的名字是我们的义务。

2006年底，政府以安达斯的名字命名了蔑尔克县一个乡的名字，之前这个乡的名字是以俄文命名的。

英雄特列莫斯

属于夏克恰姆部落的特列莫斯是博特巴依部落的贤士、智者、毕官及英雄斯帕泰·艾勒别克最为信赖的战友，斯帕泰总是派他去处理最为棘手的案件，打最艰苦的战役。斯帕泰还娶了特列莫斯的妹妹艾吾斯，是夏克恰姆部落的女婿。他们夫妇生育了慷慨大度、性格豪爽的儿子诺盖。

根据民间传说，著名的歌谣家曾经在蔑尔克县的闹市面对百姓歌颂诺海的事迹。当时，见多识广的诺盖从自己备有镶银马鞍、挽具，皮毛光滑黑亮，曾经多次在赛马场上夺冠，令万众瞩目的骏马背上跳下来，将这匹马送给了那位歌谣家。

之后，他身边的随从说："大人，您将自己光马鞍就值500头羊，价值不菲的黑骏马送给了名不见经传的一个诗人，这值得吗？"而诺盖则回答说："把马宰掉只不过能煮一盘肉，鞍具不过是一堆柴，这些都能找得到。而诗人则让我扬名显姓，太值得了！"

特列莫斯不仅英勇顽强，而且冷静智慧，具有雄辩口才和亲和力，还有高超的军事指挥才能，并因此而显得卓尔不群。所以，斯帕泰将他视为知己，让他去解决棘手的纠纷案件，率兵去参加艰苦卓绝的战役，并对他予以极高的评价。因此，特列莫斯想把自己的部落——夏克恰姆部落迁移到莫拉勒、阿克特克尼、奥依朗德等山区去，就向斯帕泰索要这些山区牧场。但斯帕泰没有作正面回答，只是拖着不办。为此而恼怒的特列莫斯率部准备投奔居住在奇姆肯特一带的夏克恰姆部落。

他带着两位妻子、行装，赶着畜群与牧民们来到了现在的巴依扎克县一处平原让乘骑歇息，让驿队在这里驻扎，然后集结在一起。他让人们扎起一个个简易毡房在这儿过夜。站在远处观察这一切的一个牧主反对他们擅自驻扎在自己的夏牧场，便派人前去："去看看，那是一个什么人，没有得到允许就驻扎在了我的地盘，让他们立即迁离！"

牧主的差役去特列莫斯那儿转达了牧主的意思，催他率部迁离。特列莫斯却说："我们是迁徙的驿队，天色已晚，我们只想让牲畜歇歇脚，明天就会离开。"

牧主并不买账，命令手下："去！把他的牲畜都给我赶过来，并让他来下跪求饶！"站在远处听到这些话以后，特列莫斯对手下的人说："看来事情不妙，你们将牲畜看管好，请女人们开始烧茶备饭。"说完便骑上马手握马鞭向牧主那边跑去了。他刚到那里，五个小伙子就冲上来与他争吵。他马上挥动鞭子将其中的四个小伙子打倒在了地上，并追上了第五个小伙子，将他打倒在牧主的家门口，然后扬长离去。

牧主马上就体悟到能一下子将五个小伙子打倒在地的人肯定很有来头，便向周围的牧民们打听，这才知道那个人是大名鼎鼎的特列莫斯。牧主马上将巴依扎克将军、雄辩家博勒特热克等名流请到家中，又将特列莫斯请来真诚地道歉。他宰了一匹马盛情款待了这位英雄与他的手下，让他们在这里住了好几天。在此期间，巴依扎克将军派人去给斯帕泰将军通报特列莫斯负气搬离故乡的事情。

听到这个消息后，斯帕泰将军带领一群毕官前来见特列莫斯，并说："喂！特列莫斯！我猜想你会闹出点麻烦来，看来不假。你别生气了，你想要什么都随便，就照你说的办吧！"

先辈们总说："做官需谦卑。"这已经成了明晓事理的达官们所遵循的圭臬。

后来，斯帕泰将军在特列莫斯及其随从民众驻扎的地方做了三个界桩，把这块地域划分给了他们，这些地方就是现在的奥依朗德、阿克特克尼、莫拉勒。源自恰克夏克部落的三个家族——贾尼别克、江巴扎尔、玛依叶木甘都安居在了这个地方。特列莫斯将军将准噶尔人驱赶出去，为百姓赢得了大片土地。这位英雄当年使用过的长剑今天依然保存在县博物馆内。

英雄阔谢克

阔谢克·喀拉塞（1620—1662）是一位率兵抗击准噶尔入侵者的英雄，也是额斯木汗与杨吉尔汗信赖的战友。他在塔拉斯河岸出生成长，特克吐尔玛斯草原上的一座山峰就是阔谢克将军的夏草场。在他活着的时候，人们就将这座山峰叫作"阔谢克峰"。根据民间传说，额斯木汗当时曾经赐予他汗王官衔。在抗击巴特尔浑台吉敌军之时，阔谢克就因为勇敢无畏、足智多谋而英名远扬。他巩固了特克吐尔玛斯要塞，与相邻的吉尔吉斯人联合起来击退了来犯的敌人。1643年，在安达塞河岸的柯恩格尔地方，杨吉尔汗率领哈萨克军队抗击巴特尔浑台吉率领的5万大军。阔谢克在此期间，战绩赫赫，再次扬名。在特克图尔玛斯要塞的一场战役中，他与一位叫卡拉顿的准噶尔将军一对一决斗，将他掀翻在地，令其一命呜呼。他还与准噶尔部队的奥昂恰木浑台吉一对一决斗，并让他

英雄阔谢克陵墓

败下阵来。之后，这位浑台吉发誓不再与哈萨克人作战，并退了回去。杨吉尔汗去世后，阔谢克将军也在一次激战中英勇牺牲。

阔谢克将军的墓地位于离博勒特热克乡 7.6 千米的一座山梁上。2017 年，他的墓地被列入哈萨克斯坦圣地名录。

1999 年，政府为他修建了陵墓，陵墓呈八棱形，用青砖砌成，上部有拱北，按照本地民族建筑风格修建。陵墓旁边还有饰有三丈矛、盾牌、长剑、箭镞、戈囊的雕塑，这座陵墓的建筑师是萨拉瓦特·迭穆拜、纳斯尔·拜季耶夫、B. 奥拉孜别克。

这位英雄的陵墓已经成了一片为本地增添无穷魅力的历史文物和游客们频频造访的圣地。

英雄桑厄拉克

在哈萨克斯坦，有许多舍生忘死保家卫国的英雄好汉。赫赫有名的英雄桑厄拉克就是其中之一。

桑厄拉克·托赫塔巴依 1692 年生于塔拉斯河一带。他是抗击准噶尔侵略军的著名英雄、指挥家。他属于大玉兹奥夏克特部落塔斯杜热克支部。父亲托赫塔巴依也是一位英雄，同时也是一个刚直不阿、能说会道的智者。父亲的高贵品质也影响了后代们，桑厄拉克的哥哥达涅尼、弟弟萨热蔑尔甘也是战绩赫赫的英雄。桑厄拉克延续至今的后代们这样形容先祖的形象："高个儿，后背宽厚，稍稍有点驼，身体健壮，炯炯有神的眼睛，牙齿洁白，是一个冷峻理智的人。"

桑厄拉克是一位百发百中的神枪手，他最初也因此而扬名。他的英雄业绩始自"磨破脚板的大迁徙"。之后在布兰特—伯列吾特战役中，桑厄拉克与小玉兹的英雄塔依拉克联手击败了准噶尔大军。之后，他俩再次联手参加了昂纳海战役。这一对情同手足的英雄所创造的英勇事迹在歌谣家

英雄桑厄拉克陵墓

霍贾别尔根的长诗《我的人民》、作家安瓦尔·艾勒姆詹诺夫的长篇小说《作家》、索弗·斯玛泰耶夫的长篇小说《我的祖国》中得到了全面的描述。尤其是英雄桑厄拉克面对准噶尔侵占塔拉兹一带，将阿赫克色和阔赫克色地方变成战场的情况，不断对他们发起进攻，显示出了卓越的指挥才能。他勇敢顽强的精神和赫赫战绩在民间广泛传颂，成为一段段脍炙人口的传说。托烈毕对他的战绩更为钦佩，专门派人前去嘉奖他，给予诚挚的祝福，还专门赠予他威名四扬的骏马，以及托匠人打制的长剑。1740年年底，桑厄拉克在一次激战中身负重伤，之后便去世了。

英雄桑厄拉克的陵墓位于塔拉兹县乌西阿拉力乡通向托赫孜肯特地方的路边。2017年，他的陵墓被列入哈萨克斯坦圣地名录。

这座陵墓呈四棱形（8.5米×8.4米），正面镶有花岗岩，用青砖砌成，顶部置有拱北，按照楚河—塔拉斯河建筑风格修建。纪念碑是1999年为纪念这位英雄300周年诞辰而建成的，由建筑师R.托依什曼诺夫设计建造。

英雄奥拉孜艾勒

杜拉特部落英雄奥拉孜艾勒·霍加玛尔生于1826年，1913年卒于楚河一带。奥拉孜艾勒在抗击浩罕侵略军时期是一位率兵打仗的英雄，属于大玉兹杜拉特部落博特巴依支部。他年轻时居住在楚河流域一个叫作哈尔赫尔庆的地方，成年之后与英雄斯帕泰联手抗击浩罕入侵军，是斯帕泰最为信赖的战友。1863年，俄罗斯军队的将领切尔尼耶夫在霍尔黛西部的卡拉沙孜一带召集哈萨克社会的仁人志士开会商讨向浩罕军队的要塞发起进攻的事情。在这次集会上，奥拉孜艾勒成了500名战士的指挥员。蔑尔克地方打败浩罕人得到解放之后，奥拉孜艾勒被推举为千户长。

为了表彰奥拉孜艾勒在攻占浩罕侵略军要塞时所立功劳，1864年，俄罗斯政府授予他荣誉勋章。

1992年，阿克苏镇十月区开始用这位英雄的名字命名。

英雄毕纳扎尔

阿布赉汗将哈萨克民族所属三个玉兹团结在了一起，并于1750年击败了准噶尔侵略军，解放了民族家园。哈萨克人刚刚醒过神来，开始建设百废待兴的家园之际，19世纪，南方的浩罕国又盯上了这片风景优美、资源丰富的土地，不断进犯。

在浩罕所进行的一次入侵之中，英雄斯帕泰率领杜拉特部落所属斯依赫姆、齐莫尔、博特帕依、加尼斯等支部的后代们予以迎头痛击。根据那时的交战方

英雄毕纳扎尔雕像

式，双方的英雄好汉们会一对一决斗。

前来对阵的哈萨克好汉们接二连三败在了浩罕军中那些彪形大汉手中。英雄斯帕泰无奈只得自己亲自上场对阵。这时，一位年老的谋士对他说："指挥将才必须勇敢对阵决斗。"而毕纳扎尔则说："老人家，让我上场！您因为之前没有见过我，所以觉得心里没底吧。我上场对阵，不想败下阵来，只想让对方甘拜下风。"

那位老人则说："我的孩子，看起来你足够勇敢。但是，你骑着一匹名不见经传的马，带着兵戈能够战胜武装到牙齿的浩罕将士吗？"

"我知道您不看好我的战马与一根长矛，所以觉得有点难堪。但是，只要我战胜了对方，那么，他身下那匹高大健壮的烈马、鞍具和兵戈都会归我呀。"年轻的英雄信心满满地回答。他的这番话令老人家振奋，他摊开双手，祝福了他。

这时，毕纳扎尔向浩罕好汉冲了过去，已经杀红了眼的那位好汉以轻蔑的态度迎接这一个他认为就要丧命的对手。但是，在之后的第一个回合中，他就知道对方来头不小。受到亡灵助佑的年轻英雄怀着一腔难以遏制的怒火再次迎战，浩罕好汉开始变得恐慌起来。他俩在一个时辰内都无法扳倒对方。最后，力大无比的毕纳扎尔终于将对方掀翻在地。

刚才还一脸傲慢、小瞧哈萨克英雄的浩罕好汉瞬间变得可怜兮兮。毕纳扎尔立即出手用长矛直刺对方的胸口，然后，还不等浩罕士兵们醒过神来就向敌阵冲了过去。对彻底战胜浩罕侵略军产生了直接影响的这场决斗使毕纳扎尔英名远扬。他是杜拉特部落显赫家族齐姆尔的六个儿子中最小的儿子庆霍加之子。毕纳扎尔以自己孤胆对阵、英勇顽强而成了整个部落的旗帜。

毕纳扎尔的故乡在南哈州吐勒克巴斯县。这里的百姓没有成群牛羊，生活相当贫寒。之后，他们为了生存开始向各地迁徙。

毕纳扎尔一门心思想让自己的部落众民不要四散迁徙，而应团结起来，所以带他们迁移到了阿拉套山峦一带，散居在阿拉木图周边地区。但是他们所居住的山地不适宜于挖渠耕种。经过与民众商议，他只身出发去寻找适宜生存的土地。他沿着楚河沿岸，几天后到达了莫英胡木广袤无际的原野。

这一带的河床宽阔，水量丰沛，树木茂密，几乎每一株梭梭柴底下都有野兽出没，飞禽众多。他知道这样的一片乐土很难找到，所以不久，他便带着民众迁徙到了这一带。定居下来之后，他便与长辈进行了商议，最后决定用牲畜从塔什干市换回铁锹等农耕生产用品。春季，他带领民众挖渠，并将楚河水引向定居点，解决了民众用水问题。一两年间，民众的生活有了很大的改变。

居住在这一带的阔克热克部落最初由萨姆别特毕官管辖。起初，相邻的两个部落和睦相处，相互协作。这个萨姆别特与齐姆尔原是出生于阔克热克部落庆霍加支部的堂亲，但萨姆别特毕官有点自我膨胀。面对这个问题，毕纳扎尔当面指出了萨姆别特的不公行为。毕纳扎尔的儿子杜瓦纳是一个颇有见识的年轻人，他走遍各地，进行相关统计，让人们在请愿书上签名并去上书，之后得到了维尔内县县长的接见。

听到这个消息之后，萨姆别特也带着大量细软来到维尔内县，企图贿赂县长。精通俄语的杜瓦纳向县长详细汇报了自己部落的具体情况，请求对方批准建立独立的官吏制，并得到了批准。萨姆别特遭到了县长的拒绝，这令他气急败坏，心生嫉妒。之后，他在一位富人家里宴请了杜瓦纳，并在他的马镫上抹了毒汁，毒死了即将被推举为官吏的年轻人杜瓦纳。毕纳扎尔虽然知道自己的儿子是被谁谋害的，但他将两个部落的和睦放在了首位，认为在维尔内总督府工作的年轻人伊布拉英能胜任自己部落的官吏一职，所以做了很多工作，使他被推举为官吏。

年轻的官吏伊布拉英来到这个部落，勤恳工作，秉公执法。所以，人们渐渐忘记了这个人的原名，都叫他"贾依勒别克"，即勤恳工作的人。他一上任就让民众学习定居生活，脱土坯建房屋。在耕种庄稼的同时，每家每户都在院落里种植果树。为此民众对他感激不尽。

见多识广、心胸开阔的毕纳扎尔非常重视教育。他让识文断字的毛拉哈斯拜·霍恩德拜开办学堂，开始给阿吾勒的孩子们授课。

毕纳扎尔与英雄阿赫巴依、雄辩家博勒特热克是志同道合的朋友，一生和睦相处。

相邻部落的官吏怒火中烧，嫉妒不已，但不知自己该做什么，他思来想去，好像找到了治疗嫉妒之病的妙计。

毕纳扎尔与贾依勒别克两人在炎热的七月带领许多牧民前往汗套山峦水草丰盛的地方去打草，为过冬做准备。这时，萨姆别特派人请他俩去做客。

贾依勒别克对毕纳扎尔说："大哥，这次咱们就别去了吧，他不会平白无故地邀请我们，我总觉得其中有诈。"但心地善良的毕纳扎尔则回答："我觉得他已经认识到了自己的错误，很想忏悔才请我们过去做客吧。"

萨姆别特与手下热情地迎接了客人们，将他们让进了大帐的正堂入座，并很快端来了客饭。一位手下将盛着羊头与江巴斯的肉盘子放在了贾依勒别克的面前，萨姆别特很恼火，说："尽管贾依勒别克是官吏，但按照民族习俗，这盘肉应该放在毕纳扎尔的面前，而将另一盘肉放在贾依勒别克的面前才好。"他的手下按照他说的做了。这时，毕纳扎尔心生疑虑，脸色大变。便说："即便贾依勒别克年轻，但还是一位官吏，请把羊头与江巴斯端给他吧。我吃这盘就可以了。"他将贾依勒别克面前的肉盘拉到了自己面前，开始享用。不一会儿他觉得自己呼吸困难，便对手下说咱们赶紧回家，并出门朝自己的坐骑那儿走去了。

直到临近家门一直都不露声色的毕纳扎尔觉得自己的情况很不妙，就让手下扶自己下马，然后对贾依勒别克说："我的孩子，贾依勒别克，我之所以将放在你面前的肉盘拉过来放在自己的面前，是因为我觉得那个肉盘子里有毒，所以，那个家伙的坏心没有得逞。俗话说：没有信仰的人总是惹是生非。千万不能因为一个人的坏心肠而让两个部落的人反目为仇，你不要去与他作对为我复仇。请你们将我埋葬在松哈尔山谷，让我的墓地成为两个部落的地界。请管好自己的部落，永别了！"他说了这番话就去世了。

人们为这位英雄举办了盛大的葬礼，埋葬了他。有许多人都来参加这次葬礼。虽然他的民众对那位毒死了英雄的凶手怀着极大的仇恨，但他们依然按照亡人的遗愿行事，没有让事态扩大，没有破坏两个部落之间的关系。

他这种不记仇、心胸磊落、以大义为重、不分部落倡导团结的崇高精神是所有哈萨克人应当学习的榜样。直到今天，他的后代们依然遵循他的遗志，维护着一方土地的安宁与团结。

英雄奥特甘

奥特甘·奥特胡勒1699年生于楚河地区汗套山峦东南部一个叫作伊赞德的地方。他的父亲奥特胡勒是英雄斯热恩别克的长子，奥特胡勒则是与来犯的卡尔梅克人英勇斗争的众多英

英雄奥特甘陵墓

雄之一。

奥特甘天生勇敢无畏,并以高超的雄辩技艺和秉公断案闻名于当地。他是英雄、旅行家、唇枪舌剑的雄辩家,而且是同龄人中最有预见性、洞察力的一个人。

1756年,奥特甘出门旅行,希望为民众找一片可以安身立命的乐土,像自己的先辈阿山海戈一样走遍了远东、伊朗、阿富汗、印度、中国西藏和中国内地。在奥特甘的少年时代,有一天夜里,家人听说野狼袭击了畜群,父亲派带上猎犬他去把野狼赶走。他当时还是一个孩子,当然会害怕。但父亲则说:"他要是害怕,就不是英雄霍尔岱的外孙,英雄奥特胡勒的儿子!"这说明奥特甘从小就受到了贵族式的家庭教育。

奥特甘年事已高,即将离世之前对孩子们说:"我死了之后,请你们将我的遗体放到白驼背上,它走到哪里停下来,你们就将我埋葬在那里吧。"这位英雄1773年去世,享年74岁。据说,驮着他的遗体的白驼最后走到乔拉克山脉的伊犁河岸一个叫切恩格勒德的地方卧了下来,所以,人们就将他的遗体埋葬在了那里。

英雄奥特甘的陵墓位于霍尔岱县奥特甘乡东北部2千米处的一座山梁上。2010年,这座陵墓被列入地方性国家历史文化名录。2017年又被列入哈萨克斯坦圣地名录。

英雄斯帕泰

斯帕泰·艾勒别克(1781—1868)以勇敢坚毅的性格、雄辩的口才和秉公断案的风格在民间享有盛誉。出生于普通牧民家中的两兄弟——斯帕泰与安达斯从小就很有志气,并有

英雄斯帕泰铜像

英雄斯帕泰陵墓

很强的自尊心，长大后积极参与社会活动。

作家柯·艾孜尔巴耶夫这样形容斯帕泰的相貌："体魄高大健壮，一对大耳朵，他竟然能用马鞭子抽掉凝在马耳朵上的冰霜，胸毛长得像一把芦苇。他说起话来口若悬河。"

19世纪初，从小目睹浩罕侵略军种种罪行的斯帕泰成年以后便将自己有限的生命投入到民族解放事业之中了。他跃上马背，招征兵力，冲向战场，将那些横征暴敛的浩罕士兵赶出了哈萨克地域。在此期间，他显示出了很强的组织才能，以自己勇敢无畏踏实勤奋的作风赢得了民众的尊敬。

性格率直的斯帕泰曾经对英雄克涅萨热说："你没有关照我的大玉兹民众，明知我是长者，也没来请教我。"又对骂了自己部落的英雄纳吾热孜拜说："达官贵人们中间也有一些家伙无异于疯狗，我们也有孩子，会为父亲报仇雪恨的，他们会或割下敌人的头颅或砍伤他们。"他不畏权威直抒情怀的格言至今在民间流传。而且，在生死攸关的时刻，他能挺身而出为人民和土地献出生命。

英雄斯帕泰的陵墓位于蔑尔克县斯帕泰乡东侧，即现在的阿拉木图—塔拉兹—比什凯克公路边上，陵墓面积为 9 米 × 9.5 米，用红砖砌成，顶部用头盔形状的拱北盖顶。这座陵墓被列入地方性国家历史文化文物名录。2017 年，被列入《哈萨克斯坦圣地名录》。

英雄博特巴依

英雄博特巴依陵墓

许多世纪以来，哈萨克民族经历了艰辛悲壮的历史命运。骑着战马挥动长矛保家卫国的英雄们被人民世世代代铭记于心。迎着敌人的子弹勇敢战斗，成为民众靠山的众多英雄之一就是博特巴依。他生活于 1450—1540 年。在那个时代，他是一个勇敢无畏、足智多谋、体魄健壮高大的人。

历史记载，英雄杜拉特根据四个儿子的性格与见识，总是安排博特巴依冲锋陷阵，让他显示自己的勇猛顽强。根据民间传说，杜拉特这样评价儿子博特巴依："我儿子博特巴依，你像火一样燃烧。你勇猛顽强，只要需要，你会凭借理智，一往无前！"他不仅在一对一决斗中从不败场，而且是百发百中的神枪手。

博特巴依不仅是英雄，还是伊犁、楚河、阿斯帕拉、蔑尔克、胡兰、塔拉兹、塞兰、萨吾兰等地区的官吏，参与过社会治理工作。执政期间，对辖区的民众关爱有加，秉公断案，口才出众，深得民众尊敬。当时，他从布哈拉买来农具，率领民众定居下来，从事农耕。

博特巴依于 1540 年逝世，被葬于塞兰。2014 年，国家专门为他修建了纪念碑。这座纪念碑位于蔑尔克县蔑尔克乡南部5千米的公路旁边。纪念碑的面积为6米×6米，高达12.5米，用红砖砌成，基石用花岗岩筑造。

这座雄伟的纪念碑直耸蓝天的三角标志象征着哈萨克民族三大玉兹和睦和谐团结统一，高耸的天穹架与一对雪豹象征着博特巴依的英雄气概。

今天，这座纪念碑也成了民众前来谒拜、游客驻足游览的圣地。

英雄霍尔岱

一个民族的命运总是与英雄们紧密相连。如果我们关注先辈们的业绩，就会看到奥利耶阿塔这一带曾经有过许许多多讲述民族多舛命运的歌谣家、忧国忧民呕心沥血的毕官、舍生忘死英勇斗争的英雄，以及扬名显姓的科学家、学者，其中之一就是英雄霍尔岱。根据古代流传下来的传说故事，霍尔岱生活于1—2世纪游牧的塞人、匈奴时代。那个时候，传说有一个叫作“阿斯毕”的执政者，他有三个儿子——霍尔岱、阿斯帕拉、

霍尔岱地域石人

霍尔岱英雄纪念碑

阿塔尔。国王跃上马背准备与来自远方的入侵之敌作战的时候，霍尔岱总是迎战来自东部的敌人，阿斯帕拉则去与来自西部的敌人作战。

据说霍尔岱是一个身材魁梧高大、头脑清醒、双目炯炯的英雄，从他那一双硕大无比的脚就能看出这一点。在给他修建纪念碑的地方，有一块大石头上留有他的脚印。据说当年他站在高高的岩石上，看到入侵之敌发出震天动地的吼叫声时，岩石上留下了他的脚印。

根据传说，当时，入侵之敌侵袭汗套山峦一带，霍尔岱与阿斯帕拉兄弟二人经过商量，由霍尔岱从东部、阿斯帕拉从西部夹击敌人，使他们溃不成军。据说那时山山谷谷都躺满了被杀死的敌人，血流成河。所以，那一片地域被后人称为"汗套山"，即血山。兄弟三人去世后，阿塔尔的遗体被掩埋在哈甫山上，阿斯帕拉的遗体被掩埋在现在的阿斯帕拉河上游地带，而霍尔岱的遗体被掩埋在现在的霍尔岱大坂的顶部。

根据民间传说，霍尔岱有一头狍鹿和一只雄鹰。所以，雕塑家制作了狍鹿与雄鹰的雕塑，放在了英雄陵墓的旁边。

正是因为这些忧国忧民、夜以继日地奋斗的先辈们所创造的丰功伟绩，才有了我们今天安定幸福的生活。在民族面临危难时挺身而出，立下赫赫战功的英雄霍尔岱的纪念碑立于霍尔岱县阿拉木图—霍尔岱公路171千米处的霍尔岱大坂。2002年，人们用巨石做地基，用花岗岩修建了这座纪念碑。

英雄焦哈西

在以英雄焦哈西为题材的文学作品中，最值得一提的就是作家巴赫提亚尔·艾布里达的历史长篇小说《阿布赍汗的使臣——英雄焦哈西》。同时，诗人阿赫买提·艾勒·马赫穆德创作了长诗《英雄焦哈西》，诗人施·纳赫玛谢夫创作了长诗《焦哈西的青年时代》，诗人卡德尔别克·阿曼柯里德耶夫创作了长诗《阿布赍汗致英雄焦哈西》等。教授江哈拉·达得巴耶夫和纳玛扎勒·奥玛谢夫还撰写了关于英雄焦哈西的研究论文、论著。这些都是很有价值的著作。

英雄焦哈西

焦哈西出生的家族与生长的环境都是相当优越的。他的祖父巴赫特奥拉孜与父亲柯尔巴克都是民间德高望重的人物。祖父与著名的托烈毕是同龄人，又是知己，两人过从甚密。在头克汗执政期间，他是很有名气的官臣和英雄。在18世纪前半叶，焦哈西的父亲参加了抗击准噶尔人的所有战役，是一位战绩赫赫的英雄。在1729年的昂纳海战役中，他的父亲在指挥博特巴依军队的英雄莎曼手下担任千户长。焦哈西从小得到这些英雄的精神熏染。他见多识广，刚直不阿，对答如流，出口成章。他不仅在一对一决斗中从不败场，而且是百发百中的神枪手。

他的雄辩技艺在他成年之后发挥了相当大的作用，多次令他摆脱困境。而且他凭此技艺参与民间纠纷的审判工作，令争辩双方都很满意。据说，有一次他为亲友们没有呵护自己而心生恼怒，在七河地区举办的一次祭祀活动中，他与一位对手吵了起来，对方仗着人多势众，殴打了焦哈西。当时亲朋好友中竟然没有一个人前来保护、关心他，使他变成了孤家寡人。

还有一则传说是这样的：他杀掉了准噶尔首领萨热曼吉的小舅子诺海和身边的走狗。这个诺海在相邻的阿吾勒无恶不作，抢劫牲畜，杀害平民，强暴女性。有一天，在野外狩猎的诺海与英雄焦哈西不期而遇，他霸道地指责焦哈西挡了自己的路，并破口大骂。焦哈西则用马鞭当头抽打对方使其掉下马背，并用长剑戳死了他。当时，哈萨克人曾与准噶尔人达成停战协议，所以不能与他们作对。若与他们兵戈相见，哈萨克人会被判刑13年。根据这个霸王协议，人们必须将惹是生非的焦哈西交给准噶尔人，其后果不堪设想。为此，无计可施的焦哈西被迫迁往阿尔卡大草原去投奔了阿布赉。

关于阿布赉如何迎接焦哈西，民间也有许多传说。其中的一个传说是这样的：焦哈西来到阿尔卡大草原之后，前去阿布赉的大帐请礼问安。这个时候，阿布赉汗正为自己年幼去世的江巴依伤心欲绝，背身躺在正堂上。歌谣家布哈尔率领许多英雄、毕官、雄辩家前来劝慰他，也没能让他振作起来。曾经与他并肩作战、肝胆相照的战友贾尼别克也前来劝慰，但阿布赉汗依然不为所动。看到这种情形，年轻的英雄焦哈西满怀悲悯之心，唱出了肺腑之言：

啊，我们神圣的苏丹
任何人都会有一死

若命运的劫数已至

阿布赉您也会死去

会将生命交还安拉

会服从于他的旨意

即便哭泣也应节制

即便悲戚也应理性

活人需要继续生存

苏丹您更应做表率

请转过头来吧，阿布赉

请振作起来吧，阿布赉

安拉，请抚慰我的苏丹

听了焦哈西振奋人心的绝唱，阿布赉顿时醒悟，翻身坐了起来，并对他说："我的孩子，你的声音像英雄江巴依尔的声音一般洪亮，虽然我的儿子没有复生，但满腹的悲痛已有所消解。虽然你还年轻，但像长辈们那样语重心长，你安抚了我荒芜的情感。过来吧，坐在我身边，你以后就是我的右贤王，坐在我的右侧吧。"

还有一则传说是这样的：焦哈西来到阿布赉苏丹的驻地，停在了临近他的地方。当阿布赉大帐的差役们询问他的身世时，他就用铁尔麦歌作了回答。阿布赉为了进一步弄清来人的情况，便派一位能说会道的毕官去见焦哈西。那位毕官一来便挑衅地对他说："你好吗？磨破脚板的家伙！"而焦哈西根本没有给对方继续往下说的机会："你好，你们这些用火烧亡人遗体的家伙！"对方感到汗颜，就回来将此告诉了阿布赉。阿布赉听了之后知道焦哈西非无能之辈。

之后，他便将焦哈西请到宫殿，询问起他的身世。焦哈西则回答：

"我从大玉兹来，属于杜拉特部落，舅舅家族属于宏吉剌惕部落。我是杜拉特部落博特巴依支部的儿子，父亲叫柯尔巴斯，母亲叫霍恩尔毕克。我之所以到这里来，是因为准噶尔首领萨热曼金的小舅子诺海目中无人，欺压百姓，我便将他杀了。我能投奔的人很多，但我还是选了您。我愿意成为您这样手握缰绳治理民众的首领的属下。如果我能助您一臂之力，那是我的荣幸。"

对他的话很是满意的阿布赉苏丹则对他说："说得真好，我原来以为你只有雄辩的口才，现在才知道你的刀剑也很锋利！你杀掉我们的死敌是一种果敢之举！从今天开始，你就是我的侍卫之一。"阿布赉将他当成了自己最可信赖的侍卫。

焦哈西没有辜负阿布赉的谆谆嘱托，圆满地完成了阿布赉所交代的事情。他不仅在战场上表现得勇敢顽强，而且还积极参与宫帐的大小事务，充分证明了自己是一个深思熟虑、行事敏捷的人，并赢得了崇高的威望。阿布赉苏丹钦佩他敏捷的才思、能说会道的雄辩技艺、刚正不阿秉公行事的作风，任命他为重臣。之后，焦哈西开始参与国家大事，并想方设法解决了许多棘手的事情，扬名显姓。哈萨克民间也有许多因为嫉妒而精于挑拨离间的人，焦哈西身边也有不少这样的毕官，向阿布赉汗进谗言，肆意污蔑他。有一次，阿布赉汗心生一计，将所有进谗言的毕官请到了一起，对他们说："今天，大家都在这里，我把焦哈西请过来。到时，你们谁都不要给他让座。"毕官们答应了。

焦哈西应邀前来宫帐，他进门行礼问安，没料到的是所有毕官都站了起来。阿布赉苏丹咻咻地笑出了声，并将他让到了自己的右侧入座。这说明虽然那些人诬告他，但面对面时，他们根本不敢面对他，可见他的威望是很高的。令焦哈西威望倍增的原因之一就是他勇敢无畏的精神。从1748年来到阿尔卡大草原之后，他参加了许多次消灭准噶尔叛军、夺回失地的战役，立下了赫赫战功。在1754—1756年的战役中，他亲自率领阿布赉的军队屡屡获胜。之后，阿布赉汗将民族大旗交给他去冲锋陷阵，一往直前。他高举大旗，冒着飞箭，迎面而战。

焦哈西在历次战役中都跟着阿布赉汗一起战斗，每当汗王面临艰难时都与他形影相随。1763年至1769年在阿布赉汗组织攻打塔什干、撒马尔罕战役时，焦哈西不仅组织了这些战役，而且随汗王一起征战。1778年至1780年，他应阿布赉汗的邀请，再次去了阿尔卡大草原，将汗王从以别克包拉提为首的五个部落首领的围攻中解救了出来。那个时候，哈萨克民族有一些"积极分子"向奥伦堡和鄂木斯克的俄罗斯权贵们派去代表，向他们递交污蔑诽谤汗王的告状信，破坏民族团结和睦。由于情况越来越糟糕，阿布赉汗只能将汗王宫迁徙到南部的图尔克斯坦城。在此期间，焦哈西负责搬迁事宜。每当阿布赉汗身处这样危急时刻，焦哈西都在他的左右相助。1781年，阿布赉汗在阿尔斯河岸去世，焦哈西立即将他的遗体运送到图尔克斯坦，并埋葬在亚萨维陵墓里。不久，即1782年年底，由于旧伤复发，焦哈西也在寒冬季节撒手人寰。次年春天，他的遗体也被从蔑尔克运抵图尔克斯坦，埋葬在阿布赉汗陵墓的右侧。自从焦哈西15岁离开亲友前往阿尔卡大草原之后，只与家人一起生活了七八年，其余的岁月都与阿布赉汗一起为哈萨克汗国工作。

阿布赉汗去世之前曾高度评价过焦哈西的功绩，所以，当焦哈西在汗王身边工作了十几年，后来请求汗王允许自己返回家乡时，汗王对他说："请你说出三个心愿，只要我能做到，一定让你如愿以偿。"焦哈西首先向汗王索要哈萨克军队胜利的旗帜。阿布赉汗虽然进退两难，但最终还是将那面大旗送给了他。汗王之所以为难，是因为这面旗帜指引哈萨克民族建立了汗国，取得了无数次胜利，无论在什么样的战役中，只要大旗飘扬，哈萨克战士们就会义无反顾地去歼灭敌人。

先辈焦哈西并不是一个只有臂力的人，也是一个深思熟虑、见多识广的人。阿布赉汗几次委以重任派他出使中国，他每次都能圆满地完成任务，满载而归。对于焦哈西在哈中关系上所作出的贡献，著名的历史学家纳比坚·穆哈穆德罕在自己的学术著作《外交关系与汉学问题》中用相当大的篇幅作了专题介绍。我举其中的一个例子："我们可以从清朝宫廷每日的奏折中看出关于当时清军向阿睦尔撒纳发起进攻与战争危险已经逼近哈萨克人的内容。但是在焦哈西等阿布赉汗的使臣们一致努力下，战争危险有所消解，双方达成了协议。清朝军队将抓捕阿睦尔撒纳的任务交给了阿布赉汗的军队，他们自己则于当年年初撤了回去。而且因为作为人质被扣留的哈萨克使臣们并没有叛逆之举，所以赐予他们厚礼，将他们也送了回来。并托他们带回了送给阿布赉汗与哈萨克官臣们的粮食与布匹。这么一来，哈中之间持续了两年的紧张关系趋于缓解。在此基础上，1757年，阿布赉汗与清朝政府建立了正式外交关系。我们可以从以上提到的奏折中看出焦哈西所履行的外交职责，以及他在社会活动中所表现出来的崇高形象。"[1]

比较全面地阐述焦哈西·柯尔巴斯外交成绩的人是作家巴赫提亚尔·艾布勒达。在他的学术著作《阿布赉汗的使臣——英雄焦哈西》中写道：焦哈西不仅是一位拥有赫赫战绩的英雄，也是一个眼观六路、耳听八方、权衡利弊、雷厉风行的外交家。作家还对他当时处理哈中外交关系以及与吉尔吉斯权贵们进行外交谈判等事情进行了分析评价。作家根据哈萨克斯坦的古代历史文献与吉尔吉斯学者们的论文观点，认为在当时焦哈西与吉尔吉斯人之间的第一次谈判没有结果，尤其是塔拉兹的吉尔吉斯首领萨德尔不遵守任何协议，闹出了许多麻烦，并袭击了苏扎克、雀拉赫库尔甘一带的宏吉剌惕、乃蛮部落，以及驻扎在柯列斯河河岸一带的夏尼西柯

---

[1]《外交关系与汉学问题》，第119页。

勒部落，抢劫了楚河沿岸的一些部落的马匹。他们冲到伊犁河岸的博特巴依、萨曼等英雄们的阿吾勒，趁他们不在的时候，把他们的牲畜全部赶走了。焦哈西无法使两个相邻而居的兄弟民族坐下来达成协议，相安无事，为此心急如焚、夜不能寝。但他依然冷静理智地处理问题，通过吉尔吉斯人贾依勒、英雄莫玛汗等进行说服周旋，想让两个民族走向和睦。在毫无结果的情况下，焦哈西与那些顽固不化的家伙开战，在激烈的战斗中将他们打得落花流水，并俘虏了他们中的一些权贵进行惩治。即便如此，他依然前去见阿布赉汗，恳请他放了之前帮助过自己的吉尔吉斯人贾依勒与英雄莫玛汗一意孤行的儿子伊铁克，使他免遭劫难。同时，还按照伊斯兰教规，安葬了贾依勒及其两个儿子。

他在阿布赉汗身边辅佐执政长达七年，之后，获准返回了自己的故土。当时，他看到自己原来的冬草场阿克苏一带变得狭窄了，也不满意居住在塔尔哈甫、萨木沙、夏玛勒甘等地的博特巴依部落的现状，便将他们中源自霍热拉斯与胡岱胡勒的后代们搬迁到了阿斯帕拉、蔑尔克、奥依塔勒、哈英德等地。后来博特巴依部落的其他家族也迁到了这一带，定居在了楚河流域和霍拉哈特河之间肥沃的地方。就这样，从准噶尔叛军的铁蹄下得以解放的土地——蔑尔克通过英雄焦哈西的不懈努力，成了博特巴依部落的中心。

2006年，政府出资修建了英雄焦哈西的纪念碑。由雕塑家胡拉克拜·叶葛孜拜和多赫德尔拜·艾布德热赫曼创作的英雄焦哈西的雕塑屹立在他挚爱的土地上，显得高大雄伟，顶天立地。

英雄曼别特

曼别特·库恩巴斯生活于1711年至1810年，根据作家哈孜别克·套阿斯尔的作品记载，曼别特曾经与色恩克巴依一起参加过昂纳海战役，当时他只有 18 岁。我们据此推测曼别特出生于 1711 年。在抗击准噶尔入侵者，为哈萨克民族的独立而战的岁月里，阿布赉汗率领的英雄好汉们出生入死，浴血奋战。著名的歌谣家布哈尔这样赞颂他们：……哈拉克烈部的哈班拜、汗吉哈勒部的博甘拜站在大旗之下，阿布赉汗在山岗上来回走动，英雄们中的佼佼者——哈孜别克毕之子哈斯哈拉也在此列。他身边站着英雄哈吾曼、达吾列提，还有色恩克拜、雀依别克、唐斯克霍加、曼别特等。

英雄曼别特陵墓

广大民众重新认识了为了民族与祖国的尊严挺身而出、前赴后继的英雄好汉们，令他们想起了先辈们曾经浴血奋战的赫赫战绩。对保家卫国的英雄曼别特，别说哈萨克全体人民，甚至连他自己故乡的民众也不甚了解。英雄曼别特通过与准噶尔英雄一对一决战而声名远扬。曼别特与色恩克拜这两位英雄的名字响彻整个哈萨克大地。将南哈州一带变成殖民地，侵占土地、横行霸道的准噶尔人后来又侵袭了阿拉阔勒湖沿岸的哈萨克部队。这时，英雄夏玛勒甘率领七千人的队伍前来对阵。战役之前，曼别特在一对一决斗中砍下了准噶尔英雄顿巴吾勒的脑袋。现在，在当年夏木尔部落的英雄曼别特、贾尼斯部落的英雄色恩克拜和夏波热西特部落的英雄纳吾鲁孜拜等人与准噶尔大力士们一对一决斗的地方，建有名叫"玛依丹"的小镇。"玛依丹"这个词的意思是"战场"。

曼别特是阿布赉汗最为信赖的英雄之一。在 1756 年托烈毕将他召回之前，他一直在汗王身边工作生活。曼别特与其他 99 位英雄一同在额尔齐斯河沿岸、阔克切山峦、柯孜勒加尔等地立下了汗马功劳。关于这些战绩，哈萨克斯坦的相关文献有所记载。阿布赉汗非常敬佩曼别特，所以将克烈部落一个权贵的女儿嫁给了他，自己也拿出了厚重的聘礼。在托烈毕的影响下，曼别特也亲自率领自己的部落与后代定居下来，挖凿大渠，种植庄稼。他的后代们挖凿的大渠直到今天依然供塔拉兹市周边的三个县用于灌溉。出身于齐姆尔部落江阿拜家族的曼别特活了一百岁，是一个后代四散居住生活，并有所作为的圣贤。

英雄霍依克勒德

霍依克勒德·萨尔特生活于1702—1795年。在为了祖国与民族浴血奋战的众多英雄中，霍依克勒德享有很高的地位。根据历史记载，他出生于1702年。

关于这一点，作家穆哈梅特詹·特尼什巴耶夫写于1925年的学术著作《关于吉尔吉斯、哈萨克民族的历史资料》说这位英雄生于18世纪初，卒于19世纪初。那个

霍依克勒德雕像

时候，齐姆尔部落的故乡是萨热阿嘎西一带，他们一直在奇姆肯特周围，以及卡拉套山峦、毕勒阔勒湖、阿赫阔勒湖、楚河、伊犁河一带生活。霍依克勒德七岁的时候，父亲送他去布哈拉城经文学校读书，他在那里学习四年之后返回了故乡。有些著作认为他之所以被称为"圣贤"就是因为这个原因。他的一生都与大玉兹的重臣——托烈毕密切相关。诗人哈赞哈甫在自己的诗歌中这样描写："那个时候，萨尔特之子霍依克勒德在托烈毕之后掌管了大玉兹。"直到今天，南部哈萨克斯坦地域依然有一句格言流传，即托烈毕未到无法开拔，霍依克勒德未到无法开战。在与准噶尔大力士的一对一决斗中，英雄霍依克勒德百战百胜，前后杀了对方九个大力

士，鼓舞了哈萨克士兵们的士气，其战功在哈萨克大地口口相传。在昂纳海战役中，他的声名如日中天，成了民众口中的一段传奇。他的两个弟子——霍吉克和阿克恰及儿子哈拉巴特尔一起参加了这场战役。他们参加了由霍依克勒德率领为夺取被敌人侵占的七河一带所有土地的战役。准噶尔人自古以来崇拜黑公牛，所以，侵占了吉尔吉斯地域的一位准噶尔首领为了威慑对手们，就用黑色铁皮包裹头盔，镶上黑公牛的两个犄角，并将黑公牛的皮披在战袍外边前去与对手作战。在哈萨克民间，大家都知道这个家伙叫"黑公牛"。他高擎一面黑骑，旗杆顶部挂着黑公牛的头颅。而由霍依克勒德率领的哈萨克士兵们则高举绿旗。当双方对阵打仗时，敌方的"黑公牛"出场决斗。这时，霍依克勒德大声问道："喂，你们谁上场与他决斗？"他手下的将士们看到"黑公牛"那副咄咄逼人的模样都不敢吭声了。这时，对方就像一头雄狮一样吼道："霍依克勒德在哪里？霍依克勒德！"说着，双腿夹动马腹向对方扑了过去。这场决斗是在卡拉套山脚至毕勒阔勒湖岸之间的地方进行的。战鼓敲了三次之后，双方的英雄站了出来。"黑公牛"夹踢身下那匹擅于在山间飞奔的骏马，像一头公牛那样扑了过来。见到这个情形后，站在一旁的哈萨克士兵在心中默念："啊，亡灵，我们的亡灵！我们的多玛拉克母亲请助佑他！愿图尔克斯坦城成千上万的圣人、阿雷斯山的阿雷斯圣人都辅佐他吧！"他们都紧盯着雄赳赳地奔上战场的两个英雄。最初他俩都没能刺中对方，一次次擦肩而过。"黑公牛"虽然勇敢，但显得笨拙，很难立即转身迎战。在瞬间看透了这一点的霍依克勒德在第二个回合时，猛冲过来一闪转过身，在与"黑公牛"擦身而过的一刹那，举起长矛刺中了对方的鬃角，把敌人头盔的拴绳弄断了，他的头盔滚落在地。之后，"黑公牛"就露出了人相。而且在战场上，头盔滚落在地是很不吉利的事情。在第三个回合中，霍依克勒德没有去刺对方的脑袋，而是冲他的腋下刺了一下。这时，"黑公牛"惨叫了一声，脚吊在了马镫上，头向下垂去，满脸都是鲜血，终于败下阵来。

英雄霍依克勒德曾经在从犬拉套山峰飞驰而下，经过现在的托烈毕县的巴勒德尔别克河与萨依拉木苏河交汇的地方，与准噶尔人有过一场恶战。这场战役大约发生于1758年，地点在哈萨克民族所属三个玉兹汇集在一起的塞兰县境内著名的玛尔托别峰一带。排成长阵的准噶尔人那边走出了骑着浅栗马的壮汉顿藏。他一上场就大声吼道："请托烈毕上阵！一对一！你杀了我的父亲与兄长，背负着血债！"顿藏之所以邀请年事已高、臂力已弱的托烈毕上场对阵，是对他老人家的嘲讽。这时，托烈毕摊开双手这样致祝福辞："愿安拉助佑你，愿一切劫难闪到一边，愿巴赫特亚尔先祖辅佐你，愿拜依德别前辈助佐你！愿贾热克恰昂、杜拉特的亡灵助佑你，愿贾尼斯、博特巴依的亡灵鼎力相助，不论你在哪里都请他们保护你！愿真主诅咒气势汹汹的准噶尔人！你去打败他！英雄霍依克勒德！你去割下他的头颅，凯旋！阿明！"英雄霍依克勒德操起长矛向敌人冲了过去。旗鼓相当的两个好汉对峙了好一阵子，均无法制服对方。他们先是用长矛，后用长剑搏斗。过了一会儿，霍依克勒德用狼牙棒打掉了顿藏伸出的长矛，然后又一棒打在了他的手上。第三棒打在了他的头上，那个家伙立即从马背上滚了下来。霍依克勒德勾住了对方浅栗马的缰绳拽到了自己一边。他来到了自己的阵营，接过一碗柯莫孜痛饮下去，然后高喊："一对一！一对一！"再次冲向了敌阵。对方阵营站出了一个叫霍兰的好汉与霍依克勒德决斗。那家伙夹踢着身下的马冲了过来，用狼牙棒打了一下霍依克勒德。霍依克勒德忍着疼痛，但身子斜到了一边，他勉强正身坐稳。这时，霍兰转过马头，手握长矛再次冲了过来。霍依克勒德挡住了长矛，很快抽出长剑冲着对方的脖子狠狠地砍了下去，只见那家伙身首分离，脑袋滚落在地。对方的棕马受惊，飞快地向荒原跑去了，霍依克勒德追了过去，砍死了战马。霍依克勒德接连砍死了两个准噶尔人，令三个玉兹的权贵与民众刮目相看，万分钦佩。之后，两大阵营开始了白刃战，双方对峙了相当长的时间。

到了关键时刻，托烈毕派之前暗藏的由撒昂厄拉克、柯里西别克和对山布等人率领的三千人的队伍上阵。这使对方在瞬间溃不成军，向阿克苏方向逃窜。

在昂纳海战役中，哈萨克军队痛击准噶尔入侵军，使他们落荒而逃。在此期间，英雄霍依克勒德的战绩令人振奋。战后，托烈毕召集苏丹、首领、英雄、毕官、士兵们聚集在一起对他们说："只要没有战马能追及，我将歌颂骏马；只要子弹难以追及，我将歌颂盔甲；只要挤奶不踢你，我将歌颂母马；只要不责怪所驮沉重，我将歌颂役驼；如果能治理破败的民众，我将歌颂长辈圣贤！如果不分亲疏团结一致，我将歌颂英雄好汉！因为勇敢与忠诚，我将歌颂英雄霍依克勒德！如果像你一样的青年茁壮成长，我这一生将无怨无悔！承蒙父辈教育的男子汉说话得体，否则说话像毒蝎。承蒙父辈教育的儿子霍依克勒德，你为了民族和家园不惜一切！你割下了敌人的脑袋，面临着无比的危险，男子汉为我们争得光荣，民众啊，请尽情欢呼吧！"

1734年，在与准噶尔入侵军所进行的不亚于磨破脚板、哭泣连连时期的激战中，大玉兹损失了十分之一的人口。这是有历史记载的事实。为了将剩下的人口保存下来，托烈毕与霍依克勒德在无可奈何的情况下，带领杜拉特部落的民众去了哈拉哈勒帕民族的地域。1739年，按照托烈毕的旨令，霍依克勒德率部征服了塔什干。根据江布尔州百科全书记载，霍依克勒德率领部下于1739年截获了俄罗斯人向侵占卡拉套山、阿拉套山一带的准噶尔人运送武器的驿队，用俄罗斯人的枪支武装了自己的士兵。在之后于1756—1757年将准噶尔人彻底赶出哈萨克地域的战役中，这些枪支发挥了巨大的作用。这些枪支中的一杆枪被霍依克勒德在昂纳海战役中就义的弟弟阿克夏之子奥特包拉提所拥有，并被保存到了1916年反对沙俄的起义时期。

霍依克勒德的军事指挥才能在1758年之后的一系列抗击准噶尔入侵军的战役中得以彰显。在他所指挥的1.7万名士兵中，有大玉兹所有部落的英雄好汉。他的部队在抗击准噶尔、吉尔吉斯、土库曼、浩罕、希瓦、布哈尔等大大小小的侵略军的战役中总是冲在第一线，战果累累。历史学家卡尔·米列尔这样评价他："托烈毕与英雄霍依克勒德在大玉兹最重要的88个人物之列。"托烈毕逝世之后，霍依克勒德开始在大玉兹执政。1771年，哈萨克人推荐阿布赍苏丹为汗王时，他曾经参加过让汗王坐在白毡上登基的所有仪式。1781年阿布赍逝世之后，他与重臣们一起将阿布赍汗的遗体运至图尔克斯坦入葬。根据霍依克勒德后人的说法，霍依克勒德90岁时，前往麦加朝圣，之后便醉心于宗教学习修炼，直到1795年在93岁时去世。

大玉兹的汗王卓勒巴热斯逝世之后，大玉兹再也没有推举汗王，一直由托烈毕执政。1756年，享誉整个哈萨克民族三大玉兹、功勋卓著的托烈毕逝世，他被埋葬在塔什干城夏依罕塔吾尔陵墓。他之所以被葬在这里，是因为小妾毕毕的主意。这个毕毕是夏依罕塔吾尔的嫡亲。托烈毕去世之后，大玉兹由霍依克勒德执政。执政期间，他拒绝俄罗斯殖民统治大玉兹的土地与民众，也没有对相邻的浩罕国俯首帖耳。1756年至1757年，哈萨克人民举行了抗击准噶尔入侵的起义，霍依克勒德呼唤先辈亡灵辅佐自己，在大玉兹组织了三万人的精良部队，号召南部的哈萨克人给予鼎力支持，开始大规模抗击和驱赶准噶尔侵略军的战斗。部队到达七河一带之后，霍依克勒德调整了部队人员，经过精心挑选，只留下了一万七千名士兵，其他人都被送回。在七河一带，他与阿布赍汗和英雄哈班拜、博甘拜、纳吾热孜拜、热依姆别克所率领的部队联手作战，将大旗竖在了准噶尔人的大门口。在霍依克勒德所率的一万七千人的部队里,有英雄桑厄拉克率领的弓箭队,有奥特甘、霍斯、曼别特、雀依别克、色恩克拜、萨曼、康居人特列吾克、哈拉哈勒帕克人柯勒西别克等人率领的千人兵团。相关的文献记载由独立之后的哈萨克斯坦于1992年8月正式公开。

1795年,杰出的军事指挥家、英雄霍依克勒德逝世。现在,仅在塔什干市就有霍依克勒德市场、霍依克勒德大街、霍依克勒德大门等名胜。在霍依克勒德战斗过的南哈州霍特尔布拉克、玛依托别、霍西哈尔阿塔、阿克阔勒、卡拉套山等地至今都留有他的足迹。霍依克勒德非常重视说服引导人们定居下来,从事农耕生产,将孩子们送到学校读书学习。在俄罗斯历史文献中,也有许多关于霍依克勒德的记载,对他前往伊朗游览学习的情况也有记述。在塔什干、萨热阿噶西、塞兰、奇姆肯特等地都有霍依克勒德修建的客栈、清真寺、经文学校,以及挖凿的水渠。现在,江布尔州有一处农场、塔拉兹市有一条大道以霍依克勒德的名字命名。

英雄阿赫阔孜

对平民来说,只要不被征兵,做什么都可以。那个时候,在蔑尔克一带,拒绝征兵蔚然成风,甚至出现了组织人员一致作对的起义现象,不管谁来征兵,人们都持坚决反对的态度。这样的起义人群大多由部落里的英雄好汉们领头。例如,塔海—塔勒地区,这样的人群规模较大。来自布早阿吾勒,智勇双全的阿赫阔孜领导着这个群体。对此,富于革命精神的吐拉尔·热斯洛夫产生了相

英雄阿赫阔孜

当大的影响。贾拉斯部落的英雄多斯玛依勒担任他的副手，奥莫尔乌扎克毛拉担任秘书和神职人员。参加起义的好汉之一是诗人柯亚勒巴依·苏格尔，他这样讲述了英雄阿赫阔孜率领七位毕官管辖的阿吾勒共同参加抗击沙皇俄国的战斗，以及他英勇善战、不怕牺牲的英雄气概，也讲述了1916年前后哈萨克劳动人民的境况：

> 我是穷人的独子心肝宝贝
> 谁知道能否平安回到家乡
> 愿为非作歹的沙皇一命呜呼
> 愿黑头的苍蝇爬满他的脸颊
> 愿他从此永无安日断子绝孙
> 愿他成为孤家寡人无人助佑……

阿赫阔孜的部队人数日渐增多，蔑尔克一带的许多地方都有人前来加入，其中之一是牛倌巴尔勒巴依·胡热木巴依率领的起义队伍。他们准备去投奔由英雄阿赫阔孜率领的部队，走到半路上迎面碰到了沙俄部队，双方立即打了起来。他们不顾兵力悬殊与敌人英勇作战。胡热木巴依用长矛挑死了一个敌兵，但他们自己的人员伤亡也很多。战役结束后，他们将战死的将士连同他们的衣服与兵戈一起埋葬在了一座清真寺旁边的墓地。

关于这场战役，政治指挥员、革命志士吐拉尔·热斯胡洛夫在自己的相关著作《蔑尔克起义》中这样指出："我教导他们不用无组织地与小部队作战，必须有组织地举行起义。我对他们说，我们首先要攻占沙俄在本地的政权机构，坚决不允许他们再逼迫哈萨克人去做苦役、挖掘土地，不要再不定期地与俄罗斯农民产生纠纷。我也觉察到了沙俄政府会在迁徙到这里垦荒的俄罗斯人与哈萨克人之间挑起事端。"

参加起义的人数越来越多,一千多名士兵多次攻击蔑尔克县的沙俄政权。但是,沙俄政权从塔什干派来镇压起义的部队一次又一次击败了起义士兵,滥杀无辜。敌方人数越来越多,蔑尔克县有了一支庞大的军队,1916年8月29日、30日,由英雄阿赫阔孜率领的1500—2000名起义士兵高举着长矛、狼牙棒、月牙刀等兵戈向蔑尔克县发起了进攻。但这次进攻也以失败告终,有一些起义战士受伤或战死。起义部队知道很难战胜对方,便吆赶来一千多匹马让它们顺势冲进城里,士兵们随后攻进了城里。说实话,沙俄军队一时惊恐失措,不知该如何对付从没有见过的阵势。但是,武器精良的众多敌兵,最终还是打败了起义士兵。9月底,哈萨克劳动人民发动的起义再次宣告失败。

沙俄军队不仅镇压了起义人员,还火烧村庄,杀戮男性,糟蹋女性,无恶不作,抢劫蔑尔克县各地牧民们的牲畜,并严禁哈萨克人进入蔑尔克县,否则,一律处死。

巴勒万·硕拉赫

楚河沿岸曾经出现过许多英雄、好汉、诗人等仁人志士。在哈萨克历史上,以诗歌技艺与竞技能力而闻名遐迩的英雄霍斯·萨姆别特的第五代孙子——努尔穆罕穆别特·巴依莫尔扎是一位忧国忧民的诗人,也是一位赫赫有名的英雄,他在哈萨克民族历史上占据着非常显赫的地位。后来,当他成为赫赫有名的大力士之后人们就叫他巴勒万·硕拉赫。

巴勒万·硕拉赫雕像

巴勒万·硕拉赫的祖父十二三岁时，曾在塔拉兹—楚河一带牧放马群。后来，他的马群和简易毡房被卡尔梅克人抢走了。之后，他跟随卡尔梅克人的驿队来到了阿尔卡大草原。后来，他乘机逃脱，并投奔在那一带的舅舅们。所以，巴勒万·硕拉赫的家族就在阿尔卡大草原一带栖息生活。

哈萨克民族著名大力士哈吉木汗一生将巴勒万·硕拉赫奉为恩师加以崇拜。巴勒万·硕拉赫力大无比，能将铁块握在手中像面团一样揉动，然后又恢复它的原样。目睹这一切的达官贵人与平民都感到无比震惊，并首肯他为大力士——巴勒万。

诗人克宁·艾孜尔巴耶夫十五六岁时，曾与巴勒万·硕拉赫一起在七河一带游历，一起放声歌唱，他也将硕拉赫当作师长。

巴勒万·硕拉赫作词作曲的歌曲至今仍在民间被广泛传唱，例如《哈丽娅》《阔克切套山》《德克勒德克》。他后来到了楚河一带之后，创作了著名的歌曲《卡拉套山峦众多的阿吾勒》，这首歌是这样开始的："我众多的阿吾勒，感激你的宽宏大量，你会给予我智慧和力量。"广大民众认可他的诗歌才艺、作曲才艺和演唱才艺。他留在哈萨克民族文学史上的足迹至今闪烁着光芒。他曾经这样描述自己：

> 我的真名叫作努尔穆罕穆别特
> 神灵给了我无穷无尽的力量
> 我受到了人民大众齐声颂扬

巴勒万·硕拉赫还是一个崇尚真理、追求自由的志士，他日思夜想的是人民群众的利益。传说早年间沙皇要求哈萨克地域的每户人家交纳5索姆贡赋，之后又说要与德国开战，贡赋涨到了每户10元。巴勒万·硕拉赫对此不服，认为百姓生活穷困，无法承担过重的贡赋，所以他写了诉状，并去见县长。但政府说他煽动群众滋事，便将他关押了起来。但巴勒万·硕拉赫拧断了监所的铁门逃跑了。后来，县政府一直在追捕他。最后污蔑他偷了县长的80头牛分给了穷人并判处他七年有期徒刑，但他推倒了监狱的墙壁再次逃跑。后来，巴勒万·硕拉赫自愿加入了领导民族解放运动的著名英雄阿曼盖尔德·伊曼诺夫的部队。但是他没有看到自己一生所梦想的自由生活，于1919年因病去世，享年55岁。

努尔穆罕穆别特被称为"巴勒万·硕拉赫"的原因是这样的：年轻时期，他前去旧营盘捡拾羊拐骨，看到卧在地上的一只狼，错把狼当成狗，便呵斥了一声："走开！"没想到那只狼朝他冲了过来。他用双手扼住狼的脖子，因为用力过猛，他的手指僵在了狼的脖子上。在寒冷的冬天，他的手指被冻坏了，人们开始叫他"硕拉赫"——断了手指的人。

还有一个说法是，在努尔穆罕穆别特年轻时，那个地方有一个名字也叫"努尔穆罕穆别特"的富人为祖父举办祭祀活动，同时举办了赛马、摔跤竞技活动。年轻的努尔穆罕穆别特战胜了所有的摔跤手，赢得了冠军。那个富人问他叫什么，他说出了自己的名字，富人便说："一个地方有一个叫努尔穆罕穆别特的富人就足够了。从此以后，我们就叫你巴勒万·硕拉赫吧。"

The
Biography
of
Taraz

塔拉兹传

令人惊叹的大自然

第十二章

阿克苏—贾巴赫勒自然保护区

阿克苏—贾巴赫勒

塔拉兹位于阿拉套山峦西北部，位于朱瓦勒县和突勒克巴斯县境内的一片自然保护区叫阿克苏—贾巴赫勒。这个自然保护区是1926年建立的，占地7509公顷。阿克苏—贾巴赫勒自然保护区已被联合国教科文组织列入世界自然保护区名录之中。这是一个动物与植物的王国。这个自然保护区位于阿克苏河与贾巴赫勒河流域。在民间，关于"阿克苏—贾巴赫勒"这个称谓有两种传说。第一种传说是在古代战火连天的时期，阿吾勒的人们躲进深山避难。一年之后，有人上山找他们，半路上碰到了一匹两岁的小马驹，而哈萨克人将两岁的小马驹叫作"贾巴赫"，然后加上"勒"这个后缀，就是"有两岁小马驹的地方"。这里因此得名"贾巴赫勒"。第二种传说是这一带曾经有过一位叫作"贾巴赫勒"的富人，因此得名。阿克苏—贾巴赫勒自然保护区之前的管理员叫别克吐尔·托烈吾西。但追根溯源，阿克苏—贾巴赫勒自然保护区的称谓肯定与阿克苏河与贾巴赫勒河紧密相关。在地理学家叶尔肯别克·霍依齐巴耶夫的学术著作《哈萨克斯坦山水地名词典》中，关于阿克苏—贾巴赫勒这个地名作了以下阐释："阿克苏—贾巴赫勒——这是一个复合地名，是阿克苏河与贾巴赫勒河的复合形式。"在马赫穆德·喀什噶尔的学术著作《突厥语大词典》中，这个地方被称作"伊巴胡"。人们在生活于11世纪的古代突厥所属"伊巴胡"部落称谓之后加上"勒"这个后缀，形成了"贾巴赫勒"这个地名。

阿克苏—贾巴赫勒自然保护区是中亚和哈萨克斯坦地域最早设立的自然保护区之一。最初负责设立自然保护区的人是著名的水生生物学家艾布拉姆·利沃维奇·布罗茨基。1920年，这位专家第一次来到了阿克苏河与贾巴赫勒河上游地带。

阿克苏—贾巴赫勒自然保护区位于西天山一带的塔拉兹山、阿拉套山的西部，包括海拔高度为1300—4000米的广袤山区。西北部与奥格木山相连，东南部通过塔拉兹山和奥格木山与吉尔吉斯斯坦和乌兹别克斯坦相连。自然保护区的中心地带与奇姆肯特市相距70千米，距图尔克巴斯火车站18千米。

蒙布拉克（千泉）

位于江布尔州朱瓦勒县的铁热斯河流域自古以来也被称为蒙布拉克。关于蒙布拉克这个地名，最早见于中国唐代高僧玄奘从629年开始游历西域之后的游记《大唐西域记》。他这样写道："索叶城西行四百余里，至千泉。千泉者，地方二百余里，南面雪山，三陲至陆。水土沃润，林树扶疏，暮春之日，杂花若绮，泉池千所，故以名焉。突厥可汗每来避暑。"651年，叶斯铁莫斯汗的第五世孙厄孜巴尔勒汗在祖父的夏季避暑地千泉修建了城市，并将宫帐扎在那里。这些内容也记载于列夫·尼古拉耶维奇·古米廖夫的《古代突厥》以及《哈萨克斯坦历史》第1卷、《江布尔州大百科全书》等学术著作中。

在蒙布拉克这个地方，即胡兰套山的山脚下有许多泉流，还有气候凉爽的平原。1223年，在征服中亚的战争中精疲力竭的成吉思汗曾经与手下们在这里歇马休息。这是历史学家列夫·尼古拉耶维奇·古米廖夫在自己的学术著作《古代突厥》中所描述的一个情形。

关于坐落于丝绸之路上的城市和驿站，阿拉伯地理学家、使臣乌伯依多拉赫·伊本·霍尔达特

蒙布拉克

别克于846至847年曾经写过一本日记，其中有这样的记载："我们来到了塞兰县布都胡克特，然后去了图尔克巴斯、蒙布拉克，走了4.8千米，接着去了铁热斯这个地方，走了7.2千米，又通过朱维克特地方抵达了塔拉兹城。"

这里提到的城市都是在1219—1220年成吉思汗西征时被毁的地方。关于这一点，1246年曾经沿着阿尔斯河岸的丝绸之路走过的罗马人普兰·迦尔宾这样写道："我们在这里找到了被毁掉被抢劫的带有许多城门的城市和空荡荡的村庄。"

我们搜集整理关于蒙布拉克城的许多历史文献，可以断定651年由厄孜巴尔勒·哈里克汗建造的蒙布拉克城到了1219年就彻底被毁了。大略计算一下，这座城市存在了568年左右。

蒙布拉克市现在位于朱瓦勒县与南哈州图尔克巴斯县相邻之地的恰克帕克火车站再向南1千米的地方。可以通过两侧的恰克帕克山梁和胡兰山梁看到这两个县所在的地域。阿尔斯河就源自这些山梁西部的众多泉眼。现在，在这一带从事农耕生产的时候，常常可以挖出器皿残片，表明这里曾经是城市。但直到今天，蒙布拉克城的遗址还在被研究。

这里之所以被称为"蒙布拉克"，是因为这儿有无数条泉水涓涓流淌。在朱瓦勒县有叫作蒙布拉克的商城，而且海拉乡中学也叫蒙布拉克中学。

楚河市因何得名

神圣的地方——楚河市是交通枢纽。根据正式的历史文献，这座城市有4万人口。实际上，这座城市现在的人口已达到了五六万。

楚河市位于离州中心塔拉兹东北部225千米的地方，城市的建立与图尔克西布铁路建设紧密相关。1937年，这儿成了一个市镇。到了1953年莫英特—楚河铁路建成开始运营之后，楚河市才得到了快速发展。

我们应当从图尔克西布铁路开始建设时来讲述这座城市的历史。遗憾的是，国内研究楚河，以及同名城市的专家学者寥寥无几。经过考古发掘研究，中世纪突厥王朝的中心，即文化中心八剌沙衮城的遗址最终在楚河市被找到了，这是确凿的事实。根据历史文献，在这片土地上曾经生活过10万人口。

文化繁荣、经济发达的八剌沙衮人民在13世纪初遭到了众多黑契丹人的侵犯，尽管他们拼命抵抗，浴血奋战，但是最终被摧毁，夷为平地。

博学多才的作家贾汗·塔依江多年来坚持不懈地发掘、研究楚河与同名城市的渊源和历史根脉，并有了相当大的成效。例如，他在发表于《故乡》这部期刊2005年第4期上的文章《楚河市因何得名》中这样写道："……有两个闻名于东方的伟人——著名的诗人、学者、思想家玉素甫·哈斯·哈吉甫·八剌沙衮和语言学家、学者、哲学家、旅行家马赫穆德·喀什噶尔都出生于八剌沙衮。"

对历史悠久、自然资源丰富、风景优美的楚河和塔拉兹一带，历史上曾经有过许多文人墨客抱以敬仰的态度。如著名的俄罗斯学者瓦西里·瓦西里耶维奇·拉德洛夫说楚河建城的时候，还没有塞兰、塔拉兹与八剌沙衮。后来我们才弄清了瓦西里·瓦西里耶维奇·拉德洛夫之所以这样说的原因。

楚河

在企图征服世界的成吉思汗西征时期，已经对将要面临的危险有所察觉的西方是带着求和的愿望直奔哈拉和林的。当他们看到物产丰富、犹如人间仙境的楚河与塔拉斯河的秀丽景色时，赞不绝口。其中之一就是法国路易九世派遣的使臣鲁不鲁乞，他于1253年秋天来到了楚河，稍后罗马助教意诺增爵四世派遣的意大利人普兰·迦儿宾也穿越了楚河与塔拉斯河。从此以后，西方与俄罗斯的旅行家、求和使臣、探险家等各路人马便络绎不绝地来到了这一带。在他们后来的游记、求和文件和历史著作中都无一例外地提到了楚河这个地方。

关于楚城，著名学者米尔咱·穆罕默德·海答儿在自己的著作《拉失德史》中写道："那个时候，阿布勒海尔汗征服了克普恰克部族，他不断侵袭术赤部的苏丹们。克烈和贾尼别克等苏丹为躲避他，逃到了蒙兀儿斯坦。也先不花汗迎接了他们，并在蒙兀儿斯坦西侧楚河一带给了他们一块土地——阔兹巴斯，他们在这里安居乐业。"

1468年，阿布勒海尔汗去世，整个部族开始溃散，内讧四起，许多人投奔了克烈和贾尼别克苏丹，人数近20万。从1465年起，哈萨克苏丹们开始执政。

直到1534年，哈萨克人都占据着乌兹别克人相当大的地域。根据著名学者达尔毕萨里所说，米尔咱·穆罕默德·海答尔在1544年至1546年于克什米尔写了自己的学术著作《拉失德史》。根据这一点，可以说我们这片地域和河流被称为"楚"，要比1253年法国路易九世派遣的使臣鲁不鲁乞所写的游记，以及1468年哈萨克人民在阔兹巴斯高举哈萨克汗国的大旗立国，拥立贾尼别克为汗的时间还要早。

在研究楚河历史方面，中世纪突厥学者麻赫穆德·喀什噶里的学术著作《突厥语大词典》有很高的学术价值。突厥学学者尼古拉·阿列克桑德罗维奇·巴斯卡科夫说麻赫穆德·喀什噶里是"将突厥诸族的语言加以比较进行研究的先锋人员"。而亚历山大·尼古拉耶维奇·萨莫伊洛维奇则说他是"11世纪的瓦西里·瓦西里耶维奇·拉德洛夫"。

根据专家们的研究，喀什噶尔在1029年至1038年出生于八剌沙衮。他出生于喀喇汗王朝的王室，父亲侯赛因·伊本·马赫穆德是征服了河中地区的巴尔萨汗的重臣布格拉汗（哈伦·伊本·苏莱曼）的孙子。

在突厥研究方面，喀什噶尔有多么崇高的名望，那么，他的学术著作《突厥语大词典》就具有多么高的名望。根据他自己的说法，他是在1072—1074年在喀喇汗王朝写出这部巨著的。

著名学者安德烈·尼古拉耶维奇·科诺诺夫指出他写出这部学术著作的主要目的是提高突厥语言的地位，证明它毫不逊色于阿拉伯语。所以说《突厥语大词典》涉及所有的突厥语言，是所有突厥民族共同拥有的历史文化遗产。另外，在当时，楚河被称为"霍坚尼特"。民间有一种说法：突厥人在八剌沙衮附近建立了楚河要塞，并由他们自己管辖。从这一点可以看出这一带除了这座让亚历山大大帝的军队无法逾越的楚河要塞之外，再没有其他河流了。而且由于人们是在楚河要塞之后修建了楚河城，所以这里就叫作"楚"了。

在东方大国——中国的文献中就有关于塞人英明果断的君王"楚"的长诗《楚河英雄》的记载。这一点也很能说明问题。而我们现在有必要认真研究这座古城的遗址到底在哪里。

历史学家贾汗·泰詹创作的学术论文的核心是这样的："在这个安宁和谐的地方，常有白鹳落下，这些吉祥的鸟儿当然不会绕过这个吉祥的地方。这一带安宁和谐的日子至今都没有被破坏。"

是的，白鹳是和平之鸟，不会侵犯其他任何生灵。楚河城是一个产生理性冷静而又足智多谋首领的著名城市。这座城里曾经有过鸟儿在羊背上栖息生蛋的吉祥时代不足为奇，否则和平之鸟——白鹳们不会落在此地，只会绕过它而远去。今天，在这一带，依然有许多白鹳在空中飞翔或落地觅食。上边提到过的亚历山大大帝也曾经在这条穿城而过的伟大河流——楚河河岸下马驻足，痛饮河水。

在之后的岁月里，这一带还有过许多圣贤、英雄，他们聚集一堂，运筹帷幄，商讨民族大计，并在这条河的河岸上高高举起了哈萨克这面大旗，奠定了哈萨克汗国的基石。我认为贾汗·泰詹的这部学术著作内容符合历史事实，作者通过翔实的学术文献和科学推测，进行全面的考证，研究了楚河这条伟大河流与同名城市之称谓的渊源，是一部难得的好书。

博塔莫依纳克山洞

自人类出现之后，各种各样的山洞就成了他们的栖身之所。他们在这里生活生产，狩猎采集，并将猎获的野兽形象凿刻在山洞的岩壁上，也将自己所属部族、部落的符号印记凿刻上去。至此，美术就产生了。

研究原始山洞艺术的专家亨利·步日耶曾经阐述过山洞艺术的发展与人类转向捕获大兽之间的关系。两者之间的关系不是偶然的，人类转向捕获大兽不仅能使他们的想象力丰富起来，捕获能力得到训练，更重要的是能让他们创作出生动的深刻的令人难以忘怀的艺术作品。但是，人类捕获大兽及其他一些生产生活活动，在山洞艺术产生之前就存在了。实践证明，空闲时间为人类从事艺术创作创造了必要的条件，同时也激励人类去为此努力，这让我们想起了法国作家阿纳托尔·法郎士的充满幽默的名言："猴子永远也成不了人，因为他不知道什么是无聊。"

关于空闲时间的劳动作用，并不与某种概念产生矛盾，因为没有劳动，也不存在空闲时间。我们将人类有条件地从事艺术作品创作的工作当作传统艺术来看待。自古以来，我们都将山洞岩壁上的文字与岩画看作美术作品。

岩画艺术经过了几千年的雨雪风霜终于延续到了我们这个时代。这样的山洞多存在于哈萨克斯坦地域的山间，主要是卡拉套山峦、伊犁—阿拉套山峦和中部哈萨克斯坦的一些地方。博塔莫依纳克山洞就是其中之一，这座山洞位于江布尔县阿克布勒姆乡9千米处东南一侧吉尔吉斯斯坦所属的阿拉套山下游地带的峡谷。这条峡谷有一条很长的山路，顺着这条山路走1千米之后就会碰到一座山梁。然后沿着这座山梁左侧一直走到山顶处，在层层叠叠的岩石峭峻中，会闪现出一道像阳光一样的洞口。洞口只能容一个人进去，而且只能俯身入洞。在黑黝黝的山洞里，有一条沿着两侧洞壁往下走的小路，可以看到岩壁上有古人留下的文字与各种岩画。考古学家们正在研究这些文字与岩画内容属于哪个历史时期哪个部族等问题。由于没有获得发掘许可，所以现在只能采取摄像的方法来保存研究这些珍贵的文物。继续往下走，会发现距洞口1.4米处有一个四方形深坑。山洞的宽度各不相同，洞口那里宽四五十厘米，再往前走是六七十厘米。走到最里边，山洞宽度可达1米左右。由于山洞顶部很低，人只能爬着进去。但有些地方的顶部可达5.7米。历史学家江布尔·别斯巴耶夫1964年4月进入过这个山洞，他说，虽然山洞的入口处窄一些，但是里边比较宽敞，两三个人可以并排行走。

那时，岩壁上的文字排列得很长，但当时别说研究这样的历史遗迹，甚至没人敢说出来。历史学家江布尔·别斯巴耶夫当年也只是少年一时性起，才进入山洞观察的，并走到了那个四方形房子模样的地方。这个房子高达2米，每面墙宽3.5米，他在三四个地方都碰到了这样的房子。山洞分成两个部分，向两个不同的方向延伸。山洞的深处很窄，他一直走到了无法挤进去的地方，才返了回来。往下走了100—200米之后，山洞分成两个部分。右侧的山洞被用石头堵起来了，无法低下头通过。左侧的山洞里边很窄，但可以走着通过。倒塌的石岩上有很多凿刻的文字与岩画。遗憾的是由于自然界的数次地震，以及之前在这里所进行的旧式炸弹武器销毁而产生人为地震，让山洞内部发生了坍塌事故，岩壁上的文字与岩画或被掩埋或被毁坏。哎，是否有人能阻止这样的事情再次发生呢？

古代历史文物的这处遗址就这样被毁掉了。40年前，这个山洞里边相当宽敞，人可以在里边自由走动，现在我们要告诫州文物管理部门的是——这处山洞因人为因素就要被彻底毁坏了，就要被堵死了。如果如此珍贵的历史文物以后依然得不到保护，如果依然在那里销毁旧式武器，那么山洞里那些颇具价值的文字、岩画就不可再为研究人类发展历史而服务了。这个地区相关部门组织专家们进行过一次考察。专家们说山洞里的五个洞穴相距10—15米。但因为上述原因，这些房间都被石块儿填满了。这些都是人为造成的毁坏，但一些坍塌的岩壁上，还留有手握弓箭的人像，有的地方还裸露出了带有文字的岩壁。据我们推测，这些文字很像东方文字，但这些文字与岩画表示什么意思，我们却不得而知。这些文字与岩画都交给了社会科学院世界语言研究所的专家们了，请他们来考证。这些岩壁上的文字，不太像古代突厥文字。我们在这些文字周围的石堆里翻了翻，发现一处石头上凿刻有莫名其妙的文字。这块石头被带出了山洞，放在了学校的博物馆里。

突厥学学者 Е.Б.萨吾热阔夫认为这块石头上的文字很像突厥语中的"Л"这个字母。而且我们还从找到这块石头的地方找到了类似于瓶子的物品。教授、考古学家、民俗学家 К.巴依博森认为这是七八世纪的文物。他认为这个瓶子有两个用途：第一，这个瓶子是用来盛液体物品的，例如水银、油水，或者女人所用的擦脸油。第二，在战争年代，要想攻占对方的要塞城堡，人们就会在这样的瓶子里盛上油脂或者石油，然后将瓶子的捻子点着，从外边扔进敌方的要塞或者城堡以制敌，并烧毁他们的芦苇、房屋及街道设施，从而战胜敌人。

从博塔莫依纳克山洞找到的这个瓶子高13厘米，直径24厘米。从瓶腰至瓶口为2厘米，瓶口直径3厘米。类似文物的体积各不相同，可能先辈们将这个物品插在地上用来储备液体物品吧。一些大学生不顾这些山洞研究所遇到的种种困难，依然在探索，这在现在是一项新的举措。无论如何，博塔莫依纳克山洞必须被列为国家级保护文物遗址，并得到很好的保护。坐落在博塔莫依纳克山正中地带的这座山洞对我们来说，犹如美人的一片深沉的目光那样令人迷醉。天上的星辰始终与大地原野一起存在。我们祈愿博塔莫依纳克山洞像天上的星辰一样，永远闪烁光芒，作为珍贵的精神文明遗产为后代们服务。再说说博塔莫依纳克瞭望塔，它是由人类凭借双手修建的历史文物。突厥王朝时期，这座瞭望塔曾经为突厥民族服务。这座历史文物坐落在博塔莫依纳克山洞上方。从这里翻越两座山峦再往上走，就能看到古城塔拉兹。

州立博物馆的考古学家、民俗学家库赞拜·巴依博森诺夫认为这座瞭望塔是突厥王朝时期与战争相关的军事设施。士兵们可以站在上边观察到来自东部的入侵之敌，然后点燃烽火，向塔拉兹城传递信号。看到烽火后，塔拉兹城的城民们以及周边的百姓会奔走相告，做好抗击敌人的准备。这座瞭望塔呈圆形，面积为32平方米，高2.5米，全部用石头砌成，没有用任何其他材料。瞭望塔经过五六个世纪无数次动荡不安的岁月，一直存续到了今天。

在下游的平原地带，有从塞人时代延续至今的杰特托别国王城堡。从外观来看，城堡呈直角三角形，一部分与另一部分相互衔接。看起来，先辈们将博塔莫依纳克山用于生活，而将瞭望塔用于观察敌情，从而保卫家园。这样的瞭望塔也多见于加斯奥尔坎一代的喀喇塞峡谷上游，以及属于吉尔吉斯斯坦的波克罗夫卡镇的大门一带。历史学家库赞拜·巴依博森诺夫也证实说："在东部的库依克山一带也可以看到这样的一些瞭望塔。"我们对博塔莫依纳克瞭望塔作了认真仔细的考察研究，并证实了一些问题。在瞭望塔顶部的石头堆里，留有生过火的遗迹。本州的考古学家、历史学家们提出了许多相关的学术观点，我们会博采众长，得出统一的结论，并提出相关的保护措施，也会向国内外游客大力宣传这一处珍贵的文物遗址。

阿克阔勒湖传奇

传说在古代时期，奥利耶阿塔一带有过一位国王，他有众多的儿子，只有一个女儿，名字叫"阿克"，即洁白的意思。国王在湖边专门为女儿修建了一座城，让她与侍从们在这里生活。人们将这个地方叫作阿克城。

阿克阔勒湖

女儿常在阿克阔勒湖畔徜徉游玩，或者与伙伴们一起外出狩猎。

战争时期，国王派卫戍部队前往阿克城守卫女儿及城镇。他任命一位叫作"阿萨"的英雄负责守卫工作。因为这位英雄是一个智勇双全的男子汉，所以人们都叫他英雄阿萨。阿萨在城镇面向陆地的地方挖了一条壕沟，并在里边注满了水。还在城镇沿湖地带修建了烽火台，派哨兵日夜观察。

整座小城就这样成了无论从水上还是从陆地都无法攻克的地方。有一天，东方的入侵之敌前来进犯，挑起了战争，杀害了塔拉斯河沿岸地区的许多男性，摧毁了许多城市，大肆掠夺财富。但在阿克城脚下，他们却遭到了猛烈的打击。阿克城里有清一色由女性组成的神射手，她们射起箭来百发百中，使敌人的伤亡人数激增。敌人知道无法攻下这座城，便开始动脑子了。敌军军官给国王的女儿阿克写了一封信，表达了自己的爱慕之情，并说自己前来这里并不是要攻克城镇，而是因为爱慕阿克姑娘。但他没有想到这封信后来引起了一场战役。

狡猾的军官虽然写信给阿克姑娘，但他施计让这封信落入了城镇守卫官阿萨手中。阿萨拿到这封信读了之后，对阿克姑娘的忠诚产生了怀疑，不知该怎么办。没过一会儿，敌军军官又写了一封信给阿克姑娘，说自己已经停战，手下士兵也已精疲力竭。因为没有运输工具将获得的金银财宝运回去，所以只好将它们驮在40只役驼背上，并运到了城镇大门口放着，准备以后回来再取走。这封信到了姑娘手中，姑娘看了后，认为自己已经战胜了敌人，喜出望外，便开始在城里举办庆功宴会。这时，敌军军官又给阿克姑娘写了一封信，说自己送给阿克姑娘许多珍宝，请姑娘收下。然后又求她杀了身边的神射手姑娘们和守卫官阿萨。这封信没有被送到姑娘手中，而是再次落到了阿萨的手里。

阿萨读了这封信，同时看到姑娘在城里举办盛大的庆功宴，便觉得姑娘已经变心了。敌军的驿队将无数珍宝卸在了阿克城的城门前边，并堆放在了一起。看到这一切之后，守卫官将手下士兵召集在一起说了自己所读的信件内容。士兵们则建议杀了国王的女儿，但守卫官阿萨不同意，因为他也爱慕阿克姑娘，阿克姑娘也曾经信誓旦旦地表示爱慕他。面对这样的局势，心如刀绞的阿萨认为自己还是默默离开这座城市最好，但手下的士兵们不从，认为应当冲出城堡。最后，阿萨带着士兵们出城准备作战。

他们在瀑布河边与敌人展开了搏斗，并给予了对方沉重的打击。但敌人很快重整旗鼓，卷土重来。走出城与敌人作战的士兵们全部阵亡。城门那里堆放着的装有珍宝的木箱里走出了敌兵，他们冲进城里，很快就占领了这座小城。了解了事情的原委之后，阿克姑娘为阵亡的将士们不相信自己而感到悲痛欲绝，当敌人冲进城里的时候，阿克姑娘站在高高的城堡上跳进了湖里，所以人们将这片湖泊叫作"阿克阔勒湖"。

这片湖泊以前是淡水湖，自从阿克姑娘含冤跳湖死去之后，她不尽的泪水落入湖底，变成了盐，所以这片湖泊现在变成了咸水湖。

如果人们之间的爱变得淡漠，不再相互信任时，这片湖泊的水就会变咸；当人们和睦相处，相互爱怜信任时，湖水就会变得不再咸，而且湖水会变得丰沛起来。自从阿克姑娘死去之后，这片湖泊多次干枯，又多次丰沛。

坎杰克原野

坎杰克原野（海都发起召开塔拉兹库里台尔大会的地方）位于靠近塔拉兹北部沙漠一带，后来这里有了一个从事农耕生产的村落，这个村落一直保留到了今天。关于坎杰克市，奥利耶阿塔的亲戚马赫穆德·喀什噶尔（11 世纪）、法国国王路易九世于 9 世纪派往蒙古的使者鲁不鲁乞（13 世纪）等人都有所记载。

根据民间传说，坎杰克曾经是塔拉斯河北岸的一座大城市，其城堡是塔拉斯河北岸最坚固的城堡。据说城堡是英雄塔拉兹带人修建的，传说这位英雄的遗体就掩埋在这里。

奥依兰德废墟

哈萨克斯坦大地上有许多被人民世代铭记口口相传的历史文化遗址。其中之一就是奥依兰德废墟，即敌侵之后的废墟。奥依兰德废墟位于吐拉尔·热斯胡洛夫县江阿吐尔木斯乡附近的大山入口处。

哈萨克人很早就有根据地况地貌或者所发生的重大事件来给山水起名的习惯，而人们将这个地方叫作奥依兰德废墟，并不是空穴来风。根据古

奥依兰德

老的传说，这里是蒙古人被哈萨克人打败，因而变成了一片废墟的地方。

这个地方有许多排列成行的巨石阵，据说这是当年为了阻挡蒙古入侵者的战马而做的防御工事。据老人们说，在这一带的奥依兰德、阿克萨来、哈勒马克黑亚[1]等地都有过战役。蒙古人的入侵严重威胁到了哈萨克汗国的独立，为了摧毁哈萨克汗国，他们加紧实施进攻的计划，但遭到了由英雄托赫扎尔率领的哈萨克士兵的迎头痛击。

据民间传说，蒙古人在这里溃败之后就想翻过山梁逃跑，但哈萨克人在现在的阿克萨来这个地方等待着他们，再次给了他们沉重的打击。又因为通往山梁的道路有哈萨克人把守，敌人想通过黑石一带的峡谷逃窜。但由于这里地势险恶，他们只好在这里扎营，之后又一次被哈萨克人击溃。

另一则传说是这样的。在某个时期，哈萨克人与吉尔吉斯人之间产生了矛盾，打了起来，双方都有伤亡。所以人们也把这个地方叫作"奥依兰德"，即废墟。

---

[1] 哈勒马克黑亚：蒙古人摔下去的悬崖之意。

哈萨克人与蒙古人之间最关键的一场战役发生在吐特恒塞，即战俘谷这个地方。这个地方就是现在的奥利耶阿塔奥依兰德。

现在，这条山谷脚下有一条叫作奥利耶阿塔泉的泉水流过，当地人常来这里清理泉眼，并谒拜先辈们。

汗国的金柱——阔兹巴斯山

克烈与贾尼别克苏丹等率领的哈萨克部族来到了莫英胡木沙漠一带建立汗国，竖起大旗的神圣之地就是阔兹巴斯山。这是哈萨克斯坦历史上具有重要意义的地方。位于巴尔喀什湖南部、汗套山的西北部、江布尔山的东部广袤无垠的原野中央的一座山梁，被称为阔兹巴斯山。

这个地方成了克烈与贾尼别克苏丹等人建立汗国的神圣之地，而且连接楚河流域与莫英胡木地区的就是阔兹巴斯。2017年，根据哈萨克斯坦文明复兴计划，这个地方被列入了哈萨克斯坦圣地名录之中。

在历史上，哈萨克斯坦曾经出现过几个叫作阔兹巴斯的地方。历史学家米尔咱·穆罕默德·海答尔的学术著作《拉失德史》中指出哈萨克汗国建国之地，就是楚河河岸的阔兹巴斯这个地方。著名学者乔汉·瓦利汉诺夫在自己的学术著作中也提到了同样叫作阔兹巴斯的两个地方。其中一个位于距维尔内市两天路程的地方，另一个地理位置不详。而学者萨依典·卓尔达斯巴耶夫曾在自己的论著中写道："克烈苏丹曾经在阔兹巴斯这个地方称汗。"而在楚河流域现在的楚河火车站一带的大汗套山有叫作"汗王的院子""汗王的阶梯""汗王的宝座"等与汗王有关的地名。

关于克烈与贾尼别克苏丹前来莫英胡木一带，民间有许多传说，其中之一是这样的：鼠年的深秋季节，带着一万多户哈萨克人从锡尔河流域开始迁徙的克烈与贾尼别克苏丹的驿队在初冬季节来到了莫英胡木一带。准备在这里度过冬季的人们驻扎在了吐勒帕尔沼泽。后来，人们迎着春光，让克烈苏丹坐在白毡上，拥立他为哈萨克汗国的汗王。克烈汗与贾尼别克苏丹带领人民在楚河河岸上修建了城市。他们的夏牧场就在阔兹巴斯、汗套山和江布尔山一带，而冬牧场则在楚河沿岸与莫英胡木一带。在楚河一带执政十年后，哈萨克人将克烈汗安葬在了汗套山上。克烈汗去世两年后，他的后代与贾尼别克苏丹重返锡尔河流域。当时，贾尼别克已经享誉楚河、锡尔河流域和阿尔卡大草原，他勇猛过人，冷静理智，德高望重。

还有一段传说。据说在推举汗王时，人们都会宰杀羔羊来庆祝。之后，这一带的羊羔头骨堆积成山，所以人们将这儿叫作阔兹巴斯，即羔羊头骨堆积的地方。也有人说这个地方的形状像羊羔，所以被称为"阔兹巴斯"。

苏木海依特

哈萨克斯坦有许多与准噶尔入侵历史相关的山水地名，其中之一就是位于吐拉尔·热斯胡洛夫县的中心地带——胡兰乡45千米处的阿布勒海尔原野上的苏木海依特——令凶残的敌人退却的地方。

1728年至1730年，在哈萨克联军抗击准噶尔入侵之敌的战争中，有过一次具有扭转局势作用的大战役，即苏木海依特之战。1926年，在这里修建铁路的工程人员，以及历史学家穆哈梅特詹·特尼什巴耶夫经过在楚河与塔拉斯河流域进行考古发掘研究之后，确定了苏木海依特这个地方。

1997年，著名作家艾布西·柯克勒巴依认真系统地考察研究了这个地方，并创作了长篇小说《昴宿星》，塑造了崭新的阿布勒海尔这个人物形象。之后，由历史学家玛纳什·阔兹巴耶夫率领的考古学家、历史学家们全面研究了曾经发生过苏木海依特战役的这个地方，并在考古发掘中发现了许多兵戈、战袍、鞍具等文物。

在抗击准噶尔入侵之敌的过程中，曾经率领哈萨克军队浴血奋战的首领、英雄阿布勒海尔成了长篇小说《昂宿星》的主要人物形象。

1720年年底，阿布勒海尔曾经在这个地方带兵与准噶尔人交战，而且在离河岸较近的一处水草丰茂的地方安营扎寨。

哈萨克民族小玉兹的汗王阿布勒海尔率领哈萨克民族三个玉兹的浩荡大军，与入侵之敌决一死战，守卫了国土与人民。在一条小河的岸上，哈萨克军队不仅击败了准噶尔入侵者，还将他们驱赶了回去。这场战役就发生在苏木海依特这个地方，即击退了凶残敌人的地方。

关于这一点，著名作家伊利亚斯·叶森别尔林在自己的长篇小说《游牧人》的"拼杀"一章中这样写道："哈萨克民族三个玉兹组成的大军最初在巴尔喀什湖北部一带阿拉阔湖附近的汗套山麓与准噶尔军队相遇。哈萨克汗国当时的汗王博拉提与军队首领阿布勒海尔率军努力拼搏，大获全胜。而准噶尔军队一路溃败，沿着伊犁河向东部撤退。哈萨克人将这次战役称为'昂纳海战役'，即令准噶尔人鬼哭狼嚎的战役。人们还将这一带所发生另一场战役的山梁称为'阿布勒海尔''苏木海依特'。之后，又将此地统称为'苏木海依特'。"

别克托别镇

伟大的丝绸之路作为一条国际贸易大通道不断发展繁荣，为中亚地区城市的形成与崛起起到了积极的促进作用。作为中世纪塔拉兹地区较大的政治经济中心之一，别克托别镇的历史也具有相当重要的意义。

别克托别镇位于江布尔州别克托别乡西侧，2017年被列入州级圣地名录之中。

别克托别镇呈四方形，面积为400米×350米，高6米。这个方形小镇的四个角上都有城堡的痕迹，四周有城墙遗址。在城墙与镇中央之间留有小型土堆形状的废墟。城东、城北和城西都留有入城的大门遗址，还有连接这些大门的道路。镇中心位于西北角，但现在已经变成了一片废墟。

在历史文献中，别克托别镇多被称为"朱维卡特（Juvikat）"。10世纪的历史学家纳尔沙西这样指出："7世纪，来自布哈拉的工匠们建造了茹维肯特镇。"但对这个地方作了科学考察之后，专家们认为这座建筑是以当地的建筑风格建造的。

别克托别镇历史考古研究工作始自19世纪，人民对这里的各种遗址进行了发掘考证，并找到了许多陶罐。据此看来，这座小镇修建并存在于7世纪至12世纪。

著名学者江哈拉·达得巴耶夫在自己的学术著作《塔拉兹地域》中写道："茹维肯特是一座距塔拉兹西部17千米的旧镇，到今天这里还被称为别克托别。893年，这个镇在阿布·易布拉欣·伊斯梅尔·艾哈迈德·萨玛尼入侵之时被毁。"

不管过去了多少年，先祖们留下的这些文化遗址都得到了人民的保护与谒拜。所以，这个地方也成了一个神圣之地，始终保持着自己的历史魅力。

白色烽火台

白色烽火台位于距塔拉兹县毕达勒乡14千米、北部离乌夏拉乡27千米的北沙窝一带一个叫作"卡尔梅克渠"的地方，是属于10—17世纪的历史文化遗址。2010年被列入江布尔州圣地名录之中，2017年又被列入哈萨克斯坦圣地名录之中。

1896年，历史学家瓦西里·安德烈耶维奇·卡劳尔记载了这座白色烽火台。1945年至1949年江布尔州历史博物馆成立考察小组，1980年哈萨克斯坦恢复重建研究院，1983年哈萨克斯坦国立大学考古队等部门对白色烽火台进行了系统的考察研究。2006—2007年，这座烽火台得到了恢复修缮。

各个相关部门经过诸多的考察研究证实白色烽火台是在没有城堡的平地上修建的，是一座没有地基的建筑。可以看出它的东南西北四个角上都有瞭望塔。白色烽火台的总面积为22米×21米，底座直径为11米，高14米，中间有旋转向上的台阶，越往上台身越细。

这里还有用泥坯修建的烽火台护卫城墙，这座烽火台大约修建于10—16世纪，直到17世纪都在使用。考古学家们在考古发掘时找到了陶罐碎片。

在这样的平原地带修建烽火台的主要原因是为了防御来犯之敌。这座烽火台里边建有旋转向上的阶梯，哨兵可以拾级而上，观察来犯之敌，以便及时报告敌情。

关于白色烽火台，民间有一些传说。在一则传说中，带领驿队穿越茫茫戈壁、艰难前行的首领对汗王说："我们应当在途中修建塔台，为来自远方的旅人指明道路。"喀喇汗国的汗王因此命人修建了这座塔台。还有一则传说是这样的：小玉兹的汗王阿布勒海尔在塔拉兹一带的青色烽火台下败给了准噶尔军队的首领奥孜—铁木尔台吉，后来退守锡尔河一带。乌沙与泽列恩格想在当年阿克汗王为意中人修建的青色烽火台旁边再修建一座白色烽火台，并安定下来。1465年，克烈与贾尼别克苏丹等人率部来到了楚河沿岸的莫英胡木一带，建立了哈萨克汗国，并开始扩张领土向西部进发，乌沙与泽列恩格扔下青色烽火台与白色烽火台逃走了。

塔姆德镇

在古老的卡拉套山有一座历史古城——塔姆德镇。根据历史记载，这座小镇是中世纪突厥王朝的文化发祥地。但在一些史料中，这座小镇与古代的茹维肯特常被混淆。也有史料记载说这座小镇是在蒙古入侵时期被完全毁坏的。

在历史上，塔姆德镇坐落在卡拉套城的西侧，塔姆德河右岸，小镇脚下是滚滚而去的河水。在到处都是精彩历史掌故的哈萨克原野，塔姆德镇也有着精彩纷呈的历史命运。

历史学家们记载说塔姆德镇属于6—13世纪。经过多次学术考古研究，小镇的神秘面纱终于被揭开了。准确地说，这里在哈萨克民族的古代历史中，曾经是文明之地，文化之摇篮。这座小镇坚固的城墙一直延续到了今天，而且垒起来的城墙留有东方建筑艺术的风格。从小镇的整体轮廓来看，在历史上，小镇无疑是一个相当规模的文化中心。历史学家们记载说塔姆德镇曾经有过一座塔，塔高12—15米，并认为其毁于成吉思汗西征大军入侵时期。例如，它从喀喇汗王朝一直延续到了9—13世纪。当时，伊斯兰文明得到了空前的发展与传播，尤其是传播到了整个欧洲。而塔姆德镇在当时也是伊斯兰文明的始发传播地之一。在成吉思汗大军西征中，这座小镇被毁。直到后一段时期，这里还能看到累累白骨。考古学家们还在塔姆德镇遗址找到了陶罐、钱币，以及用大鸨的骨头做成的吹奏乐器斯伯孜柯和其他一些文物。现在这座小镇只留有一些断壁残垣，但它显得与我们古老而多舛的历史遥相呼应，相互映衬。而这座小镇与旁边的那条河的称谓在后来的历史中变成了一段段精彩纷呈的传说。

民间有许多关于塔姆德的人物传说。历史上是否有过这么一个人？我们不得而知，但传说故事都指向一个叫作塔姆德的圣人。作家、学者江哈拉·达迭巴耶夫在自己的学术著作《塔拉兹古城》中描述了关于塔姆德圣人的内容。有一则传说是从圣贤霍加·巴哈伍德丁与霍加·阿赫梅特·亚萨维两人之间的掰手腕比赛开始的。当时，巴哈伍德丁生活在布哈拉城，亚萨维住在图尔克斯坦城，他俩都拥有各种技艺，且自命不凡。因为巴哈伍德丁不依不饶的较量，亚萨维斗不过他，一气之下就将阿姆河的水全部装进皮囊里带上向自己的故乡出发了。每次出远门的时候，他都会专程去奥利耶阿塔的墓地谒拜。这次他也没有在图尔克斯坦停留，而是直奔奥利耶阿塔的墓地。当他来到了高高的卡拉套山时，皮囊里满满的河水一滴滴落在了这里，并变成了一眼清澈的泉水。亚萨维的一位弟子看到这个奇迹后，就来到了泉水边住了下来。所以，在后来的日子里，这处泉水和这位弟子就被人们叫作"塔姆德"，即水滴滴落的地方。虽然这只是一个传说，但讲的是圣人的故事。

还有一段传说是这样的：在战争年代里，塔姆德圣人的独子与其他人一起去参战。英雄们在与敌人激战中来到了茫茫戈壁，后来圣人的独子与同伴们一起渴死了。当时，塔姆德抱着儿子的遗体，给自己的同伴们讲述儿子的英勇事迹。从他眼里滚落的一滴眼泪落在了他的胡须上，当他低下头亲吻儿子的额头时，那滴眼泪就滴落在了地上。很神奇的是那滴眼泪滴落的地方突然冒出了一个泉眼。

虽然这些都是民间口口相传的传说故事，但任何一段传说背后肯定蕴藏着真相。在哈萨克原野上有许多受到真主宠幸的圣人，所以，我们相信在哈萨克历史上有过这样一位圣人。

在离塔姆德镇不远的地方，即卡拉套市下游地带，有一处墓地。当地的人们称之为塔姆德圣人墓地，墓碑上方写着这样的一段话：以真主的名义，塔姆德圣人，阿卜·木沙·阿西·卡里之墓。墓地旁边有一眼泉，现在已经变成了一个小湖。这里也是人们前来谒拜的圣地。去过当地的人们都说泉水的味道很特别，而且一年四季都不变味儿，水里还有鱼儿游动。

还有一则传说是这样的：据说塔姆德圣人具有与先辈克则尔交谈的神力，他俩常在塔姆德泉边相遇交谈。在这个传说中，一位母亲的一对儿女也见到了先辈克则尔。只见他坐在泉水边上，放了两条小鱼在泉里。在当代的民间相关传说中，那两条鱼至今都在泉水中游动，而人们相信泉水里所有的鱼都是先辈克则尔放进去的。还有一个传说，据说塔姆德圣人童年时期曾替一位巴依老爷牧放羔羊。老虎来了，吃掉了所有的羊羔，塔姆德为此竭尽全力喊山，想让山来做证。是呀，这些传说都是关于塔姆德圣人的。那么，塔姆德到底是谁？而那个墓碑上方所写的阿卜·木沙·阿西·卡里又是谁呢？

在7—8世纪，当阿拉伯人涉足中亚的时候，这一带生活着突厥人的后代。后来，阿拉伯人知道用武力无法彻底征服这些人，便向哈萨克草原派出了传教士，传播伊斯兰教教义，说服他们崇拜唯一的神——真主。据说这样的传教士之一就是阿卜·木沙·阿西·卡里。他来到了卡拉套山的森林，坐在树荫下传教。他用手杖敲打着地面，地底的水会喷向天空，然后又会落回地面。突厥人见状就会惊呼："塔姆德！""塔姆德！"即水滴下来了。从此以后，这位能与大自然交流、一身素装、头戴白色缠头的老人，就被人们称为"塔姆德"。在阿拉伯语和波斯语中，人们将见多识广、知识渊博的人叫作卡里，换句话说就是圣人的意思。最杰出的智者当然是圣人，但阿卜·木沙·阿西·卡里并不是圣人，只是一个传教士，他徒步跨过三大洋来到这里传教，并在这眼泉水边去世。

我们可以从历史中学习许多知识，以上这些内容不论是传说还是历史记载，都是哈萨克这个民族很有价值的文化遗产。今天，人们依然在将塔姆德镇与阿卜·木沙·阿西·卡里联系在一起讲述着。如果在历史上，阿卜·木沙·阿西·卡里真的是不远万里来到这里传教，并在卡拉套山脚下的泉边去世，而且那个墓地是为他所修建的，那么，他肯定早于圣贤亚萨维出现在这一带。但在最初的一则传说中，塔姆德以亚萨维弟子的身份出现过。也可能塔姆德圣人的墓地与塔姆德镇并没有什么关联。是啊，有许多历史真相亟待我们去揭开。

胡兰镇

在中世纪，丝绸之路北线在穿越哈萨克斯坦的途中，出现过许多声名与财富同样显赫的城市，其中之一就是胡兰镇，这座属于6—13世纪的小镇位于吐拉尔·热斯胡洛夫县胡兰乡东北部。2014年，小镇被列入联合国教科文组织世界文化遗产名录。2017年又被列入哈萨克斯坦圣地名录之中。

从7世纪开始，许多史书都记载了关于胡兰镇的内容。629年至630年，沿着丝绸之路穿越楚河及塔拉兹地区的中国僧侣玄奘留下了记载有中世纪中亚诸族文化的珍贵学术著作《大唐西域记》。

关于位于楚河流域的城市，他这样写道："清池西北行五百余里，至素叶水城。……素叶已西数十孤城，城皆立长，虽不相禀命，然皆属突厥。"关于胡兰镇，他这样写道："素叶城西行四百余里至千泉。千泉者，地方二百余里，南面雪山，三陲平陆，水土沃润，林树扶疏，暮春之日，杂花若绮，泉池千所，故以名焉。突厥可汗每来避暑，中有群鹿，多饰铃环，驯狎于人，不甚惊走……"哈萨克人将鹿叫作"胡兰"，胡兰镇可能因此而得名。阿拉伯地理学家伊本·胡尔达兹在其的学术著作《道里邦国志》中写道："胡兰镇是坐落在经由丝绸之路沿线的楚河地区和塔拉兹前行的商贸驿队所到之地的一座城邑。"历史学家库达玛·本·贾法尔在自己的学术著作《税册》中说，塔拉兹与胡兰镇北部是大沙漠，再往北就是茫茫戈壁，一直延续到基马克汗国的边境。

著名的阿拉伯地理学家艾里·穆卡达西在其的学术著作《地域知识》中写道："胡兰镇位于塔拉兹大路边上，这是一个守卫很严的城镇，其中有可供人们膜拜的清真寺。"

叙利亚地理学家雅古特·本·阿卜朵拉·哈迈维在其的学术著作《地理词典》中这样描述胡兰镇："胡兰是突厥王朝位于河东地区边界的一座美丽的城市。"

关于胡兰镇的学术研究始自19世纪，并一直延续至今，在此基础上，已经证实胡兰镇属于当地的突厥人，是建有豪华宫殿的文化中心城市。

阿斯帕拉镇

位于金山银水的蔑尔克河与霍拉哈特河流域的阿斯帕拉镇自古以来就是一处风水宝地。这里的农耕业、畜牧业、商业及其他行业都相当发达。而且这里自然气候宜人，风景秀丽。所以这里自古以来就是一个吉祥富足的城镇。

阿斯帕拉镇位于哈萨克斯坦与吉尔吉斯斯坦交界的英雄安达斯乡的边界地区。被毁的阿斯帕拉镇一直保持了四方形土堆形状，面积为250米×360米。这座城镇已被列入州级历史文化名录之中，2017年又被列入哈萨克斯坦圣地名录之中。

在关于阿斯帕拉镇修建历史的记载中,这里曾经有守卫城堡。在中世纪,企图入侵文明古城八剌沙衮城和塔拉兹城的敌人很多。当时,为了防御入侵之敌,人们在离蔑尔克城15—20千米的地方修建了军事要塞——阿斯帕拉镇。

15世纪中叶,被誉为草原哲学家的圣贤阿山海戈在游历途中看到水草丰茂的阿斯帕拉镇之时,便冲口说了一句话:"啊!阿斯帕拉!阿斯帕拉!要与邻居和睦相处,丰茂的水草够大家一起享用啊。"

关于与中世纪中亚的著名古城塔拉兹、蔑尔克、塞兰等齐名的阿斯帕拉镇也有许多传说、诗歌。传说中有后来移居土耳其的阿斯帕拉茹克汗的故乡就是阿斯帕拉镇这样的内容。

根据历史文献,早在7世纪上半叶,就有史书记载过阿斯帕拉镇。在中国古代文献中,这个地方被称作"阿史不来城"。波斯地理学家伊本·胡尔达兹比赫与乎达麦在《塔姆德旅行记》中说存在于8世纪的阿斯帕拉镇位于离蔑尔克城5.5千米的地方。人们在编纂丝绸之路沿线的城镇及山水地图册的时候,提到了阿斯帕拉这个地方,并指出了其所在位置,以及与塔拉兹城之间的距离。

根据帖木儿大帝的史书编纂官伊本·阿拉伯夏赫的学术著作,1397—1398年,根据帖木儿大帝的旨令,人们在从河中地区到七河地区的广袤原野修建了几座要塞,以供军队驻守。其中,位于最偏僻地域,并独处一隅的就是阿斯帕拉要塞。他们将阿斯帕拉要塞修筑成了既很难攻取,又非常适于反击的一座要塞。在1405年,这里曾经驻守过1万人的军队。

1670年,历史学家沙·马赫穆德·楚剌斯在自己用波斯文写的著作《编年史》中提到,在1513—1514年冬季,哈萨克汗国的哈斯木汗曾经前往阿斯帕拉一带。历史学家米尔咱·穆罕默德·海答尔在自己的学术著作《拉失德史》中曾经详细地讲述了这件事情。作者说在1513年冬季，伊斯玛一世为了向塞利姆苏丹发起攻势而转向了伊拉克。而哈斯木汗为了管理自己的领土，随即去了阿斯帕拉镇。

萨德尔要塞

在博兰黛河与乌沙什河交汇处有几个被人们称为"萨德尔墓地""萨德尔山谷""萨德尔人被困之地"的地方。现在，这个地方在民间被称作"萨德尔要塞"。这种称谓的由来直到今天都没有多少人知道。

实际上，萨德尔要塞是在哈萨克历史上著名的磨破脚板的大迁徙时代遗留下来的历史印迹。

有关萨德尔要塞，哈萨克斯坦著名作家伊利亚斯·叶森别尔林在自己的三卷本长篇小说《游牧人》中写道："乃蛮部落萨德尔支部的人们在磨破脚板的大迁徙之前就曾在塔拉斯河与阿尔斯河之间游牧迁徙。博拉尔代河岸有一处被称为'萨德尔墓地'的地方安葬着他们的部落先辈。在磨破脚板的大迁徙中，乃蛮部落的英雄卓玛尔特与自己的9个儿子死于卡尔梅克人之手。当时，恓恓惶惶逃难的四万户哈萨克家庭中最终只有15000户陆续迁徙到了安集延一带……"

哈萨克斯坦著名作家索弗·斯玛塔耶夫在自己的长篇小说《啊，我的故乡》中详细地讲述了英雄卓玛尔特及9个儿子为保卫自己的故乡与入侵者浴血奋战，最终英勇就义的事迹。

我们还可以列举穆哈梅特詹·特内什巴耶夫的长篇小说《磨破脚板的大迁徙》中的一个段落："这里有一条现在被称为'萨德尔人被困之地'的溪流，它潺潺流入位于铁列克特一带大小两座图拉山之间的铁列克特河。当年，萨德尔支部的人们就被围困在了这个地方，并遭到了无情杀戮。1723 年，英雄卓玛尔特与自己的 9 个儿子恰好在此地过冬。"

在那场惨烈的屠杀中，只有一位出生仅 25 天，名为塔斯波拉特的婴儿幸免于难。之后，他的家族成了一个人丁兴旺的阿吾勒。作家穆哈梅特詹·特内什巴耶夫继续写道："我就是那个出生仅 25 天，名为塔斯波拉特的婴儿的第五代传人。"作者这样讲述了自己的族源根脉。

总之，"萨德尔墓地""萨德尔山谷""萨德尔被困之地""萨德尔要塞"等所有称谓的出现，都与萨德尔部落所经历的血腥屠杀有着紧密的联系。

The
Biography
of
Taraz

塔拉兹传

古代美术和金属加工工艺　第十三章

艾吾里耶阿塔兽形艺术风格

  自古以来,我们英勇的先祖就将自身的精神力量与猛兽以及长有犄角的动物形象联系在一起,将它们强有力的一面视为自己火山一般的意志。他们也对象征贤明与长寿的乌龟形象如痴如醉。用刀剑刻下"为了突厥民众的利益,我夜不能眠,昼不安顿"碑文的阙特勤头冠上刻有神话传说中不死鸟的形象。突厥人认为盘羊栖息于高山崇岭之间,离上苍最近,所以将它作为民族图腾加以尊拜。向往自由的哈萨克人高举着绣有苍狼头的旗帜驰骋疆场,保家卫国。哈萨克斯坦国旗上也有草原雄鹰的形象。这一切反映的就是我们这个民族的精神生活。

  我们的先祖自古就与广袤的世界和谐共处,将自己视为大自然不可分割的一部分。而这一基本的生活原则塑造了栖息于这片广袤草原的人民的世界观与价值观。哈萨克斯坦古代先民创造了拥有文字、神话故事和民间诗歌的非凡文明。他们所创造文明的耀眼景象、艺术存在和精神财富的标志就是兽形风格的艺术。在生活中,使用动物形象象征人与大自然之间的相互联系,它阐明游牧民族的精神指向。他们在生活中会更多地用到猛兽的形象,尤其是猫科动物的图案。雪豹这种动物是动物界稀有且高贵的典型,它之所以被当作哈萨克斯坦主权的象征也绝非偶然。总而言之,兽形艺术风格源自我们民族古老的生存历史背景。哈萨克民族的生活用品、传

哈萨克斯坦国旗

统服饰、毡房内外饰品中出现的公羊角、骆驼蹄、驼羔颈、狐狸首、鸟翼等花纹图案也同样体现了这一点。在用鄂尔浑—叶尼塞文写的阙特勤碑铭中就可以发现运用到诗歌中的猛兽形象。例如：

> 我父可汗的战士们犹如苍狼，
> 敌人的士兵们则绵羊般羸弱。

在这一段碑铭中，突厥人的战士被比喻为苍狼。在乌古斯部族的英雄史诗《乌古斯传》中，将引领可汗浴血奋战走向胜利的猛兽描绘为从天而降的凶猛强悍的成年公狼。在哈萨克民间英雄长诗中，英雄叶尔托斯特克的忠实伙伴鲲鹏站在山巅。哈萨克斯坦的首都努尔苏丹市仿照鲲鹏巢穴建造了巴伊杰列克观景塔。在哈萨克斯坦，还有与奠定萨乌兰历史古城基础的英雄萨乌兰为伴的展翼飞豹雕塑等。在我们所熟知的民间英雄长诗《霍布兰德》中就有描绘英雄形象的段落：

> 他孤身一人，一路所向披靡，

>他单枪匹马，一路急急向前。
>他就像冲向羊群的一匹老狼，
>杀得进犯之敌悒悒惶惶逃命。
>他就像冲向羊群的一只老虎，
>追得进犯之敌丢盔弃甲隐身。
>他将三千匹马放在这条山谷，
>他将四千匹马放在那条大峡。
>他将所有的缰绳挽成了死结，
>说是到了凯旋之时再带回家。

从以上这一段诗句中不难看出，诗歌运用了猛兽形象来形容主人公的英姿飒爽。

>你若要问我的伟大壮举，
>它犹如狂啸的老虎与棕熊。
>你若要问我的英雄气概，
>它犹如马群中的无畏马驹。
>你若要问我的气力如何，
>它犹如水中的鲟鱼与巨鲇。
>你若要问我的坚毅果敢，
>它犹如林中的松树与桦树。

以上这一段是哈萨克民族著名的歌谣家吉耶姆贝特献给哈萨克汗国著名汗王额斯木汗的诗歌，其中也出现了很多用猛兽形象来作比喻的修饰。哈萨克民族著名的诗人玛赫詹·朱玛巴耶夫以诗歌激励青年一代时，也用猛兽飞禽形象来比喻青年一代的精神风范："你们犹如威风凛凛的雄狮"，"你们犹如勇猛无畏的老虎"，"你们犹如矫健勇猛的雄鹰"。哈萨克人当年曾经在塔拉兹奠定了哈萨克汗国的基础，第一次团结一致高高举起了民族大旗。我们可以从这里出土的珍贵文物中看到先辈们所创造的辉煌文明。

在世界文明中，突厥文明一直以来就受到了特殊的认可，原因在于整个欧亚大陆上第一个发展金属冶炼业的就是古代的突厥人。在发展金属冶炼业的同时，突厥人使用各种饰品来装点生活，将自己的图腾凿刻在金属制品上，或者凿刻在陶制品和石器上。在突厥文明中，冶金业最发达的要数南部哈萨克斯坦地区了。尤其是在中世纪，这个地区的冶金作坊数量甚多，出土了大量马匹和马具等文物。在世界文明历史上，最早驯服和饲养马匹的是我们的先祖，所以最早制造和使用马匹所用的马具、笼头、马镫、马鞍的也是我们的先祖。不仅如此，他们还在每一件铁器上凿刻了种类繁多的植物、动物形象。其中，凿刻最多的是各类植物和一些特殊的动物——马匹、苍狼、狮子、雄岩羊、盘羊、雪豹等。在塔拉兹市进行的考古发掘工作中，所出土文物中就有很多这样的植物、动物图案。其中有一座青铜檠灯就是以鸟兽为造型，向四周发散光芒的。而在我们古老的突厥文化中，雄鹰与猎隼具有很深远的寓意，它们代表着自由，从古至今无人能及。它们通常从高空一跃而下俯冲到地面捕获猎物。同时，它们也象征着绝对的权力与高贵。我们的蓝色旗帜上展翅翱翔的雄鹰就有这样的寓意。除此之外，狮子造型的出土文物也不在少数。这类文物多由视自己为动物之王狮子一般勇敢的古代突厥部族所使用。例如，喀喇汗国建国之初大汗之侧有正汗：大汗称阿尔斯兰汗，驻八剌沙衮，号"哈喇斡耳朵"或"虎思斡耳朵"。萨图克的父亲巴兹尔就是阿尔斯兰汗。副汗称布格拉汗，驻怛罗斯，即塔拉兹。当时，布格拉汗一方敬拜骆驼，而阿尔斯兰汗一方则敬拜狮子，认为自己就像一只狮子一样高大威猛，甚至在铸造的钱币上也有狮子造型。然而，在喀喇汗国时期，伊斯兰教渐渐占据上风后，当地民众慢慢不再使用这样的动物造型，开始在文物上凿刻《古兰经》经文，并视其为一项传统。除此之外，在许多可汗与英雄壮士所佩戴的腰带上也出现了许多猛兽造型纹路配饰。人们通过这些配饰来确定腰带主人的地位、身份及等级。这些镶金裹银的腰带扣上还凿刻有狮子、麋鹿、盘羊、苍狼的造型。如果说雄岩羊和盘羊在陡峭的山崖飞檐走壁意味着勇敢果断，那么苍狼就是一种在任何时候都百折不挠、誓死不愿臣服于人类的神奇动物。我们的先祖认为我们这个民族源自苍狼，所以苍狼在民族文化中有着很深的寓意。古代突厥时期，甚至出现了凿刻有苍狼与狮子形象的印戒。古代的人们就用这些方法表达他们的图腾崇拜与信仰。伊斯兰教传入中亚之后，教规禁止凿刻人物与动物的形象，取而代之的是太阳、月亮、星星以及植物的造型。6世纪至12世纪，江布尔地区出现了近70座大大小小的城市，这些地方都有冶金业的发展遗迹。在这里出土的金属饰品中，大部分都凿刻有猛兽的图案，可汗们使用的各类物件与宝座上也有飞禽走兽的造型。这些精美绝伦的饰品呈现着先祖鬼斧神工般的手工技艺。尤其是在南部山区，人们在加工金属饰品的同时，也会在其表面凿刻山区常见的飞禽走兽图案。这些古代饰品通过丝绸之路流传到了世界各地。

我们的先祖们首次驯服了马匹，为保卫广袤草原加工制作了头盔、铠甲、盾牌、利剑和弓箭，并将伟大草原文明传承给了后代。他们充满智慧理性和大无畏精神，显得与众不同。在世界学术界，有一种观点——美术是由突厥人发明的。

世界文明中的任何新发现都在我们伟大的草原留下了深刻印记。苏联考古学家、历史学家、民族志学家、国家科学院院士阿列克谢·帕夫洛维奇·奥克拉德尼科夫曾撰写过一部名为《西伯利亚岩画》的学术著作。翻阅这部著作时，你会发现我们的先祖将生活的方方面面与人的习性紧密联系在了一起。令人遗憾的是，岩画研究工作还未得到哈萨克社会的支持与关注。研究岩画艺术需要渊博的知识，而且考古学家、历史学家们至少要懂得两门以上的古老文字，以及解读这些古老文字的专业能力。时至今日，这类人才少之又少，可以说几乎没有。当然，我们也有很多不足之处，其中之一就是我们的历史学家们对许多事情都持片面观点，眼界比较狭隘。所以，直到今天，我们依然停滞在瓦西里·弗拉基米洛维奇·巴托尔德、亚历山大·纳桑诺维奇·伯恩斯坦、瓦西里·安德烈耶维奇·卡劳尔等专家研究成果上。在西方国家，诸如西班牙以及非洲地区的山洞里有大量岩画，但只限于山洞，露天环境中的岩画极为少见。那么，人物岩画、石人雕像究竟为何常见于突厥民族栖息的广袤草原呢？这些人物岩画、石人雕像在欧洲、在美洲地区都很难找到。原因是奠定古代绘画艺术和雕刻艺术之基础的正是古代突厥人。最能说明这个问题的就是遍布哈萨克草原的人物岩画和石人雕像。但坐落于塔拉兹地区阿克布勒姆近郊的卡拉塞岩画正濒临消失，波塔莫依纳克岩画也亟待保护，还必须进行广泛的研究分析。在那个没有纸张、文字的荒蛮时期，我们的先祖通过在岩壁上凿刻飞禽走兽的形象，在大漠竖起石人雕塑的办法，来表达他们的世界观及哲学思想。也通过这样的手段表达人类走出山洞之后，美学与大自然之间的关系呈现更加广阔的前景。

巧夺天工的金属加工工艺

金属加工工艺与技术的发明开辟了通向新时代、新阶段的道路，彻底改变了人类的发展进程。富含多种金属矿产的哈萨克大地也成为世界上最早出现冶金业的地域之一。早在远古时期，在哈萨克斯坦中部、北部和东部地区就出现了铜、铅、铁、银、金等金属采矿生产和冶炼中心。我们的先祖不断研发崭新的、更强大的金属加工工艺，为加快技术进步创造了机会。考古发掘时出土的古代金属饰品、日常生活用品以及兵戈的冶炼制作就证明了这一点。这些都是不争的事实，自古以来就摆在那里。例如，我们的先祖塞人曾经在江布尔地区栖息繁衍，他们用一些坚硬而带有利刃的石头截取铁器，将铁件打磨加工后制作成了箭头与矛头，用于击败敌军。因此，我认为有必要回顾一下这个地区曾经拥有的冶金工业历史。江布尔州的冶金工业始自青铜时代，尤其是这个地区所属的楚河流域、汗套山脚下，很早就出现了几处大小不一的矿产冶炼场。早在20世纪80年代，一位名叫马里亚舍夫的考古学家率领一些考古科研人员在这片区域展开了考古发掘与科研工作。这些人以严谨科学的态度和工作作风验证了这片区域的冶金业始自青铜时期这个事实。在离这片区域不远的沙特尔阔勒地区至今还存在铜矿厂，工人们依旧开采冶炼铜矿。这里还有国家科学院的一个科考团队，国家科学院院士卡尔·莫勒达合梅特·拜帕科夫经过考察研究，证实了这个地区有属于青铜时期的几处最早的矿产冶炼场。这些始自青铜时期的矿产冶炼场直到今天都发挥着重要的作用，成了人类新发现的继承者。在早期铁器时代，尖顶帽塞人同样栖息繁衍于江布尔地区，也同样为人类文明作出了贡献，创造了许多属于早期铁器时代的物品。这一带的杰特托别与别热克卡拉古代墓葬保护区就是最好的例证。

这一带的考古发掘与科研工作始自20世纪80年代末与90年代初。在此期间，出土了很多黄金饰品。尤其是在别热克卡拉古代墓葬保护区进行的考古发掘科研工作中，巴什基尔族考古学家拉米尔·伊斯梅洛夫就曾鉴定了许多出土文物。这些文物大多数现存于俄罗斯圣彼得堡市埃米尔塔日博物馆内。在别热克卡拉古代墓葬保护区出土文物中有一件男士腰带，这条腰带上的镶饰都是猛兽造型。2011年，杰特托别古代墓葬保护区获得州财政拨款，对两处墓葬区展开了全面的考古发掘研究工作，在此之前已经被盗的古墓依然出土了近40件金质饰品，而且大部分文物都是雪豹、麋鹿造型。这些文物需要用放大镜才能看到其精细美丽巧夺天工的制作工艺。例如，一件金质饰品上凿刻着麋鹿的双眸，双眸里边又凿刻着另一只动物的造型。真是鬼斧神工呀！这就是远古时期冶金业与金属加工技艺的完美结合，也算是一种新发现吧。现在，我们完全可以挺起胸膛充满自信地说——这就是我们的先祖所创造的超群文明。

在伟大草原的七大创举中，远古时代的冶金业始自江布尔地区，这是一大创举。哈萨克斯坦是一个矿产丰富的国家，铁器时代之初，阿克尔塔斯附近也有金矿。也就是说，生活于这片区域的塞人并没有从其他地域开采金矿，而是用某种最原始的方法勘探金矿，并开始开采。他们在知晓了黄金的非凡价值之后便开始进行金属加工。这个地区出土的考古文物说明早在前4—前3世纪，生活在江布尔地区部落联盟的百姓在冶金业和金属加工方面已经具备了高超的技艺。

值得一提的是，塔拉兹附近，以及塔拉斯河上游曾有过一座名为"炽俟"的古城。据学者们的研究成果，这座古城遗址已遗留在了萨德尔库尔干基洛夫水库的底部。根据历史文献记载，这座古城就是塔拉兹古城铸造钱币的地方。中古时期，古城炽俟就是丝绸之路上的一座盛产白银的具有战略意义的城市之一。在突骑施汗国和葛逻禄汗国统治塔拉兹古城的时期，制造钱币的工作就是在古城炽俟完成的。突骑施汗国的钱币是圆形的，中间的镂空部分是矩形的，多用铜、银铸造。出土于塔拉兹市的珠宝首饰也是在这里制作的。也可能人们当时在古城炽俟的银矿采集原材料，之后运往塔拉兹城的首饰作坊加工制作吧。2015—2017年，对塔拉兹城进行考古发掘工作时出土的一些文物就是明证。2015年出土的古代文物之一便是一套用金银加工制作的女性饰品，其中有制作精美的耳环、项链及手镯。考古学家们经过科学鉴定，得出了这些文物出自当地工匠之手的结论。在这次考古发掘中，还发现了各种劳动工具和兵戈。经鉴定，这些文物都是用铜或铁铸造而成。

除此之外，塔拉兹市还有属于中世纪的塔穆德古城遗址。2009年，考古学家们在这片区域进行了大规模考古发掘工作。其间，出土了铜制矛头、箭头以及金属生活用品。在对这座古城遗址的东南部进行考古发掘工作时，还出土了古代青铜冶炼炉，其内壁与外壁异常厚实。当地依然留有当时冶炼青铜时产生的灰烬、残片。这一切都说明当时的江布尔、楚河、塔拉斯河地域的冶金业已经高度发达。

在石器时代，楚河、塔拉兹等地的人们用石头制作石器用于生产生活。青铜时代又出现了金属冶炼加工技艺，这使劳动生产率有了相当大的提高，人们的审美意识更强了。14—15世纪，塔拉兹不仅是丝绸之路沿线的贸易城市，也是拥有先进的金属冶炼加工技艺的文化之城，综合实力与丝路沿线的其他城市相当。

从哈萨克大草原出土的这些文物，充分证明了人类历史上最早开始金属冶炼与加工的人正是我们先祖。例如，被誉为塞人首领，出土于阿拉木图伊塞克古墓群的金人就是一个举世闻名的奇迹——金人的整件战服由4800个动物、植物和几何图案饰片组成，头饰上还有一个标志性图像——带翼和羊角的战马形象。专家们推测说，这可能是塞人所崇拜的太阳神和图腾相结合的产物，也是最高权威的象征。

闻名世界的艾吾里耶阿塔郁金香

  大自然母亲的魅力在于它的永恒美丽。在先祖们世世代代抛头颅洒热血誓死捍卫的塔拉兹故乡有一种神奇的植物——郁金香。它一年又一年开出美丽芬芳的鲜花，装点着我们的大地，成了这片热土上的一道亮丽风景线。在伟大草原的七项创举中，最美丽、最鲜艳、最浪漫的一项就是郁金香。这些美丽的花朵用五彩斑斓的色彩衬托着大自然，满怀深情诉说着我们艰辛悲壮、充满传奇色彩的民族历史，也见证着故乡塔拉兹日新月异的变化。

  根据历史文献记载，郁金香这种美丽典雅的花朵在古代曾经吸引了国内外无数游客，并通过伟大的丝绸之路贸易传到了世界各国。世界上有3000多种郁金香，其中大部分是哈萨克斯坦郁金香的后代。现在，哈萨克斯坦共有35种郁金香。

  法国著名作家奥利维埃·布莱斯在描述17世纪荷兰社会生活的长篇

艾吾里耶阿塔郁金香

艾吾里耶阿塔郁金香

小说《郁金香商人》中写了郁金香在狂热年代传奇而特别的命运。在那个年代，一些郁金香的价值堪比皇宫。哈萨克斯坦的郁金香通过丝绸之路从我们广袤的草原之上传到了伊朗、土耳其、荷兰等世界各国。然而，许多世纪之后，荷兰却成了郁金香帝国。创造郁金香这一大自然杰作的是哈萨克大草原，正如哈萨克斯坦作家谢尔汗·穆尔塔扎所说的那样——真相永远不会腐朽，世界植物界已经注意到郁金香源自哈萨克斯坦这一事实。2002年，首任总统努尔苏丹·纳扎尔巴耶夫在荷兰进行国事访问时，荷兰女王贝娅特丽克丝对他说："许多世纪以来，丝绸之路将欧洲与亚洲，尤其是将哈萨克斯坦与荷兰连接在了一起。来往于丝绸之路的商贾们为我们的国家带来了郁金香。这种花朵在荷兰境内生根发芽，吐蕾盛开，不仅创造了我们生活中的美丽，也成了荷兰排行第一的出口商品。为此，我认为我们的国家愧对于你们。"女王的这句话虽然像一滴海水一样小，但从另一个侧面证明了郁金香源自哈萨克斯坦这个历史事实。

艾哈迈德·亚萨维陵寝墙壁上镶嵌的瓷砖，以及中世纪沃特拉尔原野建筑上都绘有郁金香做装饰，甚至被誉为塔拉兹古城精神遗产的阿依莎比比陵墓穹顶上也绘有含苞欲放的郁金香，以纪念这位英年早逝的杰出女性。在铁恩德克古城遗址考古发掘工作中，人们发现属于前3—前2世纪塞人国王服饰上绣有郁金香花纹。这一发现也印证了郁金香源自哈萨克斯坦这一事实。目前，在哈萨克斯坦的广袤地域，共有35个郁金香品种，其中有18种被列入哈萨克斯坦红皮书中，也就是说郁金香在哈萨克斯坦是受到特殊保护的花卉。

在日本，每当樱花盛开的时节，无论男女老少，都会携家带口前来欣赏尽情绽放的樱花，以表达对樱花的喜爱与敬意。世界各地的游客们也慕名前来观赏哈萨克斯坦的郁金香，络绎不绝。所以，我坚信在不久的将来，郁金香也会成为世界各地和国内游客们前来观赏的美景。

哈萨克斯坦当代著名诗人、作家法丽扎·沃恩哈尔斯诺娃曾创作了这么一首诗歌：

> 我们在山梁捡拾郁金香，
> 巍峨山峰寒意阵阵袭来。
> 耐不住盛夏的滚滚热浪，
> 小溪欢快活泼一路飞泻。

郁金香这种高贵典雅的鲜花也成了像法丽扎·沃恩哈尔斯诺娃等著名诗人的创作灵感，他们创作的那些脍炙人口的诗歌令读者们如痴如醉。在哈萨克斯坦境内众多品种的郁金香里有18种生长在艾吾里耶阿塔圣地。其中，格里克郁金香不仅被列入国际濒危物种红色名录，还被列入哈萨克斯坦红皮书中。

　　珍惜眼前的一切一定会获得福祉。我之所以这样说是因为在州政府旅游局的支持下，为了发展本地的旅游业，我们举办了一场以"最佳郁金香摄影展"为主题的摄影展览。全国著名的摄影家都拿出了最好的作品前来参展。他们通过相机拍摄了本州境内姹紫嫣红的郁金香，还对它们的生长环境、开花季节、植物性情作了详细的介绍。例如，博兰黛县库玉克一带的郁金香一般在4月5—20日盛开，而萨热苏阿克托盖乡一带的郁金香一般在3月15—25日盛开，阔尔代卡拉阔恩兹一带的郁金香则在5月1—15日盛开。

The Biography of Taraz

塔拉兹传

第十四章 日新月异的塔拉兹

塔拉兹历史与民族文化博览园区

塔拉兹市中央大街

哈萨克斯坦独立之后，塔拉兹市的面貌可谓日新月异，蒸蒸日上。这与阿斯卡尔·米尔扎赫梅托夫于2018年1月10日起担任江布尔州州长有着直接的关系。在那之前，尤其是苏联时代，塔拉兹市的建筑设施没有大的改观，依然是过去那种死气沉沉的模样。阿斯卡尔·伊萨别克·米尔扎赫梅托夫作为专家，原来就在城市建筑艺术方面有所建树。在任职不到一年半的时间里，他就让塔拉兹市有了很大的变化和长足的发展，使这座古老的城市焕发了青春，成了一座令我们骄傲的崭新城市。

塔拉兹市的新鲜事儿

塔拉兹市包尔詹·莫穆舍吾勒胜利公园重建工程的顺利实施吸引了当地民众的高度关注。事实上，这座公园曾一度被人们所遗忘，鲜有人光顾此地。然而，这座以哈萨克人民伟大的民族英雄包尔詹·莫穆舍吾勒命名的已经破烂不堪的公园在不到一个月的时间里得到了重建，令广大市民赏心悦目，成了一座让他们流连忘返的美丽公园。

在这座公园的重建中，政府相关部门共安排了50位技术工程人员和300位工人。在他们的不懈努力下，重建工程进展顺利，最终公园焕然一新。这座公园的入口处设立了一座高8米、长13米用大理石建造成的正

包尔詹·莫穆舍吾勒胜利公园

包尔詹·莫穆舍吾勒胜利公园内的包尔詹雕像

门，这里放置了公园保卫者的雕像。公园中央设有名为"永恒火焰"的长明火坛。除此之外，之前矗立在江布尔州哈萨克大剧院一侧的英雄包尔詹·莫穆舍吾勒雕像也被搬迁到了公园中央。公园还为前来瞻仰的市民们建造了一座游览娱乐广场。

在英雄林荫道，政府为江布尔州39位苏联英雄以及9位荣获各级荣誉勋章的功勋人员竖起了刻有他们姓名的星状纪念碑。在荣誉林荫道，用大理石为"二战"时期从江布尔州奔赴前线参战的105351位战士建造了刻有他们姓名的纪念墙。与此同时，应广大市民的要求，坐落在胜利公园旁边的伊利亚斯·詹苏戈尔沃夫大街也得到了拓宽翻修。

刻有包尔詹名言的碑

值得一提的是，在这座公园里，市政府还为那些参加卫国战争的战士以及后方勤务人员修建了一座纪念馆。在公园林荫道，为在战争年代辛勤劳作的后方勤务人员竖立了纪念塔，修建了举办各类庆典活动的大型舞台。

市政府还翻新了为参加阿富汗战争、切尔诺贝利核电站泄漏事故抢险以及在赛梅核试验场服役的战士们所建造的纪念碑，并将它重新安置在了公园东侧。这座公园里将近15000平方米的区域得到了绿化，共栽种了8种树木，每种树木群的周围都被花园所簇拥。为了种植和管理这些花草树木，公园内部还设置了灌溉系统。

市政部门为了让广大市民尽情娱乐消遣，在塔拉兹市中心的卡兹别克毕与库纳耶夫大街之间的乌什布拉克河沿岸建造了配有自行车道的沿河步行街。周围几座供人们通行的跨河大桥也得到了重新修缮，还建造了观景平台，设置了可供市民们休息的座椅。

包尔詹·莫穆舍吾勒胜利公园还开设了荣誉博览厅。荣誉博览厅的建设工程是整座公园于近年开始的重建工程之延续。面积为1500平方米的

包尔詹·莫穆舍吾勒胜利公园已经成为人们前来旅游观光、瞻仰人民英雄事迹、休闲娱乐的公共场所

博览厅由两层楼组成，一楼放置着记录卫国战争始末的照片与陈列品。在1000平方米的空间陈列着150多万张照片和文字。其中，第一展区设置了与1941年、1942年、1943年、1944年以及1945年有关的照片陈列墙。你若驻足观看照片内容，当年那场残酷的战争景象就会浮现在眼前。其中1941年重要事件陈列墙上陈列着有关巴巴罗萨行动蓝图、保卫莫斯科战役、苏联少将伊万·瓦西里耶维奇·潘菲洛夫、包尔詹·莫穆舍吾勒、尼古拉·尼科诺罗维奇·别拉舍夫等英雄人物和著名将领的100多张照片以及200多份历史文件。1942年重要事件陈列墙的内容基本与列宁格勒保卫战有关，其中悬挂着诗歌巨人江布尔·贾巴耶夫的肖像，以及诗人在二战期间满怀激情与悲愤创作的抒情诗歌——《列宁格勒的儿女们》，以及其他与1942年有关的物品。1943年重要事件陈列墙上陈列着与斯大林格勒、库尔斯克会战相关的众多照片。1944—1945年重要事件陈列墙上陈列着记录了苏联红军解放欧洲的众多照片。除此之外，博览厅还放置了一

座浮雕——"苏联国旗插上德国国会大厦",以及记录了当年卫国战争期间后方勤务、1945年4月24日在莫斯科市举行的胜利游行以及在阿斯塔纳市举办的二战胜利70周年盛大纪念活动的照片和文字。不仅如此,博览厅的陈列台上还陈列着从塔拉兹市前往前线参加卫国战争的战士们曾经荣获的500多枚(幅)各类勋章与嘉奖令。博览厅的二楼设立了人民英雄包尔詹学研究中心,研究中心的一角设置了记录人民英雄包尔詹·莫穆舍吾勒从孩童时代到成年时期人生轨迹的照片、文字及同题油画作品。这里所陈列的基本上都是这位卫国英雄、作家的个人物品,以及创作出版的文学著作。研究中心还设立了包尔詹·莫穆舍吾勒文学创作图书馆,还有举办各类研讨会的会议室。研究中心还有为搜集整理相关历史资料的工作人员准备的三间办公室和一间照片洗印室。

现在,包尔詹·莫穆舍吾勒胜利公园已经成了江布尔州各族人民前来旅游观光、瞻仰人民英雄事迹、休闲娱乐的公共场所。而且,这座公园也起到了向后代宣传哈萨克人民英雄以及先祖们英勇事迹的重要作用。例如,在纪念性综合设施群中就包括英雄包尔詹·莫穆舍吾勒纪念碑、卫国战争人民英雄纪念碑,以及刻有从江布尔州奔赴前线参战的十多万名战士姓名的纪念墙。在此基础上,这儿成了最好的爱国主义宣传基地。

除了以上设施之外,坐落于这座历史古城的人民英雄海拉特·热斯库勒别科夫纪念公园的重建工程也随之得到实施。这座公园内还设有进行爱国主义教育的十二月寒潮纪念馆和礼拜厅。在新建的海拉特·热斯库勒别科夫纪念碑的衬托下,整个公园的景色显得庄严肃穆典雅。公园入口处还竖立着包尔詹·莫穆舍吾勒、谢尔汗·穆尔塔扎等哈萨克民族杰出人士的名言警句牌,整座公园占地面积约6亩。

这座公园内,还有为青年一代修建的博物馆、儿童娱乐广场、喷泉以

塔拉兹市，海拉特·热斯库勒别科夫公园

及其他娱乐消遣公共场所。公园里还修建了一家柯莫孜[1]饮品店，这家饮品店不仅为广大观光市民提供优质柯莫孜，同时还大力宣传哈萨克民族的传统饮品柯莫孜。公园里宽窄不一的林荫道都用石子铺设而成。

  这座公园坐落于塔拉兹市托烈毕大街，这条大街是这座历史古城中最重要且最繁忙的大街，行人与车辆很多。托烈毕大街沿途，即从头克汗大街到斯帕泰大街的夜间照明设施也得到了更新，安装了现代化照明设备。截至目前，总计10千米的街道共有286个老旧路灯被更新。

  城里还开张了一家名为"巴勒卡拉盖"的绿色植物疗养康复中心。有意思的是，这是我们这座城市第一家这类的康复中心。这家绿色植物疗养康复中心为每个客户提供由绿色植物制成的食物与饮料。更重要的是，这家植物疗养康复中心的宗旨是向大众宣传健康生活方式，引领市民秉持健康理念。植物疗养康复中心用生长在我国各地的100多种中草药制作了有治疗养生作用的食物与饮料。这座疗养康复中心的中央建筑占地700平方

1　柯莫孜：经过发酵的马乳，是哈萨克民族独有的饮料，味道甘醇，营养丰富。

塔拉兹市，青年林荫道

米，四周是 1.8 亩的花园。共有 30 名员工在这所疗养康复中心从事康复工作，其中有利用植物草药进行医治的各科医生。这家绿色植物疗养康复中心每天能接待 150—200 名客户。

除此之外，坐落于额布拉依姆·苏莱曼诺夫大街在阿特恰巴尔街心公园的绿化工程结束后，便以青年林荫道之名重新开放。林荫道沿途建有伟大草原仁人志士纪念碑、知识殿堂广场、青年一代知识中心、书籍广场、萨赫纳[1]广场。这些项目均被列入市政规划，并在很短的时间内建成投入使用。与此同时，林荫道上还安置了很多带有无线网络装置的座椅，供人们坐下来休息的同时，也能连接互联网畅游网络。

青年林荫道新开设的恋爱角激发了广大市民的浓厚兴趣。这里放置了镶嵌在一起的一对戒指，四周还建有现代化喷泉设施，中央则是一只白天鹅造型雕塑。青年林荫道总长约 840 米，占地面积 6 亩。

几年前，位于塔拉兹市的沙赫里斯坦大巴扎关闭后，大巴扎经历了很长一段无人看管、年久失修、破败不堪的时期。谁都没有想到这个早已成为当地居民生活支柱与经济来源的大巴扎会在一夜之间闭门歇业。市民们对此有各种各样的议论。然而，这个地方挖掘出了古代城市遗址，它作为

---

[1] "舞台"之意——译者注。

铁克图尔马斯民族历史文化综合中心

一个民族最有价值的文化遗产一直延续到了今天。我们现在要做的就是恢复这座古城的本来面貌，充分体现它具有两千多年历史的文化价值。事实上，关于这座文化遗址直到今天也没有太多的说法。而现在，沙赫里斯坦文化遗址的发掘研究重建工作得到了有关部门的高度重视。我们将关闭的大巴扎铲平，并在占地200公顷区域内建造了一个艺术画廊、州立博物馆、可容纳700—800人的圆形剧场、大钟楼、展览厅和精神文明中心。

当然，对于塔拉兹市民与前来观光的游客们来说，改善当地拥挤的交通状况，改善当地市容市貌是当前亟待解决的问题。在此期间，一些相关企业也加入城市恢复重建的行列，为城市建设添砖增瓦。例如，撒马尔罕新技术开发中心的特种陶砖已经开始派上了用场。

众所周知，一座历史古城随着时间的推移或多或少会有些变化。现在，塔拉兹市恢复重建项目越来越多，一座古老的城市正在焕发青春。为了改善这座历史古城建筑设施的外观，政府各个部门已积极展开工作。例如，城市建筑局的任务是设计绘制将要开工建设的项目图纸，制定建设规划。到时，古老塔拉兹文化综合中心与沙赫里斯坦民族文化中心将被合并，还会在两者之间建设一条长达一千米的步行街。除此之外，铁克图尔马斯民族历史文化综合中心内将建设古老塔拉兹车站，建设一条缆车道。缆车道工程计划是从铁克图尔马斯民族历史文化综合中心延伸至沙赫里斯坦民族文化中心。沙赫里斯坦民族文化中心将建设由60个作坊组成的手工艺产品城。这一切将会为国内外游客创造更多更好的观光游览场所。

沙赫里斯坦民族文化中心的建设将在2021年年底结束。我们认为每年前来艾吾里耶阿塔一带旅游的人数将会超过40万人次。现在，江布尔州境内的文物考古、环境保护、医疗康复、儿童娱乐与旅游业都有了长足的发展。对野外狩猎与湖泊垂钓感兴趣的人数也越来越多，约有50个相关商业投资机构已经获得专业登记验收，准备在这个地区为国内外游客提供服务。

同时，托尔特克里丝路驿站景区建设与哈萨克阿吾勒民俗项目也将投入运营。市政府为发展塔拉兹地区的旅游业，开设了12条旅游线路，为前来旅游的游客们创造了更加便利的条件，33个旅游景点相继推出手机网络应用程序。为了让游客们更好地了解旅游景区以及塔拉兹古城的历史文化，我们还在各个重点景点以及各个历史文化中心张贴了二维码，只要用手机扫描即可通过5种不同的语言了解有关塔拉兹古城的所有文化信息。新推出的手机应用程序为游客们准备了塔拉兹地区178个酒店300多家饭店、公交运营路线图、货币兑换点、银行取款机以及各大旅行社的信息列表。

塔拉兹市，托尔特克里丝路驿站

在哈萨克斯坦独立30周年之际，江布尔州的经济、文化与社会各项事业将以全新的面貌迎接大庆。最为重要的是塔拉兹人民正在遵循托卡耶夫总统关于构建公正社会的理念，为实现更加理性更加繁荣的建设目标而努力奋斗。我们将铭记先辈们所进行的艰苦卓绝的斗争、所取得的辉煌胜利，以及早已形成的团结统一阵线，将希望与信心融入生活之中，以坚实的步履迈向光明的未来。

译后记

心底的话：请用心去感受哈萨克斯坦

> 所罗门弥留之际，有几句话留给了世人："不要赞美我的智慧，因为智慧本不属于所罗门，智慧属于给人智慧的使者，属于美丽的 Allingua[1]——智慧之神。"[2]
>
> Song of Solomon
>
> 《所罗门之歌》

千年塔拉兹

今年四月初，我终于翻开了"丝路百城传"项目中哈萨克斯坦三部古城传记中的第三部——《塔拉兹传》的哈萨克文原稿。"塔拉兹"这一字眼唤起了我对往日的回忆。

---

[1] Allingua，一个女神名，这是一个玄机词。其中，lingua 的含义是"语言"。
[2] 这一段文字摘自著名翻译家、翻译理论家刘宓庆撰写的《口笔译理论研究》一书。

记得那还是2011年冬季返校时节。由于那是我第一次坐火车，对火车班次不熟悉，又没有提前买票，我怀着侥幸心理拉着行李箱一大早就奔向了阿拉木图二号火车站大厅。来到站台，只见一列准备开往阿特劳州的火车停在铁轨上。我看见一个身材魁梧却看起来和蔼可亲的列车员大叔站在远处看着我。我走过去问道："这里有开往图尔克斯坦的火车吗？"他慢悠悠地回道："这列火车就会途经图尔克斯坦，三分钟后发车，如果错过了，你只能等到明天了，你的火车票呢？"当他得知我没有提前买票的时候，二话不说就让我立刻上了火车，将我安排在一间软卧包间里，收走了买火车票的钱，回过头又说："你就放心待在这里，凌晨4点会抵达图尔克斯坦，我到时候叫你。"就这样，三分钟不到的时间里，我不仅获得了一个素不相识的列车员大叔的帮助，还和他成了好朋友。

我们的火车一路向西，朝着哈萨克斯坦的西部奔去。临近午时，火车就来到了楚河车站。后来我才知道，这座车站便是所有驶离阿拉木图，准备朝西、南、北三个方向进发的火车掉头或转向的枢纽车站。10分钟的停靠时间，我看到很多从事小本生意的当地百姓拎着或推着装满各式各样商品的篮子或推车很快靠近列车的车门。从列车上下来的人们赶时间抢购需要的食物，有的买了热气腾腾的土豆馅饼，有的买了烤鱼，还有的买了哈萨克斯坦南方自苏联时期起就闻名遐迩的特产啤酒。而这样的场景，不分季节，不分站台，每天都重复上演着。火车驶离楚河车站继续朝西前进，没过一会儿，被大雪覆盖的茫茫戈壁就映入了眼帘。然而，当白雪褪去的时刻，再度瞭望这一望无际的戈壁时，你才能真正感受到什么是幅员辽阔的哈萨克斯坦。直到毕业，每次乘坐火车两地往返时，都会遇到这位列车员，只要遇到他就有说不完的故事。他是塔拉兹市的人，讲的都是塔拉兹的古今历史故事，这使我非常向往这个地方。

每次坐上这趟火车，每次看着车窗外的掠影，我都会在心里想："在没有火车这种'钢铁巨兽'的旧时代里，哈萨克人以及先祖们仅靠马匹和骆驼是怎么走过这片荒无人烟的原野的？时代发展了，另一头被称为高铁的'科技巨兽'在中国大地上纵横交错，如果哈萨克斯坦也有高铁那该多好啊！"当然，这样的幻想也可能会成为现实。我当年对图尔克斯坦未来的预言就是最好的例证。我也没有想到自己毕业之后不久，就获得了汉译哈萨克斯坦所属三座古城传记的绝佳机会。现在，我与母亲已经汉译完了最后一部传记《塔拉兹传》，我们将塔拉兹的古今历史观览了一遍，很过瘾。

塔拉兹，地处中亚腹地，毗邻塔拉斯河岸，是欧亚大陆最著名的城市之一。在过去的历史中，这里曾是西突厥汗国、葛逻禄汗国和突骑施汗国最早的政治中心，喀喇汗王朝的首都，还是伟大丝绸之路上重要的经济中心之一。这片拥有两千多年历史的地域曾被杜环和玄奘记载于《经行记》《大唐西域记》中。塔拉兹附近还出现了艾沙—比比陵墓、卡拉汗陵墓、巴巴扎可顿陵墓等举世闻名的建筑杰作。不仅如此，世界上最古老的造币厂也曾坐落于此，手工艺品和最早的冶金工艺很早就在这里发展起来，欧亚国际贸易也在此如火如荼蓬勃发展。而且，塔拉兹处于定居农业区域和游牧区域的交界地带，所以在哈萨克斯坦的历史长河中就形成了非常独特的草原文明。同时，塔拉兹地区也是文化中心，拜火教、基督教、摩尼教、伊斯兰教、腾格里教和萨满教等宗教前后在这里得到发展。《塔拉兹传》开头有这样一段话："我们一路都在寻找，寻找什么呢？寻找的是我们自己。我们究竟是在什么时候，在什么样的条件下，凭借什么进入了人类历史长河？我们的先祖是谁？我们这个民族的正殿又在哪里？我们在问自己。"我与母亲在这段话的引领下开始了汉译工作。

中亚"汉语热"见证者

我对中国的一句古话深有感触,即"授人以鱼,不如授之以渔"。本科时期,有几个与我一起在亚萨维大学读语言文学系汉英双外语专业的当地学生找到我请教汉语言问题,有的专心求教,有的干脆请我帮忙写作业。对于前者,我有问必答,对于后者,先是一顿批评,之后会拿着课本专心致志地手把手地教他们写汉语作业。这一来二去,我便和这些学习汉语的学生们熟悉起来了。这些学生中有住宿的外籍学生,有走读的当地学生,每天下午给他们辅导汉语就成了我的第一份"工作"。试听了我的几节辅导课后,有学生问:"学长,您每天这样给我们上课,也占用了您的时间,您也付出了,我们是不是以后该给您课时费,一小时一人500坚戈可以吗?"我听完觉得别扭,便对走读学生们说:"你们家每天中午吃什么,就给我带一点吧。"说完,我又对另外几个住宿的外籍学生说:"你们俄语说得不错,平时就教我一些口语吧。"就这样,我们不再提钱的事情,他们也乐意这样做,感觉双方都松了一口气。因为我实在不忍心收课时费,大家都是学生,谁兜里的钱不是父母的辛苦钱,把那点课时费换成吃的和免费的口语课,大家心中的压力会减少许多,大家之间的关系也不会再有隔阂。而这样的"传统"一直持续到我本科毕业。那些在我这里学习汉语的学生,有的赴华念了硕士,有的参加HSK汉语水平考试成功上岸,有的本科毕业后直接去中哈合资企业当起了翻译。最让我感到骄傲的是在我硕士学业期间指导的一个本地女大学生。这个姑娘只身一人从塔拉兹市来到阿拉木图,以优异的成绩考入阿里·法拉比哈萨克国立大学东方学系翻译学本科专业。她的一个老师曾经请我好好指导一下这个女生的汉语,因为当时她已经报名汉语桥的赛区比赛。比赛内容是一场演讲外加一场才艺表演。在两个月的准备时间里,我用自己以往的经验矫正了她的发音以及她呆板的咬文嚼字方法，教会了她在台上演讲时的"演"和"讲"，又给她准备了一段相声作为才艺表演。每天一小时雷打不动的指导使她的汉语水平有了质的飞跃，在后来的比赛中荣获赛区第一，不仅拿了一份奖品，还获得了赴北京高校读书一年的机会。她后来说："学长，要不是您的精心指导，根本就没有那些成绩，我该怎样报答您才好？我想给您送个礼物。""不要礼物。""那我给您钱，就当是那两个月的课时费好了。""我不要钱，你能把中文学好，将来当上你梦寐以求的高级翻译对我来说就是最好的报答。"诚然，我就是中亚"汉语热"的十年见证者，见证了一批又一批起初连声母、韵母都不认识，最后能熟练地把课文诵读下来的在校大学生、应届毕业后用中文工作的白领，以及继续求学攻读汉语言专业的莘莘学子。当然，我也是一个从来不会向前来请教汉语问题的大学生们张口要钱的汉语老师，因为在我的理解中，"授人以渔"时提到钱，那么"授人以鱼不如授人以渔"这种东方大国的优良传统就失去了其真正的价值与含义。我也相信这些跟我学习汉语的学生一定会在发展中哈关系方面有所作为。

中哈两国建交以来，已有十几万中国籍哈萨克人移民来到了哈萨克斯坦。这些人中不乏高学历人才。其中毕业于中文系与历史学专业的人才陆续成为哈萨克斯坦高校教师，与当地的师资共同投身于教育事业，使得哈萨克斯坦高校原本显得疲软的东方学、汉学、翻译学、区域学专业起死回生，发展势头很不错。这些前辈们在短短30年的时间里通过不懈努力和孜孜不倦的工作培养了数以千计的汉语言人才，为中哈两国在政治、经济、外交、商务、文化领域的交流作出了卓越的贡献。

曾经有人问我："你们去哈萨克斯坦，哈萨克斯坦会给你们什么？"对于这个问题，我一直找不到一个合理且正确的答案。后来有人说："我们不应该为索取什么而去哈萨克斯坦，而是应该为给予这个国家什么而去哈萨克斯坦。"我想,教育界的那些前辈们,以及这一段文字就是我心中最好的答案。

2020年7月,在新冠肺炎疫情最为紧张的那段日子,我失去了父亲。没有签证,没有航班,家门都走不出去。一个必须亲自送父亲上路的人困在国外的家中动弹不得。那几天,我过得浑浑噩噩,就像死神无情地带走了我的父亲,还不忘用魔爪拖走我的灵魂一般。那些天,我一直忙着汉译北京新星出版社授权的三部传记,只要停下工作,眼泪就止不住地流下来。父亲生前曾对母亲说:"一定要让叶尔克西翻译好这三部传记,一定要让他成为一位优秀的翻译。"每当我思念父亲,心情抑郁的时候,他的这句话就会在耳边久久回荡,片刻后,我就会再次振作,继续工作。

汉译之艰难

我母亲大学期间的专业是中文,我在本科、研究生阶段读的是国际关系与区域学,我们跟历史专业,特别是跟哈萨克斯坦的古代历史根本不搭边儿。好在我的父亲母亲都是好读书的人,家里书籍很多。我与哥哥从小耳濡目染,久受熏陶,也喜欢读书,所以对历史多少还知道一些。更何况现在互联网非常发达,让我与母亲工作起来比较方便。

实际上,城市传记的汉译过程相当艰辛。一座城市的传记就是一座城市的古今历史,是它所拥有的政治、军事、社会、经济、文化、艺术、人物等的总和。因为是汉译,所以,所有的历史事件、人物、地名都必须与同时代中国文献上的称谓保持一致。但是,三部传记的作者不仅参考了中国文献,还参考了欧亚古今历史学家、考古学家们的学术著作,而这些学术著作中的相关称谓又与中国文献中的内容不一致。这给我们的汉译带来了很多问题，有时一天只能汉译一页书稿。尽管如此，我们还是相互协作，相互请教，尽力做到忠实于原文，拿出最好的译文。

我深深体会到要想汉译好一部传记作品，译者必须要在直译的基础上，灵活运用各种翻译技巧，充分理解和译准词义，努力再现原文的风格和语言形式。要解决这个问题，译者必须要具备丰富的知识、缜密的思维和过人的毅力，还必须充分了解两个国家不同的风土人情和文化习俗。对原文要花足够时间去钻研，反复阅读才能充分理解原文。在这个基础上，还要注意句式结构的转换，考虑语法等因素对内容的影响，灵活运用各种翻译技巧，花足心思用足够地道的表达方式准确地汉译每一个词汇，贴切地传述和再现原文的内容与风格。

在汉译"丝路百城传"哈萨克斯坦卷的三部著作期间，我们的责任编辑简以宁老师所作的贡献是非常大的。译稿最初的通读工作就是由她来完成的。她的仔细认真都彰显着她对这项汉译工作的重视程度。因为力求完美，几部书的译稿在被我和母亲校对了六遍后，简老师与她的同事们又审校了十多遍。在这期间，我不仅了解了责任编辑这项工作，还了解了一位远在中国北京的中文责任编辑对这项工作的挚爱态度。在这里，我与母亲向简以宁老师表示诚挚的谢意！

我想告慰父亲：我与母亲一起完成了三部传记的汉译任务，也经历了一段异常艰辛的精神之旅，有了进步，有了成长。我也想感谢母亲：你坚不可摧的毅力与一丝不苟的工作作风影响了我，激励了我，我会在这条路上一直走下去。

叶尔克西·斯尔哈孜

2021 年 8 月 20 日

图书在版编目（CIP）数据

塔拉兹传：根脉深沉的丝路古城 /（哈）涅斯普别克·达吾太著；（哈）叶尔克西·斯尔哈孜，哈依夏·塔巴热克译. —— 北京：新星出版社，2022.11
（丝路百城传）
ISBN 978-7-5133-4476-0

Ⅰ. ①塔… Ⅱ. ①涅… ②叶… ③哈… Ⅲ. ①塔拉兹-文化史 Ⅳ. ① K361.03

中国版本图书馆 CIP 数据核字（2021）第 215636 号

出版指导：陆彩荣
出版策划：马汝军　简以宁

塔拉兹传：根脉深沉的丝路古城

[哈] 涅斯普别克·达吾太 著　[哈] 叶尔克西·斯尔哈孜，哈依夏·塔巴热克 译

责任编辑：简以宁
责任校对：刘　义
责任印制：李珊珊
装帧设计：冷暖儿
内文排版：魏　丹

出版发行：新星出版社
出　版　人：马汝军
社　　址：北京市西城区车公庄大街丙3号楼　　100044
网　　址：www.newstarpress.com
电　　话：010-88310888
传　　真：010-65270449
法律顾问：北京市岳成律师事务所

读者服务：010-88310811　　service@newstarpress.com
邮购地址：北京市西城区车公庄大街丙3号楼　　100044

印　　刷：天津图文方嘉印刷有限公司
开　　本：660mm×970mm　　1/16
印　　张：18.75
字　　数：258千字
版　　次：2022年11月第一版　　2022年11月第一次印刷
书　　号：ISBN 978-7-5133-4476-0
定　　价：98.00元

版权专有，侵权必究；如有质量问题，请与印刷厂联系调换。